AI时代
Python
金融大数据分析实战

ChatGPT让金融大数据分析插上翅膀

关东升 ◎ 著

内 容 简 介

本书是一本针对金融领域的数据分析和机器学习应用的实用指南。本书以 ChatGPT 为核心技术，结合 Python 编程和金融领域的基础知识，介绍如何利用 ChatGPT 处理和分析金融大数据，进行预测建模和智能决策。

通过阅读本书，读者将掌握使用 ChatGPT 和其他工具进行金融大数据分析的基本原理和方法。无论是金融行业从业者还是数据分析员，都可以从本书中获得宝贵的实用知识，提升在金融领域的数据分析和决策能力。无论是对于初学者还是有一定经验的专业人士，本书都能够提供实用的案例和技巧，帮助读者更好地应用 ChatGPT 和其他技术解决金融领域的实际问题。

图书在版编目(CIP)数据

AI时代Python金融大数据分析实战：ChatGPT让金融大数据分析插上翅膀 / 关东升著. — 北京：北京大学出版社，2024.1

ISBN 978-7-301-34618-1

Ⅰ. ①A… Ⅱ. ①关… Ⅲ. ①软件工具 – 程序设计 – 应用 – 金融 – 分析 Ⅳ. ①F830.41-39

中国国家版本馆CIP数据核字（2023）第213708号

书　　　名	AI时代Python金融大数据分析实战：ChatGPT让金融大数据分析插上翅膀 AI SHIDAI PYTHON JINRONG DASHUJU FENXI SHIZHAN: CHATGPT RANG JINRONG DASHUJU FENXI CHASHANG CHIBANG
著作责任者	关东升　著
责 任 编 辑	王继伟　吴秀川
标 准 书 号	ISBN 978-7-301-34618-1
出 版 发 行	北京大学出版社
地　　　址	北京市海淀区成府路205号　100871
网　　　址	http://www.pup.cn　　新浪微博：@北京大学出版社
电 子 邮 箱	编辑部 pup7@pup.cn　　总编室 zpup@pup.cn
电　　　话	邮购部 010-62752015　发行部 010-62750672　编辑部 010-62570390
印 刷 者	天津中印联印务有限公司
经 销 者	新华书店
	787毫米×1092毫米　16开本　19.5印张　469千字 2024年1月第1版　2024年1月第1次印刷
印　　　数	1–4000册
定　　　价	89.00元

未经许可，不得以任何方式复制或抄袭本书之部分或全部内容。
版权所有，侵权必究
举报电话：010-62752024　电子邮箱：fd@pup.cn
图书如有印装质量问题，请与出版部联系，电话：010-62756370

前言

在当今信息爆炸的时代,金融界正面临前所未有的挑战和机遇。海量的数据不断涌现,为金融领域带来了巨大的潜力,同时也带来了前所未有的复杂性和难题。然而,正是在这个充满挑战的环境下,人工智能技术崭露头角,为金融大数据分析提供了一种全新的解决方案。

本书将带您深入探索AI时代金融大数据分析的奥秘,特别聚焦于一种引人瞩目的技术——ChatGPT。作为一种基于深度学习的自然语言处理模型,ChatGPT能够模拟人类对话,具备自动问答、数据解释和解决问题的能力。而在金融领域,它的应用潜力更是无限。

通过ChatGPT,我们能够从庞大的金融数据中发现隐藏的模式和规律,挖掘有价值的信息。它可以帮助我们清洗和预处理数据,解决数据中的缺失值、类型不一致和异常值等问题。它还可以辅助我们进行数据的可视化分析,将复杂的数据呈现为直观、易于理解的图表和图像。

更令人激动的是,ChatGPT还具备智能助理的功能,能够根据用户需求提供个性化建议和推荐。无论是投资决策、风险管理还是资产配置,ChatGPT都能够为金融从业者提供宝贵的参考意见。它可以成为您的得力助手,助您在金融市场中披荆斩棘,抓住每一个机遇。

在本书中,笔者将深入探讨ChatGPT在金融大数据分析中的作用和潜力。通过丰富的案例和实践,笔者将带您逐步了解其工作原理、应用场景和最佳实践。本书将探索大数据与金融的完美融合,揭示这一融合对金融领域的革新和改变。

无论您是金融行业从业者、数据分析人员还是对人工智能和金融领域感兴趣的读者,本书都将为您打开一扇通向AI时代金融大数据分析的大门。让我们一同揭开金融大数据分析的神秘面纱，探索ChatGPT的无限潜力，为金融领域的未来发展贡献自己的一份力量。

愿本书成为您探索金融大数据分析的指南，引领您进入AI时代的精彩旅程！祝阅读愉快！

本书附赠全书案例源代码及相关教学视频等资源，读者可扫描下方左侧二维码关注"博雅读书社"微信公众号，输入本书77页的资源下载码，即可获得本书的下载学习资源。

本书提供答疑服务，可扫描下方右侧二维码留言"北大AI"，即可进入学习交流群。

关东升

目录

第1章 ChatGPT在金融大数据分析中的作用

- 1.1 ChatGPT 生成金融数据分析代码示例的案例 ········ 2
  - 1.1.1 案例1：生成数据清洗和预处理代码示例 ······ 2
  - 1.1.2 案例2：生成特征工程代码示例 ······ 3
- 1.2 ChatGPT 回答金融领域知识的案例 ······ 3
  - 1.2.1 案例3：解答金融市场知识 ······ 4
  - 1.2.2 案例4：解释经济学理论 ······ 4
  - 1.2.3 案例5：解答金融产品相关问题 ······ 5
  - 1.2.4 案例6：解答金融风险管理相关问题 ······ 5
- 1.3 ChatGPT 辅助发现数据中的模式和特征 ······ 6
- 1.4 本章总结 ······ 6

第2章 金融大数据分析Python基础

- 2.1 Python 解释器 ······ 8
- 2.2 IDE 工具 ······ 10
  - 2.2.1 安装 Jupyter Notebook ······ 10
  - 2.2.2 启动 Jupyter Notebook ······ 11
- 2.3 第一个 Python 程序 ······ 13
  - 2.3.1 编写脚本文件，运行第一个 Python 程序 ······ 13
  - 2.3.2 使用 Jupyter Notebook 编写和运行第一个 Python 程序 ······ 13
- 2.4 Python 语法基础 ······ 14
  - 2.4.1 标识符 ······ 14
  - 2.4.2 关键字 ······ 14
  - 2.4.3 变量声明 ······ 15
  - 2.4.4 语句 ······ 15
  - 2.4.5 Python代码块 ······ 16
  - 2.4.6 模块 ······ 16
- 2.5 数据类型与运算符 ······ 18
  - 2.5.1 数据类型 ······ 18
  - 2.5.2 运算符 ······ 20
- 2.6 控制语句 ······ 24
  - 2.6.1 分支语句 ······ 24
  - 2.6.2 循环语句 ······ 26
  - 2.6.3 跳转语句 ······ 28
- 2.7 序列 ······ 29
  - 2.7.1 索引操作 ······ 30
  - 2.7.2 序列切片 ······ 31
  - 2.7.3 可变序列——列表 ······ 32
  - 2.7.4 不可变序列——元组 ······ 33
  - 2.7.5 列表推导式 ······ 34
- 2.8 集合 ······ 35
  - 2.8.1 创建集合 ······ 35

2.8.2 集合推导式 ... 36	2.11.2 数据处理中的两个常用函数 ... 43
2.9 字典 ... 36	2.12 文件操作 ... 44
2.9.1 创建字典 ... 37	文件读写 ... 45
2.9.2 字典推导式 ... 38	2.13 异常处理 ... 48
2.10 字符串类型 ... 38	2.13.1 捕获异常 ... 48
2.10.1 字符串表示方式 ... 38	2.13.2 释放资源 ... 49
2.10.2 字符串格式化 ... 40	2.14 多线程 ... 52
2.11 函数 ... 40	创建线程 ... 52
2.11.1 匿名函数与lambda表达式 ... 41	2.15 本章总结 ... 55

第 3 章
金融大数据的获取

3.1 金融大数据概述 ... 57	3.4 使用API调用获取数据 ... 72
3.1.1 数据来源 ... 57	3.4.1 常见的金融数据API ... 73
3.1.2 数据采集工具和技术 ... 58	3.4.2 使用TushareAPI获取数据 ... 74
3.2 网络爬虫 ... 58	3.4.3 案例5：使用Tushare API获取贵州茅台股票数据 ... 74
3.2.1 网络爬虫原理 ... 58	3.5 使用ChatGPT辅助获取数据 ... 76
3.2.2 网络爬虫的应用 ... 59	3.5.1 案例6：使用ChatGPT解释和理解数据格式 ... 76
3.2.3 使用urllib爬取静态网页数据 ... 59	3.5.2 案例7：使用ChatGPT提供数据处理示例代码 ... 77
3.2.4 案例1：爬取纳斯达克股票数据 ... 60	3.5.3 案例8：使用ChatGPT帮助解决数据获取问题 ... 79
3.3 解析数据 ... 62	3.6 本章总结 ... 80
3.3.1 使用BeautifulSoup库 ... 63	
3.3.2 案例2：解析纳斯达克股票数据 ... 63	
3.3.3 使用Selenium爬取动态网页数据 ... 67	
3.3.4 案例3：爬取搜狐证券贵州茅台股票数据 ... 69	
3.3.5 案例4：使用Selenium解析HTML数据 ... 71	

第 4 章
金融大数据基础库：NumPy

4.1 NumPy库 ... 82	4.2 创建数组 ... 83
4.1.1 为什么选择NumPy ... 82	4.2.1 创建一维数组 ... 83
4.1.2 安装NumPy库 ... 83	4.2.2 指定数组数据类型 ... 84

4.2.3	创建一维数组更多方式	85	4.4.5 使用identity函数	93
4.2.4	使用arange函数	85	4.4.6 使用eye函数	94
4.2.5	等差数列与linspace函数	86	**4.5 数组的属性**	95
4.2.6	等比数列与logspace函数	88	**4.6 数组的轴**	95
4.3	**二维数组**	89	**4.7 三维数组**	96
创建二维数组		89	**4.8 访问数组**	96
4.4	**创建二维数组更多方式**	90	4.8.1 索引访问	96
4.4.1	使用ones函数	90	4.8.2 切片访问	98
4.4.2	使用zeros函数	91	4.8.3 花式索引	100
4.4.3	使用empty函数	91	**4.9 本章总结**	100
4.4.4	使用full函数	92		

第 5 章

金融大数据分析库：Pandas

5.1	**Pandas 库介绍**	102	5.2.5 通过切片访问Series数据	107
5.1.1	为什么选择Pandas	102	**5.3 DataFrame 数据结构**	110
5.1.2	安装Pandas库	103	创建DataFrame对象	110
5.2	**Series 数据结构**	103	**5.4 访问 DataFrame 数据**	113
5.2.1	理解Series数据结构	103	5.4.1 访问DataFrame列	113
5.2.2	创建Series对象	104	5.4.2 访问DataFrame行	114
5.2.3	访问Series数据	106	5.4.3 切片访问	115
5.2.4	通过下标访问Series数据	107	**5.5 本章总结**	116

第 6 章

金融大数据的预处理与清洗

6.1	**数据清洗和预处理**	118	6.1.3 案例2：处理股票数据缺失值问题	120
6.1.1	使用ChatGPT辅助数据清洗	118	6.1.4 案例3：处理股票数据类型不一致问题	123
6.1.2	案例1：使用ChatGPT辅助分析股票数据	119	6.1.5 案例4：处理股票数据异常值问题	124
			6.2 本章总结	125

第 7 章
金融大数据的存储

- 7.1 使用 MySQL 数据库 …………… 127
  - 7.1.1 MySQL 数据库管理系统 ……… 127
  - 7.1.2 安装 MySQL8 数据库 ………… 128
  - 7.1.3 客户端登录服务器 …………… 130
  - 7.1.4 图形界面客户端工具 ………… 130
  - 7.1.5 安装 PyMySQL 库 …………… 135
  - 7.1.6 访问数据库的一般流程 ……… 136
  - 7.1.7 案例 1：访问苹果股票数据 … 138
- 7.2 使用 Pandas 读写 MySQL 数据库 …… 141
  - 7.2.1 案例 2：使用 Panda 从数据库读取股票数据 …………… 141
  - 7.2.2 案例 3：使用 Pandas 写入股票数据到数据库 …………… 143
- 7.3 使用 Pandas 读写 Excel 文件 …… 144
  - 7.3.1 案例 4：使用 Pandas 从 Excel 文件读取股票数据 ……… 144
  - 7.3.2 案例 5：使用 Pandas 写入股票数据到 Excel 文件 ……… 145
- 7.4 使用 Pandas 读写 CSV 文件 …… 146
  - 7.4.1 案例 6：从 CSV 文件读取货币供应量数据 ……………… 147
  - 7.4.2 案例 7：使用 Pandas 写入股票数据到 CSV 文件 ………… 148
- 7.5 JSON 数据交换格式 …………… 149
  - 7.5.1 JSON 文档结构 ……………… 149
  - 7.5.2 JSON 数据编码 ……………… 150
  - 7.5.3 JSON 数据解码 ……………… 153
  - 7.5.4 案例 8：解码搜狐证券贵州茅台股票数据 ………………… 154
- 7.6 本章总结 ………………………… 156

第 8 章
金融大数据可视化基础库：Matplotlib

- 8.1 金融大数据可视化库 …………… 158
- 8.2 金融大数据可视化方法和图表类型 … 158
- 8.3 使用 Matplotlib 绘制图表 ……… 159
  - 8.3.1 安装 Matplotlib ……………… 159
  - 8.3.2 图表的基本构成要素 ………… 160
  - 8.3.3 绘制折线图 …………………… 160
  - 8.3.4 绘制柱状图 …………………… 161
  - 8.3.5 绘制饼状图 …………………… 162
  - 8.3.6 绘制散点图 …………………… 163
  - 8.3.7 绘制子图表 …………………… 164
  - 8.3.8 案例 1：绘制贵州茅台股票历史成交量折线图 ………… 167
  - 8.3.9 案例 2：绘制贵州茅台股票 OHLC 折线图 ………………… 169
- 8.4 mplfinance 库 …………………… 170
  - 8.4.1 K 线图 ………………………… 170
  - 8.4.2 绘制 K 线图 …………………… 171
  - 8.4.3 案例 3：绘制贵州茅台股票 K 线图 …………………… 171
- 8.5 绘制移动平均线图 ……………… 172
  - 8.5.1 案例 4：绘制贵州茅台股票 5 日和 10 日移动平均线图 … 173
  - 8.5.2 案例 5：绘制 K 线图 + 移动平均线图 ……………… 175
- 8.6 本章总结 ………………………… 177

第 9 章
金融大数据可视化进阶库：Seaborn

- 9.1 Seaborn 库概述·········179
  - 9.1.1 使用 Seaborn 图表的主要优点·········179
  - 9.1.2 安装 Seaborn 库·········179
  - 9.1.3 设置 Seaborn 的样式·········180
- 9.2 箱线图·········181
- 9.3 小提琴图·········182
- 9.4 关联线图·········183
- 9.5 关联散点图·········184
- 9.6 密度图·········186
- 9.7 Dist 图·········187
- 9.8 线性回归图·········188
- 9.9 热力图·········189
- 9.10 本章总结·········191

第 10 章
金融大数据分析

- 10.1 ChatGPT 辅助金融大数据分析·········193
- 10.2 数据的统计分析方法·········194
- 10.3 描述统计分析·········194
  - 10.3.1 在 Pandas 中常用的描述统计方法·········195
  - 10.3.2 案例 1：使用描述统计方法分析贵州茅台股票数据·········198
- 10.4 频数分析·········203
  - 10.4.1 案例 2：分析信用卡交易金额的频数分布·········204
  - 10.4.2 案例 3：分析贵州茅台股票交易量频数分布·········205
- 10.5 相关性分析·········206
  - 10.5.1 案例 4：股票行业相关性分析·········207
  - 10.5.2 案例 5：使用 ChatGPT 辅助分析皮尔逊相关系数·········208
- 10.6 时间序列分析·········209
  - 10.6.1 案例 6：采用 MA 分析贵州茅台股票的价格走势·········210
  - 10.6.2 案例 7：采用 AR 分析贵州茅台股票的价格走势·········218
- 10.7 本章总结·········223

第 11 章
机器学习与金融大数据预测建模

- 11.1 机器学习策略·········225
  - 11.1.1 机器学习策略分类·········225
  - 11.1.2 Python 机器学习库·········226
  - 11.1.3 机器学习策略的实施过程·········227
- 11.2 案例 1：使用 Scikit-learn 分类策略预测苹果股票走势·········228
- 11.3 案例 2：使用 Scikit-learn 回归策略预测苹果股票走势·········233
- 11.4 案例 3：使用 Keras 深度学习库预测苹果股票走势·········241
- 11.5 本章总结·········250

第12章
ChatGPT在金融大数据分析中的应用与优势

12.1 ChatGPT 在金融领域中的自动化客户服务与智能助理方面的应用 ················252
　12.1.1 案例1：ChatGPT 应用于金融领域中的智能问答和问题解决 ················252
　12.1.2 案例2：ChatGPT 应用于金融领域中的个性化建议和推荐 ················254
　12.1.3 案例3：ChatGPT 应用于金融领域中的自动化投资助理 ················254
12.2 ChatGPT 在金融领域中的情感分析和舆情监测方面的应用 ················256
　12.2.1 案例4：ChatGPT 在金融市场情感分析中的应用 ················256
　12.2.2 案例5：ChatGPT 在舆情监测中的应用 ······257
12.3 ChatGPT 在金融领域中的文档处理方面的应用 ················258

12.4 与 ChatGPT 对话的文本语言——Markdown ················259
　12.4.1 Markdown 基本语法 ················259
　12.4.2 使用 Markdown 工具 ················262
　12.4.3 案例6：利用 ChatGPT 撰写 ABC 银行年度财务报告 ················265
　12.4.4 将 Markdown 格式文档转换为 Word 文档 ················267
　12.4.5 将 Markdown 格式文档转换为 PDF 文档 ················268
　12.4.6 案例7：利用 ChatGPT 生成 ABC 银行资产负债表 ················269
12.5 本章总结 ················273

第13章
金融案例与实践

13.1 实践案例1：使用 ARIMA 模型预测 USD/CNY 汇率 ················275
　13.1.1 案例背景 ················275
　13.1.2 有关汇率的基本概念 ················275
　13.1.3 收集数据 ················276
　13.1.4 案例实现过程 ················277
13.2 实践案例2：基于深度学习的黄金期货价格预测 ················282
　13.2.1 有关期货的基本概念 ················282

　13.2.2 期货交易中的多头和空头策略及其风险管理 ················283
　13.2.3 收集数据 ················283
　13.2.4 案例实现过程 ················285
13.3 实践案例3：基于深度学习的比特币价格预测 ················291
　13.3.1 数字货币相关的基本概念 ················292
　13.3.2 收集数据 ················292
　13.3.3 案例实现过程 ················293
13.4 本章总结 ················302

第 1 章

ChatGPT 在金融大数据分析中的作用

随着金融行业的数字化转型和大数据的快速增长，金融机构和从业人员面临着处理庞大、复杂数据集的挑战。数据分析在金融决策、风险管理和市场洞察中起着至关重要的作用。近年来，人工智能技术在金融领域的应用逐渐增多，其中ChatGPT作为一种基于自然语言处理的语言模型，正逐渐成为金融大数据分析的得力助手。

ChatGPT在金融数据分析领域的作用主要包括以下几个方面。

（1）ChatGPT可以在用户提供数据描述的基础上生成相关的Python或R代码，完成初步的数据读取、清洗、统计分析等任务。例如，用户描述一个有关存款额度和客户信息的数据集，ChatGPT就可以生成读取该数据集、计算描述性统计量、绘制直方图等代码。

（2）ChatGPT可以回答有关金融知识的问题，辅助阐明复杂的金融定义、概念和理论。例如，用户可以询问关于BPS（Basis Point Spread，基点差）应用的案例、利率衍生品的类型、跨市场套利操作的原理等问题。ChatGPT能根据用户提供的上下文信息给出准确的回答。

（3）ChatGPT能够帮助用户发现和理解隐藏在大量金融数据中的模式和规律。通过提问、分析和建模，ChatGPT可以指出可能存在的趋势和关系，推荐进一步分析的策略。

虽然ChatGPT目前还不能直接替代专业的数据科学家和金融专家，但它已经可以很有效地辅助这些专业人士节省时间，创造更多的价值。ChatGPT在金融和数据分析领域仍存在很大的潜力和发展空间。

1.1 ChatGPT生成金融数据分析代码示例的案例

在金融数据分析中，ChatGPT可以作为一个强大的工具，帮助生成各种金融数据分析代码示例，从而加速分析过程并提供实用的解决方案。以下是ChatGPT生成金融数据分析代码示例的两个案例。

1.1.1 案例1：生成数据清洗和预处理代码示例

分析师可以向ChatGPT描述一个包含大量金融交易数据的数据集，其中可能包含缺失值、异常值和重复数据。通过与ChatGPT的交互，分析师可以得到数据清洗和预处理的示例代码，用于去除重复项、处理缺失值和识别异常值。

> 分析师向ChatGPT发送如下请求消息。
>
> 我有一个包含交易数据的数据集，但其中可能有重复项和缺失值。如何进行数据清洗？

> ChatGPT的回答如下。
>
> 你可以使用Python的Pandas库进行数据清洗。以下是示例代码，用于去除重复项和处理缺失值：
>
> ```
> import pandas as pd
> ```

```
# 读取数据集
df = pd.read_csv('交易数据.csv')
# 去除重复项
df.drop_duplicates(inplace=True)
# 处理缺失值
df.fillna(0, inplace=True)
# 数据清洗完成
```

1.1.2 案例2：生成特征工程代码示例

在金融数据分析中，特征工程对模型性能至关重要。分析师可以向ChatGPT描述一个投资组合数据集，希望从中提取有用的特征。ChatGPT可以生成特征工程的示例代码，例如计算投资组合的收益率、波动性或其他技术指标。

> **分析师向ChatGPT发送如下请求消息。**
>
> 我有一个包含投资组合数据的数据集，想要提取一些有用的特征。有什么建议和示例代码吗？

> **ChatGPT的回答如下。**
>
> 你可以使用Python的NumPy和Pandas库计算收益率和波动性。以下是示例代码：
>
> ```
> import pandas as pd
> # 读取数据集
> df = pd.read_csv('交易数据.csv')
> import numpy as np
> import pandas as pd
> # 读取投资组合数据集
> df = pd.read_csv('投资组合数据.csv')
> # 计算每日收益率
> df['收益率'] = df['收盘价'].pct_change()
> # 计算波动性（标准差）
> df['波动性'] = df['收益率'].rolling(window=30).std()
> # 特征工程完成
> ```

以上代码示例展示了如何从原始数据中提取有用的特征，用于后续的建模和分析。

1.2 ChatGPT回答金融领域知识的案例

ChatGPT作为一种预训练的自然语言处理模型，拥有广泛的知识，并能回答各种金融领域的问题。下面是ChatGPT回答金融领域知识的4个案例。

1.2.1 案例3：解答金融市场知识

金融市场知识有很多，一般人不能完全掌握，我们可以咨询ChatGPT，让它帮助解答金融市场知识。

> 分析师向ChatGPT发送如下请求消息。
> 请问，什么是投资组合优化？

> ChatGPT的回答如下。
> 投资组合优化是一种金融技术，旨在找到一种最优的投资组合配置，使在给定风险水平下，预期收益最大化。通常使用数学模型和算法来平衡不同资产之间的风险和回报，以达到最佳的资产配置。

> 分析师向ChatGPT发送如下请求消息。
> 什么因素影响市场流动性？

> ChatGPT的回答如下。
> 市场流动性受多种因素的影响，包括但不限于以下几个方面：
> 1. 交易量：较高的交易量通常会提高市场流动性，因为有更多的买方和卖方参与市场交易。
> 2. 市场深度：市场深度是指市场上能够容纳大量交易而不引起价格明显波动的能力。较深的市场通常具有较高的流动性。
> 3. 报价价差：报价价差是指买入价格和卖出价格之间的差异。较小的报价价差通常会增加市场流动性，因为交易者能够更容易地以较小的价格波动幅度进行交易。
> 4. 交易成本：交易成本包括交易费用、滑点和其他相关费用。较低的交易成本有助于提高市场流动性。
> 5. 信息透明度：信息的透明度能够减少交易者面临的不确定性，从而增加市场流动性。
> 6. 市场参与者：市场上参与交易的各方数量和类型也会影响市场流动性。更多的市场参与者通常意味着更高的流动性。
>
> 以上因素相互作用，综合影响市场的流动性。理解这些因素有助于分析市场流动性的变化和预测市场行为。

1.2.2 案例4：解释经济学理论

经济学理论很抽象，我们可以咨询ChatGPT，让它帮助解答。下面我们介绍一下如何使用ChatGPT解释经济学理论。

第 1 章 ChatGPT 在金融大数据分析中的作用

> **分析师向 ChatGPT 发送如下请求消息。**
> 关于货币政策，你能简单解释一下什么是利率吗？

> **ChatGPT 的回答如下。**
> 利率是货币的时间价值，是贷款人获得的利息收入与借款人支付的利息支出之间的差额。它通过影响消费和投资来影响经济活动。
> 中央银行通过调整其向商业银行提供贷款的利率，来影响整个经济体中资金的供给和利率水平，这被称为货币政策。当中央银行提高政策利率时，商业银行提供贷款的利率也会上调，这通常会抑制经济活动和通货膨胀。相反，降低政策利率可以刺激经济增长。
> 除了中央银行的政策利率，金融市场上的利率也会受到市场供求关系的影响。当经济过热，对贷款的需求增加时，市场利率也会上升。

1.2.3 案例5：解答金融产品相关问题

ChatGPT 可以即时回答关于金融产品的问题，提供对金融产品的解释和相关信息。这对于投资者和金融从业人员来说，可以迅速获取所需的金融知识，增强对金融产品的理解和认识。

> **分析师向 ChatGPT 发送如下请求消息。**
> 能否解释一下 ETF（交易所交易基金）的概念？

> **ChatGPT 的回答如下。**
> ETF 是一种投资工具，它类似于股票，可以在交易所上市交易。ETF 通常跟踪特定的指数、商品、债券或其他资产组合的表现。投资者购买 ETF 时，实际上是在购买一个包含多种资产的"篮子"，从而实现对多种资产的分散投资。

1.2.4 案例6：解答金融风险管理相关问题

ChatGPT 可以在金融风险管理中发挥作用，例如，提供风险评估模型、回答风险管理相关问题、辅助决策制定等。

> **分析师向 ChatGPT 发送如下请求消息。**
> 如何量化金融产品的市场风险？

> **ChatGPT 的回答如下。**
> 市场风险是指金融产品在市场波动下面临的损失风险。常用的市场风险量化方法之一是风

险价值（Value at Risk，VaR）指标。VaR指标衡量在给定置信水平下，投资组合或金融产品在未来一段时间内可能出现的最大损失。VaR计算基于历史数据和概率统计方法，帮助投资者评估市场波动对其投资组合的潜在影响。

1.3 ChatGPT辅助发现数据中的模式和特征

在金融大数据分析中，ChatGPT可以通过自然语言处理和文本分析等技术，辅助发现数据中的模式和特征。下面是一些使用ChatGPT辅助数据分析的方式。

（1）文本数据分析：ChatGPT可以处理结构化和非结构化的文本数据，包括新闻报道、社交媒体评论、公司公告等。通过对这些文本数据的分析，可以解析与金融市场相关的情感倾向、事件影响等信息。

（2）情感分析：ChatGPT可以帮助分析文本数据中的情感倾向，包括对特定金融产品或公司的情感反应。情感分析有助于了解市场参与者对某个事件或某种产品的态度，有助于预测市场情绪和趋势。

（3）舆论分析：ChatGPT可以帮助对舆论进行自动化分析，了解市场参与者对特定金融产品、公司或市场走势的看法。这有助于预测市场可能出现的变化和风险。

（4）关键词提取：ChatGPT可以帮助从大量文本数据中提取关键词和短语。这些关键词可以用于建立词袋模型或主题模型，帮助理解不同金融事件和市场动态之间的联系。

（5）数据预处理：ChatGPT可以用于数据清洗和预处理，帮助减少数据中的噪声和冗余信息。这有助于提高后续数据分析的准确性和效率。

（6）文本生成：ChatGPT可以用于生成与金融市场相关的文本，如市场评论、分析报告等。这些生成的文本可以为投资决策和市场预测提供参考。

尽管ChatGPT在文本数据分析方面具有一定的辅助作用，但仍需注意，它是基于语言模型的，对于特定的金融分析任务可能需要进一步结合其他数据分析方法和领域知识，以获得更准确和全面的结果。另外，对于金融数据分析的应用，数据隐私和安全也是需要特别关注的方面。

1.4 本章总结

本章展示了ChatGPT在金融数据分析中的多重应用。通过案例1中的数据清洗和预处理代码示例，以及案例2中的特征工程代码示例，展示了ChatGPT在生成金融数据分析代码方面的能力，提高了数据分析效率和准确性。同时，案例3至案例6，覆盖了金融市场知识、经济学理论、金融产品解释和风险管理等领域的知识问答，强调了ChatGPT作为知识库和问答系统的潜力。此外，也探讨了ChatGPT在辅助发现数据模式和特征方面的作用，提升了数据分析的洞察力。总之，本章凸显了ChatGPT在金融领域的多重应用，为金融数据分析和决策带来新的可能性。

第 2 章

金融大数据分析 Python 基础

当涉及金融大数据分析时，Python作为一种常用的编程语言，能够提供丰富的库和工具，可以用于数据处理、分析和可视化。以下是金融大数据分析中使用Python的一些基础知识。

（1）数据处理和分析库：在Python中，有一些常用的数据处理和分析库，如NumPy、Pandas和SciPy。NumPy提供高效的数组操作和数学函数，Pandas用于数据处理和分析，而SciPy则包含各种科学计算和统计方法。

（2）数据可视化库：数据可视化对于理解和分析金融数据至关重要。Python提供多个库来创建各种类型的图表，如Matplotlib、Seaborn和Plotly。这些库可以帮助用户将数据可视化，并发现其中的模式和趋势。

（3）金融数据获取和处理：Python中有多个库可以用于获取和处理金融数据，如pandas-datareader、yfinance和quandl。这些库可以从各种金融数据源中获取数据，并提供灵活的方法来处理和转换数据。

（4）统计分析：统计分析在金融数据分析中非常重要。Python提供一些统计分析库，如Statsmodels和Scikit-learn。Statsmodels包含各种统计模型和方法，用于回归分析、时间序列分析等。而Scikit-learn则提供机器学习算法和工具，可以用于预测建模和分类分析。

（5）量化金融：量化金融是金融数据分析中的一个重要领域，用于开发和实施基于数据驱动的投资策略。Python中有一些专门用于量化金融的库，如Pandas、NumPy和Zipline。这些库提供金融时间序列分析、风险管理和回测等功能。

（6）机器学习和深度学习：机器学习和深度学习在金融数据分析中也扮演着重要角色。Python提供多个机器学习和深度学习库，如Scikit-learn、TensorFlow和PyTorch。这些库可以用于构建和训练预测模型，用于市场预测、风险评估等任务。

了解这些Python基础知识，可以帮助大家开始进行金融大数据分析。

在本章中，我们先介绍Python语言的基础知识。

2.1 Python解释器

Python解释器是执行Python代码的程序，它将Python源代码转换为机器可执行的指令。在安装Python后，由于历史的原因，能够提供Python解释器的产品有多个，具体介绍如下。

（1）CPython。它是Python官方提供的。一般情况下提到的Python就是指CPython，CPython是基于C语言编写的，它实现的Python解释器能够将源代码编译为字节码（Bytecode），类似于Java语言，然后再由虚拟机执行，这样当再次执行相同源代码文件时，如果源代码文件没有被修改过，那么它会直接解释执行字节码文件，这样会提高程序的运行速度。

（2）PyPy。它是基于Python实现的Python解释器，速度要比CPython快，但兼容性不如CPython。

（3）Jython。它是基于Java实现的Python解释器，可以将Python代码编译为Java字节码，可以在Java虚拟机下运行。

（4）IronPython。它是基于.NET平台实现的Python解释，可以使用.NET Framework链接库。

考虑到兼容性和其他一些性能，本书将Python官方提供的CPython作为Python开发环境。Python官方提供的CPython有多个不同平台版本（Windows、Linux/UNIX和macOS），大部分Linux/UNIX和macOS操作系统都已经安装了Python，只是版本有所不同。

下载Python可以到如图2-1所示的Python官网进行，读者可以单击"Download Python 3.××.×"按钮下载Python 3解释器。

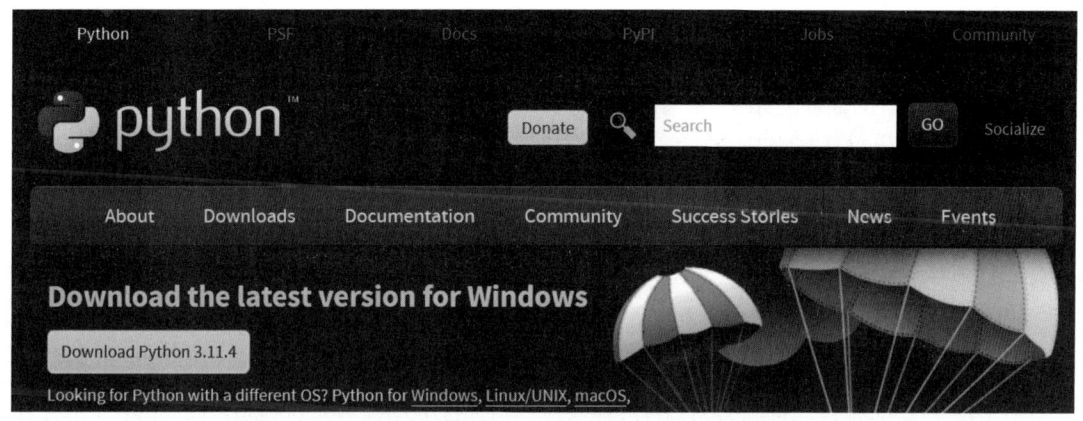

图2-1　下载Python

Python安装文件下载完成后，就可以安装了。双击该文件开始安装。安装过程中会弹出如图2-2所示的内容选择对话框，选中复选框"Add python.exe to PATH"可以将Python的安装路径添加到环境变量PATH中，这样就可以在任何文件夹下使用Python命令了。选择"Customize installation"可以进行自定义安装。本例选择"Install Now"，这会进行默认安装。单击"Install Now"开始安装，直到安装结束关闭对话框，即安装成功。

图2-2　内容选择对话框

2.2 IDE工具

在进行量化交易策略的开发和实施时,有一些常用的集成开发环境(IDE)工具,可以提供丰富的功能和便捷的开发体验,具体如下。

(1)PyCharm:它是一款由JetBrains开发的强大Python IDE。它提供全面的代码编辑、调试和项目管理功能,支持代码自动完成、重构、单元测试等。PyCharm专业版还具有更多高级功能,如集成的科学计算和数据分析工具。

(2)Visual Studio Code:它是一个轻量级、跨平台的文本编辑器,支持多种编程语言,包括Python。它具有丰富的插件生态系统,可以通过安装插件来扩展其功能,如Python扩展和Jupyter扩展,使其适用于量化交易策略开发。

(3)Jupyter Notebook / JupyterLab:它是交互式的Python环境,可以在其中编写和运行Python代码,并且能够将代码、可视化内容和文档组合在一起。它们特别适用于探索性数据分析、快速原型开发和可视化量化交易策略。

(4)Spyder:它是专为科学计算和数据分析而设计的Python IDE。它提供丰富的功能,如代码编辑器、变量查看器、对象检查器等,适合于量化交易策略的开发和调试。

这些IDE工具都有自己的特点和优势,笔者推荐使用Jupyter Notebook工具。此外,还有其他一些Python IDE,如Sublime Text、Atom等,大家也可以根据个人需求进行配置和扩展,将其用于量化交易策略的开发。

2.2.1 安装Jupyter Notebook

安装Jupyter Notebook可以使用pip工具进行。

pip是Python的包管理器,用于安装、升级和卸载Python包。以下是一些常用的pip指令。

(1)安装包。

```
pip install package_name
```

这将从Python Package Index(PyPI)下载并安装指定名称的包。

(2)安装指定版本的包。

```
pip install package_name==version
```

使用==运算符可以安装特定版本的包。

(3)升级包。

```
pip install --upgrade package_name
```

这将检查已安装的包的最新版本,并进行升级。

(4)卸载包。

```
pip uninstall package_name
```

这将从系统中卸载指定名称的包。

（5）列出已安装的包。

```
pip list
```

这将列出当前 Python 环境中已安装的所有包及其版本。

（6）搜索包。

```
pip search search_term
```

这将在 PyPI 中搜索与指定搜索词相关的包。

（7）查看包的详细信息。

```
pip show package_name
```

这将显示指定包的详细信息，包括版本、作者、依赖关系等。

这是一些常用的 pip 指令，可以帮助我们管理 Python 包和依赖项。我们可以在命令行中运行这些指令，确保已正确设置 Python 环境和 pip 命令的路径。

使用 pip 在命令行中安装 Jupyter Notebook 的过程，如图 2-3 所示。

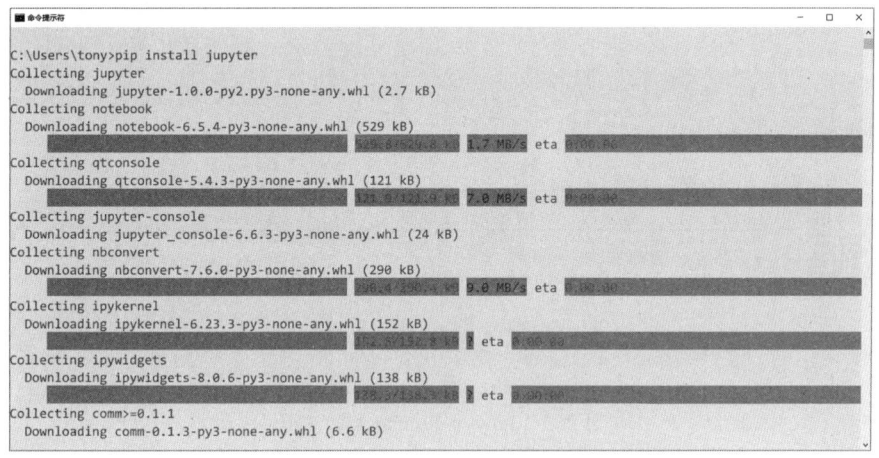

图 2-3　使用 pip 在命令行中安装 Jupyter Notebook

2.2.2　启动 Jupyter Notebook

使用 Jupyter Notebook 工具时，首先需要启动 Jupyter Notebook，我们可以按照以下步骤进行操作。

（1）打开终端（在 macOS 和 Linux 上）或命令提示符（在 Windows 上）。

（2）在终端或命令提示符中，输入以下命令并按"Enter"键。

```
jupyter notebook
```

这将启动 Jupyter Notebook 服务器，并在默认的 Web 浏览器中打开如图 2-4 所示的 Jupyter Notebook 的主页。

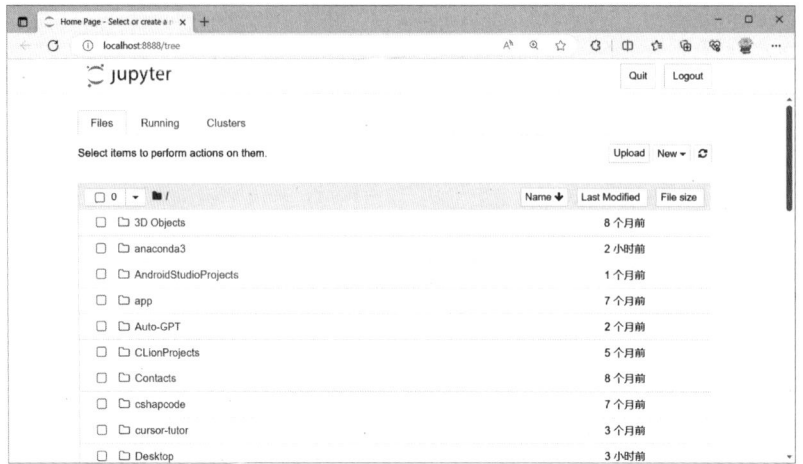

图 2-4　Jupyter Notebook 的主页

如果默认浏览器没有自动打开，终端或命令提示符中会显示一个网址，如图 2-5 所示。我们可以将该网址复制并粘贴到自己喜欢的浏览器中。

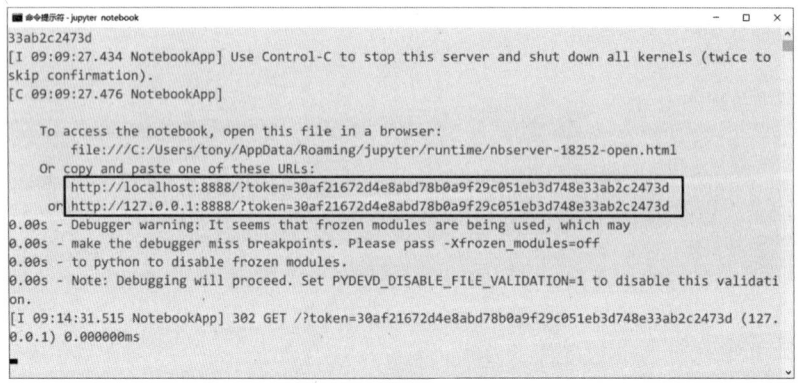

图 2-5　Jupyter Notebook 的主页

在 Jupyter Notebook 主页，我们可以浏览文件和文件夹，新建 Python 记事本文件（.ipynb），或打开现有的记事本文件。

单击一个".ipynb"文件，就可以在 Jupyter Notebook 中打开它，并开始编写和执行代码。

> 注意
> Jupyter Notebook 在运行时会继续在终端或命令提示符中显示输出和日志信息。如果关闭了终端或命令提示符窗口，Jupyter Notebook 服务器也会停止运行。

如果希望在特定目录下启动 Jupyter Notebook，可以在命令提示符中使用 cd 命令切换到该目录，然后执行 Jupyter Notebook 命令。

2.3 第一个Python程序

Hello World! 程序通常是我们在学习编程语言时的第一个示例程序。它用来展示一个基本的输出语句,并且可以验证编程环境是否正确配置。

Python程序可以通过以下两种方式运行:

(1) 通过交互式解释器运行;

(2) 通过脚本文件运行。

2.3.1 编写脚本文件,运行第一个Python程序

首先,使用文本编辑工具编写如下程序代码。

```
print("Hello, World!")
```

笔者使用Windows系统的记事本应用程序编写Python程序,如图2-6所示。

读者可以根据自己的需求和代码的复杂性,选择适合的方式运行Python程序。交互式解释器运行适用于快速测试和交互式开发,而脚本文件运行适用于执行完整的程序或可重复运行的脚本。

然后保存文件为"hello.py","hello.py"就是脚本文件了,需要Python解释器运行该文件。可以通过在命令行终端中输入python hello.py来执行脚本文件,如图2-7所示。

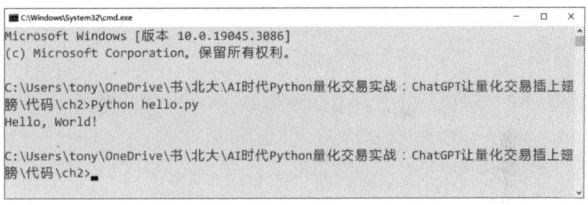

图2-6 使用记事本应用程序编写程序　　图2-7 运行Python脚本文件

2.3.2 使用Jupyter Notebook编写和运行第一个Python程序

Jupyter Notebook是一种交互运行IDE工具,使用Jupyter Notebook编写Python程序非常简单。以下是在Jupyter Notebook中编写第一个Python程序的基本步骤。

(1) 启动Jupyter Notebook:按照前面提到的步骤,在终端或命令提示符中输入Jupyter Notebook命令,启动Jupyter Notebook服务器,并在浏览器中打开Jupyter Notebook主页。

(2) 创建一个新的记事本:在Jupyter Notebook主页中,单击右上角的"New"(新建)按钮,然后选择"Python 3"(或其他可用的内核)创建一个新的Python记事本,如图2-8所示。

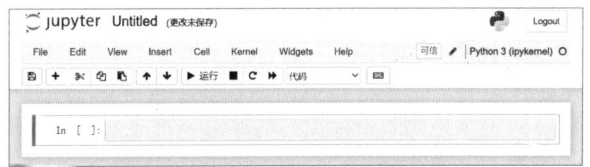

图2-8 创建一个新的Python记事本

（3）在记事本中编写代码：在新创建的记事本中，我们将看到一个空的代码单元格。单击该单元格，然后开始编写我们的Python代码。编写和运行代码，如图2-9所示。

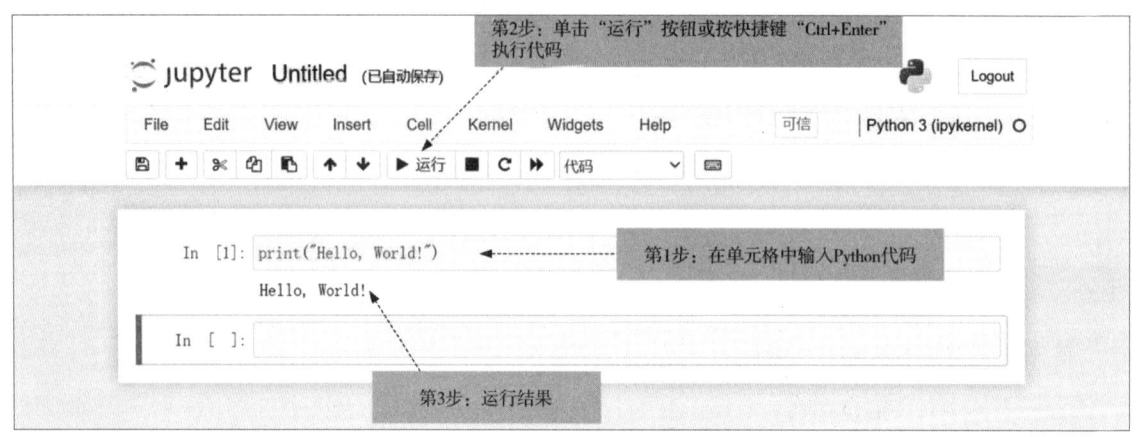

图2-9 编写和运行Python程序代码

2.4 Python语法基础

本节主要介绍Python中一些基础的语法，其中包括标识符、关键字、常量、变量、表达式、语句和模块等内容。

2.4.1 标识符

标识符就是由程序员指定的变量、常量、函数、属性、类、模块和包等的名字。构成标识符的字符均有一定的规范，Python语言中标识符的命名规则如下：
- 区分大小写，Myname与myname是两个不同的标识符；
- 首字符可以是下画线"_"或字母，但不能是数字；
- 除首字符外其他字符，可以是下画线"_"、字母和数字；
- 关键字不能作为标识符；
- 不能将Python内置函数作为自己的标识符。

例如，身高、identifier、userName、User_Name、_sys_val等为合法的标识符，中文"身高"命名的变量是合法的，而2mail、room#、$Name和class为非法的标识符。注意，#和$不能构成标识符。

2.4.2 关键字

关键字是类似于标识符的保留字符序列，是由语言本身定义好的，Python语言中有33个关键字。其中只有3个，即False、None和True首字母大写，其他的全部小写。具体内容如表2-1所示。

表 2-1 Python 关键字

False	def	if	raise
None	del	import	return
True	elif	in	try
and	else	is	while
as	except	lambda	with
assert	finally	nonlocal	yield
break	for	not	
class	from	or	
continue	global	pass	

2.4.3 变量声明

在 Python 中声明变量时不需要指定它的数据类型，只要给一个标识符赋值就声明了变量，示例代码如下。

```
_hello = "HelloWorld"              ①
score_for_student = 0.0            ②
y = 20                             ③
y = True                           ④
```

代码解释如下。
- 代码第①至③行分别声明了三个变量，这些变量声明不需要指定数据类型，赋给它什么数值，它就是该类型变量了。
- 代码第④行是给 y 变量赋布尔值 True，虽然 y 已经保存了整数类型 20，但它也可以接收其他类型数据。

2.4.4 语句

Python 代码是由关键字、标识符、表达式和语句等内容构成的，语句是代码的重要组成部分。语句关注代码的执行过程，如 if 语句、for 语句和 while 语句等。在 Python 语言中，一行代码表示一条语句，语句结束可以加分号，也可以省略分号。示例代码如下。

```
_hello = "HelloWorld"
score_for_student = 0.0;    # 没有错误发生         ①
y = 20
```

```
name1 = "张三";name2 = "李四"          ②
# 链式赋值语句
a = b = c = 10                        ③
```

代码解释如下。

- 代码第①行在语句介绍中使用了分号,但是实际编程时通常省略分号。
- 代码第②行有两条语句,但从编程规范的角度讲,这样编写代码是不规范的,Python官方推荐一行代码只有一条语句。
- 代码第③行采用链式赋值语句,同时将10赋值给a、b、c三个变量。

2.4.5 Python代码块

在if、for和while等语句包含多条代码时,这些代码会放在一个代码块中。Python语言中代码块与C和Java等语言差别很大,Python是通过缩进界定代码块的,缩进级别相同的代码位于相同的代码块中。示例代码如下。

```
_hello = "HelloWorld"
score_for_student = 10.0
y = 20
if y > 10:
    print(y)                          ①
    print(score_for_student)          ②
else:
    print(y * 10)                     ③
print(_hello)                         ④
```

代码解释如下。

- 代码第①行和第②行是同一个缩进级别,它们在相同的代码块中。
- 代码第③行和第④行不是同一个缩进级别,它们在不同的代码块中。

> **提示**
> 一个缩进级别一般用一个制表符(Tab)或4个空格表示,考虑到不同的编辑器制表符显示的宽度不同,大部分编程语言规范推荐使用4个空格表示一个缩进级别。

2.4.6 模块

Python中一个模块就是一个".py"文件,模块是保存代码的最小单位,模块中可以声明变量、常量、函数、属性和类等Python程序元素。一个模块提供可以访问另外一个模块的程序元素。

下面通过示例介绍如何创建和使用模块,首先在"*.ipynb"(Jupyter Notebook文件)的同级当前目录下，使用记事本等文本编辑工具创建一个module1.py文件，并编辑module1.py文件，代码如下。

```
# coding: utf-8          ①
y = True                 ②
z = 10.10                ③
```

代码解释如下。
- 代码第①行是一个注释行，用于指定脚本文件的编码格式。在这个例子中，它指定使用UTF-8编码处理脚本文件中的字符。

其他代码不再赘述。

那么如何在Jupyter Notebook代码文件中使用module1模块呢？可以使用import语句导入module1模块，具体代码如下。

```
import module1                          ①
from module1 import z                   ②
y = 20
print(y)     # 访问当前模块变量y          ③
print(module1.y)  # 访问module1模块变量y  ④
print(z)     # 访问module1模块变量z       ⑤
```

代码解释如下。
- 代码第①行使用import<模块名>方式导入模块所有代码元素（包括：变量、函数、类等）。访问代码元素时需要加"模块名."，见代码第④行module1.y，module1是模块名，y是模块module1中的变量。
- 代码第②行使用from<模块名>import<代码元素>方式指定模块中特定的代码元素。
- 代码第③行访问当前模块变量y。
- 代码第⑤行访问module1模块变量z。需要注意，当z变量在当前模块中也存在时，z不能导入，即z是当前模块中的变量。

在Jupyter Notebook中执行上述代码，结果如图2-10所示。

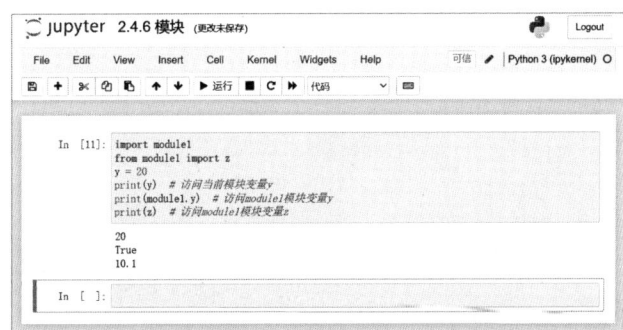

图2-10　代码结果

2.5 数据类型与运算符

数据类型与运算符是构成 Python 表达式的重要组成部分。本节我们将介绍一下 Python 中的数据类型和运算符。

2.5.1 数据类型

Python 有 6 种标准数据类型：数字、字符串、列表、元组、集合和字典，其中列表、元组、集合和字典可以保存多项数据，它们每一个都是一种数据结构。

其中，数字类型有 4 种：整数类型、浮点类型、复数类型和布尔类型。需要注意的是，布尔类型也是数字类型，它事实上是整数类型的一种。

1. 整数类型

Python 整数类型为 int，整数类型的范围可以很大，表示很大的整数，这只受所在计算机硬件的限制。

2. 浮点类型

浮点类型主要用来储存小数数值，Python 浮点类型为 float，Python 只支持双精度浮点类型，而且与本机相关。浮点类型可以使用小数表示，也可以使用科学记数法表示，科学记数法中会使用大写或小写的 e 表示 10 的指数，如 e2 表示 10^2。

3. 复数类型

复数在数学中是非常重要的概念，无论是在理论物理学，还是在电气工程实践中都经常使用。很多计算机语言都不支持复数，而 Python 是支持复数的，这使 Python 能够很好地用来进行科学计算。

4. 布尔类型

Python 中布尔类型为 bool，bool 是 int 的子类，它只有两个值：True 和 False。注意：任何类型的数据都可以通过 bool() 函数转换为布尔值，那些被认为"没有的""空的"值会转换为 False，反之转换为 True。例如，None（空对象）、False、0、0.0、0j（复数）、""（空字符串）、[]（空列表）、()（空元组）和 {}（空字典）这些数值会转换为 False，否则是 True。

示例实现代码如下。

```
# coding=utf-8

# 整数表示
int1 = 28                                ①
int2 = 0b11100                           ②
int3 = 0O34                              ③
int4 = 0o34                              ④
int5 = 0x1C                              ⑤
```

```
int6 = 0X1C                                        ⑥

print('int1 = ', int1)
print('int2 = ', int2)
print('int3 = ', int3)
print('int4 = ', int4)
print('int5 = ', int5)
print('int6 = ', int6)

# 浮点数表示
f1 = 1.0
f2 = 3.36e2                                        ⑦
f3 = 1.56e-2
print('f1 = ', f1)
print('f2 = ', f2)
print('f3 = ', f3)

# 复数表示
complex1 = 1 + 2j                                  ⑧
complex2 = complex1 + (1 + 2j)

print('complex1 = ', complex1)
print('complex2 = ', complex2)

# 测试bool函数
print('(bool(0) = ', (bool(0)))     # 0 转换为 False       ⑨
print('(bool(1) = ', (bool(1)))     # 1 转换为 True
print("(bool('') = ", (bool('')))   # 空字符串 '' 转换为 False
print("(bool(' ') = ", (bool(' '))) # 空格字符串 ' ' 转换为 True
print('(bool([]) = ', (bool([])))   # 空列表 [] 转换为 False    ⑩
```

示例代码运行后，输出结果如下。

```
int1 =  28
int2 =  28
int3 =  28
int4 =  28
int5 =  28
int6 =  28
f1 =  1.0
f2 =  336.0
f3 =  0.0156
```

```
complex1 = (1+2j)
complex2 = (2+4j)
(bool(0) = False
(bool(1) = True
(bool('') = False
(bool(' ') = True
(bool([]) = False
```

代码解释如下。

- 代码第①至⑥行都是整数值 28 的表示方式。
- 代码第②行是二进制 28 的表示方式，其前缀是 0b 或 0B。
- 代码第③和④行是八进制 28 的表示方式，其前缀是 0o 或 0O。
- 代码第⑤和⑥行是十六进制 28 的表示方式，其前缀是 0x 或 0X。
- 代码第⑦行使用科学记数法表示浮点数。
- 代码第⑧行是复数表示。
- 代码第⑨和⑩行是使用bool函数将数值转换为布尔类型数据。

2.5.2 运算符

运算符（也称操作符），包括算术运算符、关系运算符、逻辑运算符、赋值算符和其他运算符。下面我们重点介绍算术运算符、关系运算符、逻辑运算符和赋值运算符。

1. 算术运算符

Python中的算术运算符用来组织整数型和浮点型数据的算术运算，按照参加运算的操作数的不同，可以分为一元算术运算符和二元算术运算符。Python中一元运算符有多个，但是一元算术运算符只有一个，即-，-是取反运算符，例如：-a是对a取反运算。二元算术运算符包括+、-、*、/、%、**和//，这些运算符主要是对数字类型数据进行操作，而+和*可以用于字符串、元组和列表等类型的数据操作，具体说明如表 2-2 所示。

表 2-2 二元算术运算符

运算符	名称	例子	说明
+	加	a + b	可用于数字、序列等类型数据操作，对于数字类型是求和，其他类型是连接操作
-	减	a - b	求a减b的差
*	乘	a * b	可用于数字、序列等类型数据操作，对于数字类型是求积，对于其他类型是重复操作
/	除	a / b	求a除以b的商
%	取余	a % b	求a除以b的余数

续表

运算符	名称	例子	说明
**	幂	a ** b	求a的b次幂
//	地板除法	a // b	求比a除以b的商小的最大整数

2. 关系运算符

关系运算是比较两个表达式大小关系的运算,它的结果是布尔类型数据,即True或False。关系运算符有6种:==、!=、>、<、>=和<=,具体说明如表2-3所示。

表2-3 关系运算符

运算符	名称	例子	说明
==	等于	a == b	a等于b时返回True,否则返回False。可以应用于基本数据类型和引用类型,引用类型比较是否为引用同一个对象,这种比较往往没有实际意义
!=	不等于	a != b	与 == 相反
>	大于	a > b	a大于b时返回True,否则返回False
<	小于	a < b	a小于b时返回True,否则返回False
>=	大于等于	a >= b	a大于或等于b时返回True,否则返回False
<=	小于等于	a <= b	a小于或等于b时返回True,否则返回False

3. 逻辑运算符

逻辑运算符对布尔型变量进行运算,其结果也是布尔型,具体说明如表2-4所示。

表2-4 逻辑运算符

运算符	名称	例子	说明
not	逻辑非	not a	a为True时,值为False;a为False时,值为True
and	逻辑与	a and b	a、b全为True时,计算结果为True,否则为False
or	逻辑或	a or b	a、b全为False时,计算结果为False,否则为True

4. 赋值运算符

赋值运算符只是一种简写,一般用于变量自身的变化,例如,将a与其操作数进行运算,结果再赋值给a。算术运算符和位运算符中的二元运算符都有对应的赋值运算符。具体说明如表2-5所示。

表2-5 赋值运算符

运算符	名称	例子	说明
+=	加赋值	a += b	等价于a = a + b
-=	减赋值	a -= b	等价于a = a - b

续表

运算符	名称	例子	说明
*=	乘赋值	a *= b	等价于a = a * b
/=	除赋值	a /= b	等价于a = a / b
%=	取余赋值	a %= b	等价于a = a % b
**=	幂赋值	a **= b	等价于a = a ** b
//=	地板除法赋值	a //= b	等价于a = a // b

示例实现代码如下。

```
print('2 * 3 = ', 2 * 3)
print('3 / 2 = ', 3 / 2)
print('3 % 2 = ', 3 % 2)
print('3 // 2 = ', 3 // 2)
print(' -3 // 2 = ', -3 // 2)

a = 10
b = 9

print('a > b = ', a > b)
print('a< b = ', a < b)
print('a>= b = ', a >= b)
print('a<= b = ', a <= b)
print('1.0 == 1 = ', 1.0 == 1)
print('1.0 != 1 = ', 1.0 != 1)

i = 0
a = 10
b = 9

if a > b or i == 1:
    print("或运算为 真")
else:
    print("或运算为 假")

if a < b and i == 1:
    print("与运算为 真")
else:
    print("与运算为 假")
```

```
a = 1
b = 2

a += b   # 相当于a = a + b

print("a + b =", a)   # 输出结果 3

a += b + 3   # 相当于 a = a + b + 3

print("a + b + 3 =", a)   # 输出结果 8

a -= b   # 相当于 a = a - b
print("a - b =", a)   # 输出结果 6

a *= b   # 相当于 a = a * b
print("a * b =", a)   # 输出结果 12

a /= b   # 相当于 a = a / b
print("a / b =", a)   # 输出结果 6.0

a %= b   # 相当于 a = a % b
print("a % b =", a)   # 输出结果 0.0
```

示例代码运行后,输出结果如下。

```
2 * 3 =  6
3 / 2 =  1.5
3 % 2 =  1
3 // 2 =  1
 -3 // 2 =  -2
a > b =  True
a< b =  False
a>= b =  True
a<= b =  False
1.0 == 1 =  True
1.0 != 1 =  False
或运算为 真
与运算为 假
a + b = 3
a + b + 3 = 8
a - b = 6
```

```
a * b = 12
a / b = 6.0
a % b = 0.0
```

2.6 控制语句

程序设计中的控制语句有3种，即顺序、分支和循环语句。Python程序通过控制语句管理程序流，完成一定的任务。程序流是由若干个语句组成的，语句既可以是一条单一的语句，也可以是复合语句。Python中的控制语句有以下几类。

- 分支语句：if。
- 循环语句：while 和 for。
- 跳转语句：break、continue 和 return。

2.6.1 分支语句

Python中的分支语句只有if语句。if语句有if结构、if-else结构和elif结构三种。

1. if 结构

如果条件计算为True就执行语句组，否则就执行if结构后面的语句。语法结构如下。

```
if 条件：
    语句组
```

if结构示例代码如下。

```
score = 95

if score >= 85:
    print("您真优秀！")

if score < 60:
    print("您需要加倍努力！")

if (score >= 60) and (score < 85):
    print("您的成绩还可以，仍需继续努力！")
```

示例代码运行后，输出结果如下。

```
您真优秀！
```

2. if-else 结构

几乎所有的计算机语言都有 if-else 结构，而且结构的格式基本相同，语句如下。

```
if 条件 :
    语句组 1
else :
    语句组 2
```

当程序执行到 if 语句时，先判断条件：如果值为 True，则执行语句组 1，然后跳过 else 语句及语句组 2，继续执行后面的语句；如果条件为 False，则忽略语句组 1 而直接执行语句组 2，然后继续执行后面的语句。

if-else 结构示例代码如下。

```
score = 95
if score >= 60:
    print(" 及格 ")
else:
    print(" 不及格 ")
```

示例代码运行后，输出结果如下。

```
及格
```

3. elif 结构

elif 结构语句如下。

```
if 条件 1 :
    语句组 1
elif 条件 2 :
    语句组 2
elif 条件 3 :
    语句组 3
...
elif 条件 n :
    语句组 n
else :
    语句组 n+1
```

可以看出，elif 结构实际上是 if-else 结构的多层嵌套，它明显的特点就是在多个分支中只执行一个语句组，而其他分支都不执行。所以，这种结构可以用于有多种判断结果的分支中。

elif 结构示例代码如下。

```
score = 95
if score >= 90:
    grade = 'A'
elif score >= 80:
    grade = 'B'
elif score >= 70:
    grade = 'C'
elif score >= 60:
    grade = 'D'
else:
    grade = 'F'

print("Grade = " + grade)
```

示例代码运行后,输出结果如下。

```
Grade = A
```

2.6.2 循环语句

循环语句能够使程序代码重复执行。Python 支持 while 和 for 两种循环类型。

1. while 语句

while 语句是一种先判断的循环结构,格式如下。

```
while 循环条件 :
    语句组
[else:
    语句组 ]
```

while 循环没有初始化语句,循环次数是不可知的,只要循环条件满足,循环就会一直执行循环体。while 循环中可以带有 else 语句。

示例代码如下。

```
i = 0

while i * i < 100000:
    i += 1

print("i = ", i)
print("i * i =", (i * i))
```

示例代码运行后,在控制台输出结果如下。

```
i = 317
i * i = 100489
```

2. for 语句

for 语句是应用最广泛、功能最强的一种循环语句。Python 语言中没有 C 语言风格的 for 语句，它的 for 语句相当于 Java 语言中的增强 for 循环语句，只用于序列，序列包括字符串、列表和元组。

for 语句的一般格式如下。

```
for 迭代变量 in 序列：
    语句组
[else:
    语句组 ]
```

在上述代码中，"序列"表示所有的实现序列的类型都可以使用 for 循环。"迭代变量"是从序列中迭代取出的元素。for 循环中也可以带有 else 语句。

示例代码如下。

```
print("---- 范围 -------")
for num in range(1, 10):    # 使用范围                    ①
    print("{0} x {0} = {1}".format(num, num * num))      ②
print("---- 字符串 -------")
#   for 语句
for item in 'Hello':                                      ③
    print(item)

#  声明整数列表
numbers = [43, 32, 53, 54, 75, 7, 10]                    ④

print("---- 整数列表 -------")

#  for 语句
for item in numbers:                                      ⑤
    print("Count is : {0}".format(item))
```

示例代码运行后，输出结果如下。

```
---- 范围 -------
1 x 1 = 1
2 x 2 = 4
3 x 3 = 9
4 x 4 = 16
5 x 5 = 25
```

```
6 x 6 = 36
7 x 7 = 49
8 x 8 = 64
9 x 9 = 81
---- 字符串 -------
H
e
l
l
o
---- 整数列表 -------
Count is : 43
Count is : 32
Count is : 53
Count is : 54
Count is : 75
Count is : 7
Count is : 10
```

代码解释如下。

- 代码第①行range(1,10)函数是创建范围（range）对象，它的取值是 1≤range(1,10)<10，步长为 1，总共 9 个整数，范围也是一种整数序列。
- 代码第②行中 format 函数用于字符串格式化输出，{0}是占位符，format 函数中的参数会在运行时替换占位符。
- 代码第③行是循环字符串 Hello，字符串也是一个序列，所以可以用for循环变量。
- 代码第④行是定义整数列表。
- 代码第⑤行是遍历列表 numbers。

2.6.3 跳转语句

跳转语句能够改变程序的执行顺序，可以实现程序的跳转。Python 有 3 种跳转语句：break、continue 和 return。本小节先介绍 break 和 continue 语句的使用方法。

1. break 语句

break 语句可用于 while 和 for 循环结构，它的作用是强行退出循环体，不再执行循环体中剩余的语句。

示例代码如下。

```
for item in range(10):
    if item == 3:
        # 跳出循环
```

```
        break
    print("Count is : {0}".format(item))
```

示例代码运行后,输出结果如下。

```
Count is : 0
Count is : 1
Count is : 2
```

2. continue 语句

continue 语句用来结束本次循环,跳过循环体中尚未执行的语句,接着进行终止条件的判断,以决定是否继续循环。

示例代码如下。

```
for item in range(10):
    if item == 3:
        continue
    print("Count is : {0}".format(item))
```

示例代码运行后,输出结果如下。

```
Count is : 0
Count is : 1
Count is : 2
Count is : 4
Count is : 5
Count is : 6
Count is : 7
Count is : 8
Count is : 9
```

2.7 序列

序列(sequence)是一种可迭代的[①]、元素有序、可以重复出现的数据结构。序列可以通过索引访问元素。图 2-11 所示的是一个班级序列,其中有一些学生,这些学生是有序的,顺序是他们被放到序列中的顺序,可以通过序号访问他们。这就像老师给进入班级的人分配学号,第一个报到的是张三,老师给他分配的是 0;第二个报到的是李四,老师给他

序列	
序号	数值
0	张三
1	李四
2	王五
3	董六
4	张三

图 2-11 序列

---

① 可迭代(Iterable),是指它的成员能返回一次的对象。

分配的是1，以此类推，最后一个序号应该是"学生人数-1"。

序列包括的结构有列表（list）、字符串（str）、元组、范围（range）和字节序列（bytes）。序列可进行的操作有索引、切片、加和乘。

2.7.1 索引操作

序列中第一个元素的索引是0，其他元素的索引是第一个元素的偏移量。可以有正偏移量，称为正向索引；也可以有负偏移量，称为反向索引。正向索引的最后一个元素索引是序列长度-1，反向索引最后一个元素索引是-1。例如Hello字符串，它的正向索引如图2-12（a）所示，反向索引如图2-12（b）所示。

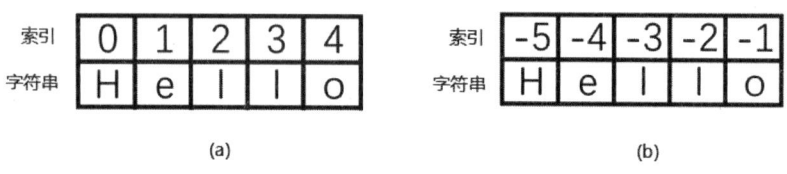

图 2-12　索引

序列中的元素是通过索引下标访问的，即通过中括号[index]方式访问。示例代码如下。

```
a = 'Hello'                    ①
print('a[0] = ', a[0])         ②
print('a[1] = ', a[1])
print('a[4] = ', a[4])
print('a[-1] = ', a[-1])       ③
print('a[-2] = ', a[-2])
print('a[5] = ', a[5])         ④
```

示例代码运行后，输出结果如下。

```
a[0] =  H
a[1] =  e
a[4] =  o
a[-1] =  o
a[-2] =  l
---------------------------------------------------------IndexError
Traceback (most recent call last)
Cell In[1], line 7      5 print('a[-1] = ', a[-1])      6 print('a[-2] = ', a[-2])----> 7 print('a[5] = ', a[5])
IndexError: string index out of range
```

代码解释如下。

- 代码第①行声明字符串变量a，它是一个列表类型。
- 代码第②行a[0]表达式获得字符串的第1个元素。
- 代码第③行a[-1]表达式获得反向索引，返回-1是指字符串的最后一个元素。
- 代码第④行a[5]表达式执行时会发送错误IndexError，这是索引越界错误。

2.7.2 序列切片

序列的切片（Slicing）就是从序列中切分出小的子序列。切片使用切片运算符，切片运算符有两种形式。

- [start: end]：start是开始索引，end是结束索引。
- [start: end: step]：start是开始索引，end是结束索引，step是步长，步长是在切片时获取元素的间隔。步长可以为正整数，也可为负整数。

> 注意
> 切下的切片包括start位置元素，但不包括end位置元素，start和end都可以省略。

切片示例代码如下。

```
a = 'Hello'
print('a[1:3] = ', a[1:3])   # el       ①
print('a[:3] = ', a[:3])     # Hel      ②

print('a[0:] = ', a[0:])     # Hello    ③

print('a[0:5] = ', a[0:5])   # Hello
print('a[:] = ', a[:])       # Hello
print('a[1:-1] = ', a[1:-1]) # ell      ④

print('a[1:5] = ', a[1:5])   # ello     ⑤
print('a[1:5:2] = ', a[1:5:2]) # el
print('a[0:3] = ', a[0:3])   # Hel
print('a[0:3:2] = ', a[0:3:2]) # Hl
print('a[0:3:3] = ', a[0:3:3]) # H      ⑥
print('a[::-1] = ', a[::-1]) # olleH    ⑦
```

代码解释如下。

- 代码第①行表达式a[1:3]是切出1~3的子字符串，注意不包括3，所以结果是el。
- 代码第②行表达式a[:3]省略了开始索引，默认开始索引是0，所以a[:3]与a[0:3]切片的结果是一样的。
- 代码第③行表达式a[0:]省略了结束索引，默认结束索引是序列的长度，即5。所以a[0:]

- 与a[0:5]切片的结果是一样的。
- 代码第④行表达式a[1:-1]使用了反向索引,对照图2-12,不难计算出a[1:-1]的结果是ell。
- 代码第⑤行表达式a[1:5]省略了步长参数,步长默认值是1。表达式a[1:5:2]步长为2,结果是el。
- 代码第⑥行表达式a[0:3:3]步长为3,切片结果是H字符。
- 代码第⑦行表达式a[::-1]切片的步长为负数,步长负数时是从右往左获取元素,所以a[::-1]切片的结果是原始字符串的倒置。

> **提示**
> 步长与当次元素索引、下次元素索引之间的关系如下。
> 下次元素索引 = 当次元素索引 + 步长

2.7.3 可变序列——列表

列表(list)是一种具有可变性的序列结构,我们可以追加、插入、删除和替换列表中的元素。列表可以使用两种方式创建。
- 使用中括号[]将元素括起来,元素之间用逗号分隔。
- 使用list([iterable])函数。

示例代码如下。

```
# 通过元素之间用逗号分隔创建列表
L1 = [20, 10, 50, 40, 30]                    ①
print('L1: ', L1)

L2 = ['Hello', 'World', 1, 2, 3]             ②

# 通过list函数创建列表
L3 = list((20, 10, 50, 40, 30))              ③

a1 = [10]                                    ④
a2 = [10, ]                                  ⑤
print('a1 数据类型是: ', type(a1))            ⑥

print('a2 数据类型是: ', type(a2))

s_list = ['张三', '李四', '王五']
print(s_list)
s_list.append('董六')                         ⑦
```

```
print(s_list)
s_list.remove('王五')                              ⑧
print(s_list)
```

示例代码运行后,输出结果如下。

```
L1: [20, 10, 50, 40, 30]
a1 数据类型是: <class 'list'>
a2 数据类型是: <class 'list'>
['张三', '李四', '王五']
['张三', '李四', '王五', '董六']
['张三', '李四', '董六']
```

代码解释如下。
- 代码第①行通过元素之间用逗号分隔创建列表对象。
- 代码第②行创建列表对象L2,它是字符串和数字混合的列表对象,可见列表中的元素没有对数据类型进行要求,只要是对象都可以放到列表中。
- 代码第③行通过list函数创建列表对象。
- 代码第④行创建只有一个元素的列表,注意中括号不能省略。
- 代码第⑤行还是创建只有一个元素的列表,只是最后一个元素的逗号没有省略,省略后与代码第④行形式一样。
- 代码第⑥行type函数可以获得当前数据对象的数据类型,列表的对象数据类型是list。
- 代码第⑦行通过列表对象的append函数追加元素。
- 代码第⑧行通过列表对象的remove函数删除元素。

2.7.4 不可变序列——元组

元组(tuple)是一种不可变序列结构,一旦创建就不能修改。元组可以使用两种方式创建。
- 使用逗号","分隔元素。
- 使用tuple([iterable])函数。

示例代码如下。

```
# 元素之间用逗号分隔创建元组
T1 = 21, 32, 43, 45                               ①
T2 = (21, 32, 43, 45)                             ②

print('T1: ', T1)
print('T2: ', T2)

print('T1 数据类型是: ', type(T1))
```

```
T3 = ['Hello', 'World', 1, 2, 3]          ③
# 通过tuple函数创建元组
T4 = tuple([21, 32, 43, 45])              ④
```

示例代码运行后，输出结果如下。

```
T1:  (21, 32, 43, 45)
T2:  (21, 32, 43, 45)
T1数据类型是：<class 'tuple'>
```

代码解释如下。

- 代码第①行是使用逗号分隔元素创建元组对象，创建元组时，使用小括号把元素括起来不是必需的。
- 代码第②行也是使用逗号分隔元素创建元组对象。
- 代码第③行创建了字符串和整数混合的元组。Python中没有强制声明数据类型，因此元组中的元素可以是任何数据类型。
- 代码第④行使用了tuple([iterable])函数创建元组对象，参数iterable可以是任何可迭代对象，实参[21,32,43,45]是一个列表，因为列表是可迭代对象，所以可以使用tuple()函数参数创建元组对象。

2.7.5 列表推导式

Python中有一种特殊表达式——推导式，它可以将一种数据结构作为输入，经过过滤、映射等计算处理，最后输出另一种数据结构。根据数据结构的不同，可分为列表推导式、集合推导式和字典推导式。本小节先介绍列表推导式。

如果想获得0~9中偶数的平方数列，可以通过for循环实现，代码如下。

```
# 通过for循环实现的偶数的平方数列
print('for循环实现的偶数的平方数列')
n_list = []                               ①
for x in range(10):                       ②
    if x % 2 == 0:                        ③
        n_list.append(x ** 2)             ④
print(n_list)
```

代码解释如下。

- 代码第①行创建空列表对象。
- 代码第②行range函数创建0~9范围数列。
- 代码第③行判断当前元素是否是偶数。
- 代码第④行中表达式（x**2）是计算当前元素的平方。

通过列表推导式实现，代码如下。

```
n_list = [x ** 2 for x in range(10) if x % 2 == 0]    ①
print(n_list)
```

其中代码第①行就是列表推导式，输出的结果与 for 循环是一样的。图 2-13 所示的是列表推导式的语法结构，其中 in 后面的表达式是"输入序列"；for 前面的表达式是"输出表达式"，它的运算结果会保存在一个新列表中；if 条件语句用来过滤输入序列，符合条件的才传递给输出表达式，"条件语句"是可以省略的，所有元素都传递给输出表达式。

```
n_list = [x ** 2 for x in range(10) if x % 2 == 0]
          输出表达式  元素变量  输入序列    条件语句
```

图 2-13　列表推导式

条件语句可以包含多个条件，例如找出 0~99 可以被 5 整除的偶数数列，实现代码如下。

```
n_list = [x for x in range(100) if x % 2 == 0 if x % 5 == 0]
print(n_list)
```

列表推导式的条件语句有两个，即 if x % 2 == 0 和 if x % 5 == 0，可见它们"与"的关系。

2.8　集合

集合是一种可迭代的、无序的、不能包含重复元素的数据结构。图 2-14 所示的是一个班级的集合，其中包含一些学生，这些学生是无序的，不能通过序号访问，而且不能有重复。

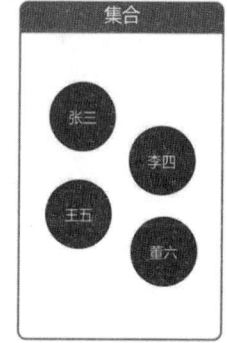

图 2-14　集合

> 💡 提示
>
> 与序列比较，序列中的元素是有序的，可以重复出现，而集合中的元素是无序的，且不能有重复的元素。序列强调的是有序，集合强调的是不重复。当不考虑顺序，而且没有重复的元素时，序列和集合可以互相替换。

2.8.1　创建集合

创建集合有两种方法。
- 使用大括号{}将元素括起来，元素之间用逗号分隔。
- 使用 set([iterable])函数。

示例代码如下。

```
# 创建集合对象
a = {'张三', '李四', '王五'}              ① print(a)
b = set((20, 10, 50, 40, 30))            ②
print('b 变量数据类型是: ', type(b))      ③
```

示例代码运行后，输出结果如下。

```
{'王五', '李四', '张三'}
b 变量数据类型是: <class 'set'>
```

代码解释如下。
- 代码第①行通过大括号{}将元素括起来创建集合对象。
- 代码第②行通过set函数创建集合对象。
- 代码第③行type(b)表达式可以获得集合对象b的数据类型。

2.8.2 集合推导式

集合推导式与列表推导式类似，区别只在于输出结果是集合。修改2.7.5小节代码如下。

```
# coding=utf-8
# 代码文件：chapter1/ch1.5.2.py
n_set = {x for x in range(100) if x % 2 == 0 if x % 5 == 0}  ①
print(n_set)
```

代码解释如下。
- 代码第①行集合推导式，返回集合对象n_list。

示例代码运行后，在控制台输出结果如下。

```
{0, 70, 40, 10, 80, 50, 20, 90, 60, 30}
```

2.9 字典

字典（dict）是可迭代的、可变的数据结构，通过键访问元素。字典结构比较复杂，它是由两部分视图构成的，一个是键（key）视图，另一个是值（value）视图。键视图不能包含重复元素，而值集合可以，键和值是成对出现的。

图2-15所示的是字典结构的国家代号。键是国家代号，值是国家。

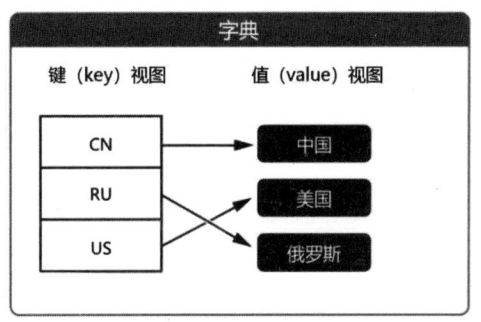

图 2-15 字典结构的国家代号

2.9.1 创建字典

字典可以使用两种方式创建。
- 使用大括号 {} 包裹键值对创建字典。
- 使用 dict() 函数创建字典。

示例代码如下。

```
dict1 = {'102': '张三', '105': '李四', '109': '王五'}          ①
print(dict1)

print('dict1 数据类型是: ', len(dict1))                       ②
dict2 = dict(((102, '张三'), (105, '李四'), (109, '王五')))
print(dict2)
dict3 = {}                                                    ③
print('dict3 数据类型是: ', type(dict3))                      ④
```

示例代码运行后,输出结果如下。

```
{'102': '张三', '105': '李四', '109': '王五'}
dict1 数据类型是:  3
{102: '张三', 105: '李四', 109: '王五'}
dict3 数据类型是:  <class 'dict'>
```

代码解释如下。
- 代码第①行通过大括号 {} 包裹键值对创建字典方式创建集合对象。
- 代码第②行 len 函数获得字典的长度。
- 代码第③行创建空的字典对象,注意 {} 是创建一个空的字典对象,而不创建集合对象。
- 代码第④行 type 函数获得字典对象 dict3 的数据类型。

2.9.2 字典推导式

因为字典包含键和值两种不同的结构，因此字典推导式的结果可以非常灵活，语法结构如图 2-16 所示。

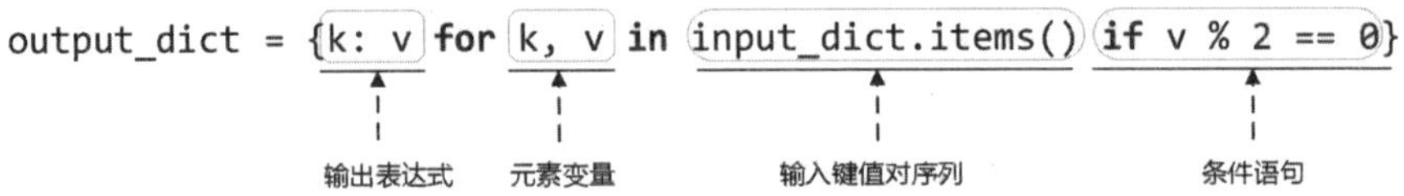

```
output_dict = {k: v for k, v in input_dict.items() if v % 2 == 0}
              输出表达式  元素变量   输入键值对序列      条件语句
```

图 2-16 字典推导式

字典推导示例代码如下。

```
input_dict = {'one': 1, 'two': 2, 'three': 3, 'four': 4}
output_dict = {k: v for k, v in input_dict.items() if v % 2 == 0}   ①
print(output_dict)

keys = [k for k, v in input_dict.items() if v % 2 == 0]   ②
print(keys)
```

示例代码运行后，输出结果如下。

```
{'two': 2, 'four': 4}
['two', 'four']
```

代码解释如下。
- 代码第①行是字典推导式，注意输入结构不能直接使用字典，因为字典不是序列，可以通过字典的 item() 方法返回字典中键值对序列。
- 代码第②行是字典推导式，但只返回键结构。

2.10 字符串类型

由字符组成的一串字符序列称为字符串，字符串是有顺序的，从左到右，索引从 0 开始依次递增。Python 中字符串类型是 str。

2.10.1 字符串表示方式

Python 中字符串的表示方式有如下 3 种。
- 普通字符串：采用单引号"'"或双引号"""包裹起来的字符串。
- 原始字符串（rawstring）：在普通字符串前加 r，字符串中的特殊字符不需要转义，按照字符串的本来"面目"呈现。
- 长字符串：字符串中包含换行缩进等排版字符，可以使用三重单引号"'''"或三重双引号""""

包裹起来，这就是长字符串。

很多程序员习惯使用单引号"'"表示字符串。下面示例代码中表示的都是Hello World字符串。

```
'Hello World'
"Hello World"
'\u0048\u0065\u006c\u006c\u006f\u0020\u0057\u006f\u0072\u006c\u0064'
"\u0048\u0065\u006c\u006c\u006f\u0020\u0057\u006f\u0072\u006c\u0064"
```

Python中的字符采用Unicode编码，所以字符串可以包含中文等亚洲字符。

如果想在字符串中包含一些特殊的字符，例如，换行符、制表符等，在普通字符串中则需要转义，前面要加上反斜杠"\"，这称为字符转义。表2-6所示的是常用的几个转义符。

表2-6 转义符

字符表示	Unicode编码	说 明	字符表示	Unicode编码	说 明
\t	\u0009	水平制表符	\"	\u0022	双引号
\n	\u000a	换行	\'	\u0027	单引号
\r	\u000d	回车	\\	\u005c	反斜线

示例代码如下。

```
s1 = 'Hello World'
s2 = "Hello World"
s3 = '\u0048\u0065\u006c\u006c\u006f\u0020\u0057\u006f\u0072\u006c\u0064'
s4 = "\u0048\u0065\u006c\u006c\u006f\u0020\u0057\u006f\u0072\u006c\u0064"

print(s3)
print(s4)

s5 = r'C:\Users\tony\OneDrive\原稿'      ①
print(s5)

s6 = '''Hello                            ②
 World'''
print(s6)
```

示例代码运行后，在控制台输出结果如下。

```
Hello World
Hello World
C:\Users\tony\OneDrive\原稿
Hello
 World
```

代码解释如下。
- 代码第①行是原始字符串，就是在字符串前面加字母r。其中的特殊字符串不需要转义。
- 代码第②行是长字符串表示方式，其中包含换行缩进等排版等字符。

2.10.2 字符串格式化

在实际的编程过程中，经常会遇到将其他类型变量与字符串拼接到一起并进行格式化输出的情况。例如，计算的金额需要保留小数点后四位，数字需要右对齐等，这些都需要格式化。字符串格式化时，可以使用字符串的format函数及占位符实现。

示例代码如下。

```
name = 'Mary'
age = 18
s = '她的年龄是{0}岁。'.format(age)                    ①
print(s)
s = '{0}芳龄是{1}岁。'.format(name, age)
print(s)
s = '{1}芳龄是{0}岁。'.format(age, name)
print(s)
s = '{n}芳龄是{a}岁。'.format(n=name, a=age)          ②
print(s)
```

示例代码运行后，在控制台输出结果如下。

```
她的年龄是18岁。
Mary芳龄是18岁。
Mary芳龄是18岁。
Mary芳龄是18岁。
```

代码解释如下。
- 代码第①和②行使用format函数格式化字符串，在运行时format函数中的参数会替换占位符{}。
- 代码第①行{0}是采用索引形式的占位符，中括号中的数字表示format函数中的参数索引。所以{0}表示使用format函数中的第一个参数替换占位符。1表示第2个参数，以此类推。
- 代码第②行'{n}是采用参数名形式的占位符，中括号中的n和a都是format函数中的参数名字。

2.11 函数

在Python语言经常用到函数，有些基础的函数是官方提供的，称为内置函数（Built-in

Functions, BIF）。但是很多函数都是自定义的，这些自定义的函数必须先定义后调用，也就是定义函数必须在调用函数之前，否则会有错误发生。

自定义函数的语法格式如下。

```
def 函数名（参数列表）:
    函数体
    return 返回值
```

在Python中定义函数时，关键字是def，函数名需要符合标识符命名规范。多个参数列表之间可以用逗号","分隔，当然函数也可以没有参数。如果函数有返回数据，就需要在函数体最后使用return语句将数据返回；如果没有返回数据，则函数体中可以使用return None或省略return语句。

定义函数的示例代码如下。

```
def rectangle_area(width, height):           ①
    area = width * height
    return area                              ②


r_area = rectangle_area(320.0, 480.0)        ③

print("320x480的长方形的面积:{0:.2f}".format(r_area))
```

示例代码运行后，在控制台输出结果如下。

```
320x480的长方形的面积:153600.00
```

代码解释如下。
- 代码第①行是定义计算长方形面积的函数rectangle_area，它有两个参数，分别是长方形的宽和高，width和height是参数名。
- 代码第②行通过return返回函数计算结果。
- 代码第③行调用了rectangle_area函数。

2.11.1 匿名函数与lambda表达式

有的时候在使用函数时不需要给函数分配一个名字，这就是匿名函数。Python语言中使用lambda表达式表示匿名函数，声明lambda表达式语法如下。

```
lambda 参数列表 : lambda体
```

在上述代码中，lambda是关键字声明，这是一个lambda表达式；参数列表与函数的参数列表是一样的，但不需要用小括号括起来；冒号后面是lambda体，lambda表达式的主要代码在此处编写，类似于函数体。

> **提示**
>
> lambda体部分不能是一个代码块,不能包含多条语句,只能有一条语句,语句会计算一个结果返回给lambda表达式,但是与函数不同的是,不需要使用return语句返回。与其他语言中的lambda表达式相比,Python中提供的lambda表达式只能进行一些简单的计算。

lambda表达式的示例代码如下。

```
def calculate_fun(opr):
    if opr == '+':
        return lambda a, b: (a + b)          ①
    else:
        return lambda a, b: (a - b)          ②

f1 = calculate_fun('+')                       ③
f2 = calculate_fun('-')                       ④

print(type(f1))                               ⑤

print("10 + 5 = {0}".format(f1(10, 5)))       ⑥
print("10 - 5 = {0}".format(f2(10, 5)))       ⑦
```

示例代码运行后,在控制台输出结果如下。

```
<class 'function'>
10 + 5 = 15
10 - 5 = 5
```

代码解释如下。

- 代码第①行lambda表达式实现两个整数相加,其中a,b是lambda表达式参数列表,(a + b)是lambda体,即匿名函数体。
- 代码第②行lambda表达式实现两个整数相减,其中a,b是lambda表达式参数列表,(a + b)是lambda体,即匿名函数体。
- 代码第③行调用calculate_fun函数返回f1对象,f1是一个函数对象,该函数事实上是代码第①行定义的lambda表达式。
- 代码第④行调用calculate_fun函数返回f2对象,f2也是一个函数对象,该函数事实上是代码第②行定义的lambda表达式。
- 代码第⑤行是打印f1对象的数据类型,从输出结果可见,函数类型是"function"。
- 代码第⑥行是调用f1对象指向的函数。事实上就是调用代码第①行定义的lambda表达式。
- 代码第⑦行是调用f2对象指向的函数。事实上就是调用代码第②行定义的lambda表达式。

2.11.2 数据处理中的两个常用函数

在数据处理时经常用到个重要的函数：filte 和 map。

1. 过滤函数 filter

过滤操作使用 filter 函数，它可以对可迭代对象的元素进行过滤，filter 函数语法如下。

```
filter(function, iterable)
```

其中参数 function 是一个函数，参数 iterable 是可迭代对象。filter() 函数调用时 iterable 会被遍历，它的元素被逐一传入 function 函数，function 函数返回布尔值。在 function 函数中编写过滤条件，结果为 True 的元素被保留，结果为 False 的元素被过滤掉。

下面通过示例介绍一下 filter 函数的使用，示例代码如下。

```
users1 = ['Tony', 'Tom', 'Ben', 'Alex']
print(users1)

users_filter = filter(lambda u: u.startswith('T'), users1)      ①

print(users_filter)
users2 = list(users_filter)                                     ②
print(users2)

users3 = list(users_filter)                                     ③
print(users3)
```

示例代码运行后，输出结果如下。

```
['Tony', 'Tom', 'Ben', 'Alex']
<filter object at 0x000001D5B0171880>
['Tony', 'Tom']
[]
```

代码解释如下。

- 代码第①行调用 filter 函数过滤 users 列表，过滤条件是 T 开头的元素，lambda u: u.startswith('T') 是一个 lambda 表达式，它提供过滤条件。注意：filter 函数返回的并不是一个列表对象，而是 filter 对象。
- 代码第②行将 filter 函数返回的 filter 对象转换为列表对象，这个转换是使用 list 函数实现的。

> **提示**　代码第③行再次从 filter 对象中转换列表数据，但是从运行的结果可见，返回的 users3 列表对象是空的。这是因为 filter 对象是一种生成器，生成器特别适合用于遍历一些大序列对象，它无须将对象的所有元素都载

入内存后才开始进行操作，仅在迭代至某个元素时才会将该元素载入内存。因此 filter 对象不能多次提取，由于在上述示例以及代码第②行均提取一次列表数据，因此在代码第③行提取数据时返回的列表是空的。

2. 映射函数 map

映射操作使用 map 函数，它可以对可迭代对象的元素进行变换，map 函数语法如下。

```
map(function, iterable)
```

其中参数 function 是一个函数，参数 iterable 是可迭代对象。map 函数调用时 iterable 会被遍历，它的元素被逐一传入 function 函数，在 function 函数中对元素进行变换。

下面通过示例介绍 map 函数的使用，示例代码如下。

```
users1 = ['Tony', 'Tom', 'Ben', 'Alex']
print(users1)

users_map = map(lambda u: u.lower(), users1)         ①
print(users_map)

users2 = list(users_map)                              ②
print(users2)
```

示例代码运行后，在控制台输出结果如下。

```
['Tony', 'Tom', 'Ben', 'Alex']
<map object at 0x000001F7E2051A00>
['tony', 'tom', 'ben', 'alex']
```

代码解释如下。

- 代码第①行调用 map 函数将 users 列表元素转换为小写字母，变换时列表中每一个元素都会调用一个匿名函数，即 lambda 表达式，从而将字列表中的每一个元素都转换为小写字符。map 函数返回的不是一个列表对象，而是一种 map 对象。注意：map 对象也是生成器对象，不能反复提取数据。
- 代码第②行将 map 函数返回的 map 对象转换为列表对象，这个转换是使用 list 函数实现的。

2.12 文件操作

程序经常需要访问文件，读取文件信息或写入信息到文件，在 Python 语言中对文件的读写是通过文件对象（file object）实现的。Python 的文件对象也称为类似文件对象（file-like object）或流（stream），文件对象可以是实际的磁盘文件，也可以来自其他存储或通信设备，如内存缓冲区、网络、键盘和控制台等。

文件读写

文件操作主要包括对文件内容的读写操作，这些操作是通过文件对象（file object）实现的，通过文件对象可以读写文本文件和二进制文件。

1. 打开文件

在文件读写之前先要打开文件，打开文件可以通过open函数实现，该函数返回文件对象。open函数是Python的内置函数，它屏蔽了创建文件对象的细节，使创建文件对象变得简单。open函数语法如下。

```
open(file, mode='r', buffering=-1, encoding=None, errors=None, newline=None, closefd=True, opener=None)
```

open函数共有8个参数，其中参数file和mode是最为常用的，其他的参数一般情况下很少使用，下面分别重点介绍file和mode两个参数的含义。

- file参数。

file参数是要打开的文件，可以是字符串或整数。如果file是字符串，表示文件名，文件名可以是相对当前目录的路径，也可以是绝对路径；如果file是整数，表示文件描述符，文件描述符指向一个已经打开的文件。

- mode参数。

mode参数用来设置文件打开模式。文件打开模式用字符串表示，最基本的文件打开模式如表2-7所示。

表2-7 文件打开模式

字符串	说明
r	只读模式打开（默认）
w	写入模式打开文件，会覆盖已经存在的文件
x	独占创建模式打开，如果文件不存在时创建文件并以写入模式打开，如果文件已存在则抛出异常FileExistsError
a	追加模式打开，如果文件存在，写入内容追加到文件末尾
b	二进制模式打开
t	文本模式（默认）打开
+	更新模式打开

在表2-7中，b和t是文件类型模式，如果是二进制文件，需要设置rb、wb、xb、ab；如果是文本文件，需要设置rt、wt、xt、at，由于t是默认模式，所以可以省略为r、w、x、a。

+必须与r、w、x或a组合使用，才可设置文件为读写模式，对于文本文件，可以使用r+、w+、

x+或a+；对于二进制文件，可以使用rb+、wb+、xb+或ab+。

> **提示**
>
> r+、w+和a+区别如下：r+打开文件时，如果文件不存在则抛出异常；w+打开文件时，如果文件不存在则创建文件，如果文件存在则清除文件内容；a+类似于w+，打开文件时，如果文件不存在则创建文件，如果文件存在则在文件末尾追加。

示例代码如下。

```
fobj = open('test1.txt', 'w+', encoding='utf-8')      ①

fobj.write('大家好')                                    ②
fname1 = 'test1.txt'
fobj = open(fname1, 'a+', encoding='utf-8')           ③
fobj.write('! ')
fobj.close()
```

代码解释如下。

- 代码第①行通过w+模式打开文件test.txt，由于文件test.txt不存在，所以会创建test.txt文件。
- 代码第②行通过write函数写入字符串到文件。
- 代码第③行通过a+模式打开文件test.txt，该文件是绝对路径文件名。注意：由于字符串中有反斜杠，要么用转义字符"\\"表示，要么用原始字符串表示。

2. 关闭文件

当使用open函数打开文件后，若不再使用文件，应该调用文件对象的close函数关闭文件。文件的操作往往会抛出异常，为了保证文件操作无论正常结束还是异常结束都能够关闭文件，我们也可以使用with as代码块进行自动资源管理，示例代码如下。

```
fobj = open('test1.txt', 'a+', encoding='utf-8')      ①
fobj.write('大家好! ')
fobj.close()                                           ②

# 使用with as自动资源管理
with open('test1.txt', 'a+', encoding='utf-8') as fobj:   ③
    fobj.write('大家好! ')
```

代码解释如下。

- 代码第①行通过a+模式打开文件test1.txt文件。
- 代码第②行关闭文件。
- 代码第③行使用with as打开文件，返回文件对象赋值给fobj变量。在with代码块中进行读写文件操作，最后在with代码结束关闭文件。with as将在2.13.2小节详细介绍。

3. 文本文件读写

文本文件读写的单位是字符，而且字符是有编码的。文本文件读写主要方法有如下几种。

- read(size=-1)：从文件中读取字符串，size限制最多读取的字符数，size=-1时没有限制，读取全部内容。
- readline(size=-1)：读取到换行符或文件尾并返回单行字符串，如果已经到文件尾，则返回一个空字符串，size是限制读取的字符数，size=-1时没有限制。
- readlines()：读取文件数据到一个字符串列表中，每一个行数据是列表的一个元素。
- write(s)：将字符串s写入文件，并返回写入的字符数。
- writelines(lines)：向文件中写入一个列表，不添加行分隔符，因此通常为每一行末尾提供行分隔符。
- flush()：刷新写缓冲区，数据会写入文件中。

下面通过文件复制示例熟悉一下文本文件的读写操作，代码如下：

```
f_name = 'test.txt'

with open(f_name, 'r', encoding='utf-8') as f:          ①
    lines = f.readlines()                                ②
    print(lines)
    copy_f_name = 'copy.txt'
    with open(copy_f_name, 'w', encoding='utf-8') as copy_f:   ③
        copy_f.writelines(lines)                         ④
        print('文件复制成功')
```

上述代码实现了将test.txt文件内容复制到copy.txt文件中。代码第①行是打开test.txt文件，由于test.txt文件采用UTF-8编码，因此打开时需要指定UTF-8编码。代码第②行通过readlines()方法读取所有数据到一个列中，这里选择哪一个读取方法要与代码第④行的写入方法对应，本例中是writelines()方法。代码第③行打开要复制的文件，采用的打开模式是w，如果文件不存在则创建，如果文件存在则覆盖，另外注意编码集也要与test.txt文件保持一致。

4. 二进制文件读写

二进制文件读写的单位是字节，不需要考虑编码的问题。二进制文件读写主要方法如下。

- read(size=-1)：从文件中读取字节，size限制最多读取的字节数，如果size=-1则读取全部字节。
- readline(size=-1)：从文件中读取并返回一行，size限制读取的字节数，size=-1时没有限制。
- readlines()：读取文件数据到一个字节列表中，每一个行数据是列表的一个元素。
- write(b)：写入b字节，并返回写入的字节数。
- writelines(lines)：向文件中写入一个字节列表，不添加行分隔符，因此通常为每一行末尾提供行分隔符。

下面通过文件复制示例熟悉一下二进制文件的读写操作，代码如下：

```
f_name = 'coco2dxcplus.jpg'

with open(f_name, 'rb') as f:              ①
    b = f.read()                           ②
    copy_f_name = 'copy.jpg'
    with open(copy_f_name, 'wb') as copy_f:  ③
        copy_f.write(b)                    ④
        print(' 文件复制成功 ')
```

上述代码实现了将coco2dxcplus.jpg文件内容复制到当前目录的copy.jpg文件中。代码第①行打开coco2dxcplus.jpg文件，打开模式是rb。代码第②行通过read()方法读取所有数据，返回字节对象b。代码第③行打开要复制的文件，打开模式是wb，如果文件不存在则创建，如果文件存在则覆盖。代码第④行采用write()方法将字节对象b写入文件中。

2.13 异常处理

为增强程序的健壮性，计算机程序的编写也需要考虑如何处理某些异常情况，Python语言提供异常处理功能，本节接下来介绍Python异常处理机制。

2.13.1 捕获异常

捕获异常是通过try-except语句实现的，最基本的try-except语句语法如下。

```
try :
    <可能会抛出异常的语句>
except [异常类型] :
    <处理异常>
```

- try代码块。

try代码块中包含执行过程中可能会抛出异常的语句。

- except代码块。

每个try代码块可以伴随一个或多个except代码块，用于处理try代码块中所有可能抛出的多种异常。except语句中如果省略异常类型，即不指定具体异常，则会捕获所有类型的异常；如果指定具体类型异常，则会捕获该类型异常，以及它的子类型异常。示例代码如下。

```
import datetime as dt          ①


def read_date(in_date):        ②
```

```
    try:
        date = dt.datetime.strptime(in_date, '%Y-%m-%d')     ③
        return date
    except ValueError as e:     ④
        print('处理ValueError异常')
        print(e)

if __name__ == '__main__':     ⑤
    str_date = '2023-8-18'  # '2023-B-18'
    date = read_date(str_date)
    print('日期 = {0}'.format(date))
```

示例代码运行后,在控制台输出结果如下。

```
日期 = 2023-08-18 00:00:00
```

代码解释如下。

- 代码第①行导入了datetime模块,datetime是Python内置的日期时间模块,另外as dt是为导入的模块起一个别名,这可以防止命名冲突。
- 代码第②行定义了一个函数,在函数中将传入的字符串转换为日期,并进行格式化。
- 代码第③行的strptime函数试图将字符串按照%Y-%m-%d格式转换为日期对象,但并非所有的字符串都是有效的日期字符串,因此调用strptime函数有可能引发ValueError异常。
- 代码第④行是捕获ValueError异常,通过ValueError as e表达式获得异常对象。注意本例中的2023-8-18字符串是有效的日期字符串,因此不会抛出异常。如果将字符串改为无效的日期字符串,如2023-B-18,则会打印以下信息。

```
处理ValueError异常
time data '2023-B-18' does not match format '%Y-%m-%d'
日期 = None
```

- 代码第⑤行判断当前模块是否为主模块,主模块是程序的入口。

> **提示**
> 代码第⑤行为什么要判断主模块?这是因为当有多个模块时,其中会有一个模块是主模块,它是程序运行的入口,这类似于C和Java语言中的main()主函数。如果只有一个模块时,可以不用判断是否为主模块,可以不用主函数,在此之前的示例都是没有主函数的。

2.13.2 释放资源

有时try-except语句会占用一些资源,如打开文件、网络连接、数据库连接和使用数据结果集等,这些资源不能通过Python的垃圾收集器回收,需要程序员释放。为了确保这些资源能够被释放,可以使用finally代码块或with as自动资源管理。

1. finally 代码块

try-except语句后面还可以跟了一个finally代码块,try-except-finally语句语法如下。

```
try :
    <可能会抛出异常的语句>
except [异常类型 1] :
    <处理异常>
except [异常类型 2] :
    <处理异常>
...
except [异常类型 n] :
    <处理异常>
finally :
    <释放资源>
```

无论try正常结束还是except异常结束,都会执行finally代码块,如图2-17所示。

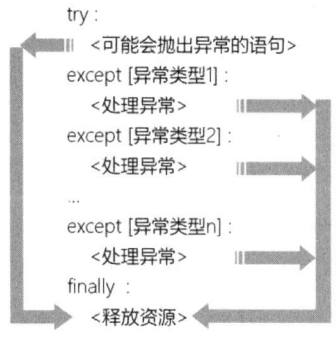

图 2-17 finally代码块流程

使用finally代码块的示例代码如下。

```
import datetime as dt

f_name = 'data/date.txt'

def read_date_from_file(filename):        ①
    try:
        file = open(filename)             ②
        in_date = file.read()             ③
        in_date = in_date.strip()         ④
```

```
        date = dt.datetime.strptime(in_date, '%Y-%m-%d')
        return date
    except ValueError as e:                    ⑤
        print('处理ValueError异常')
    except FileNotFoundError as e:             ⑥
        print('处理FileNotFoundError异常')
    except OSError as e:                       ⑦
        print('处理OSError异常')
    finally:                                   ⑧
        file.close()                           ⑨
if __name__ == '__main__':                     ⑩
    date = read_date_from_file(f_name)
    print('日期 = {0}'.format(date))
```

代码解释如下。

- 代码第①行定义 read_date_from_file 函数从 test1.txt 文件中读取字符串并转换为日期。test1.txt 内容如图 2-18 所示,其中包含一行日期字符串。
- 代码第②行通过 open 函数打开文件。打开文件过程有可能引发 FileNotFoundError 异常,代码第⑥行是捕获该异常。
- 代码第③行读取文件内容,读取过程有可能引发 OSError 异常,代码第⑦行是捕获该异常。
- 代码第④行 strip 函数删除字符串前后的空格。
- 代码第⑧行是 finally 代码块,在这里通过关闭文件释放资源,见代码第②行 file.close() 的关闭文件。

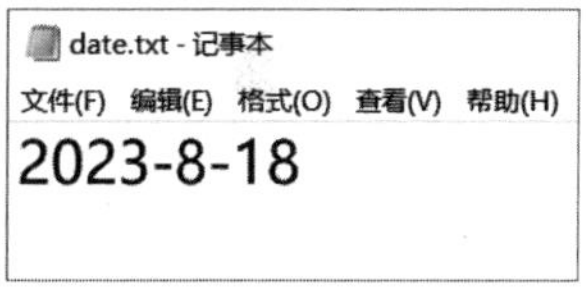

图 2-18 test1.txt 文件内容

2. with as 代码块自动资源管理

使用 finally 代码块释放资源虽然 "健壮",但程序流程比较复杂,这样的程序代码难以维护。为此 Python 提供了一个 with as 代码块帮助自动释放资源,它可以替代 finally 代码块,优化代码结构,提高程序可读性。with as 提供了一个代码块,在 as 后面声明一个资源变量,当 with as 代码块结束之后自动释放资源。

示例代码如下。

```
import datetime as dt

f_name = 'data/date.txt'
def read_date_from_file(filename):
    try:
        with open(filename) as file:           ①
            in_date = file.read()
```

```
            in_date = in_date.strip()
            date = dt.datetime.strptime(in_date, '%Y-%m-%d')
            return date
    except ValueError as e:
        print('处理ValueError异常')
    except OSError as e:
        print('处理OSError异常')

if __name__ == '__main__':
    date = read_date_from_file(f_name)
    print('日期 = {0}'.format(date))
```

上述代码第①行是使用with as代码块，with语句后面的open(filename)语句可以创建资源对象，然后赋值给as后面的file变量。在with as代码块中包含资源对象相关代码，完成后自动释放资源。采用自动资源管理后，不再需要finally代码块，也不需要自己释放这些资源。

2.14 多线程

多线程是一种并发编程的方式，它允许程序同时执行多个线程，并且每个线程可以独立执行不同的任务。在量化交易中，多线程可以用于同时处理多个任务，例如数据获取、策略执行、订单管理等，以提高系统的效率和响应性。

创建线程

创建线程就是创建一个线程对象。线程对象是threading模块线程类Thread所创建的对象。

创建线程Thread对象时，可以通过Thread构造方法将一个自定义函数传递给它，Thread类构造方法如下。

```
threading.Thread(target=None, name=None, args=())
```

threading.Thread的几个重要参数的说明如下。

- target（可选）：指定线程体函数或可调用对象，即线程启动后要执行的函数。默认值为None。
- name（可选）：指定线程的名称。默认值为None，系统会自动分配一个唯一的名称。
- args（可选）：指定线程体函数或可调用对象的参数，以元组形式传递。默认值为()，表示无参数。

通过这些参数，可以将线程体函数或可调用对象和相应的参数传递给线程对象，使线程在启动后执行指定的函数或方法。

下面看一下具体示例，代码如下。

```python
import threading
import time

# 线程体函数
def thread_body():                                    ①
    # 当前线程对象
    t = threading.current_thread()
    for n in range(5):
        # 当前线程名
        print('第 {0} 次执行线程 {1}'.format(n, t.name))
        # 线程休眠
        time.sleep(1)                                 ②
    print('线程 {0} 执行完成! '.format(t.name))


# 创建线程对象 t1
t1 = threading.Thread(target=thread_body)  ③
# 启动线程 t1
t1.start()                                 ④

# 创建线程对象 t2
t2 = threading.Thread(target=thread_body, name='MyThread')  ⑤
# 启动线程 t2
t2.start()                                 ⑥
```

示例代码运行后，在控制台输出结果如下。

```
第 0 次执行线程 Thread-6 (thread_body)
第 0 次执行线程 MyThread
第 1 次执行线程 Thread-6 (thread_body)
第 1 次执行线程 MyThread
第 2 次执行线程 MyThread
第 2 次执行线程 Thread-6 (thread_body)
第 3 次执行线程 MyThread
第 3 次执行线程 Thread-6 (thread_body)
第 4 次执行线程 MyThread
第 4 次执行线程 Thread-6 (thread_body)
线程 MyThread 执行完成!
线程 Thread-6 (thread_body) 执行完成!
```

代码解释如下。

- 代码第①行定义线程体函数（thread_body），这是一个自定义的函数，作为线程的执行体。在函数中，我们首先获取当前线程对象 t = threading.current_thread()。然后使用循环执行一系列操作，这里是打印当前线程的名称和循环次数。在每次循环之后，调用 time.sleep(1) 函数使线程休眠 1 秒，见代码第②行。
- 代码第③行创建线程对象 t1，这过程中使用 threading.Thread 类创建线程对象，并将线程体函数 thread_body 指定为 target 参数。这里没有指定线程名称，因此线程对象将自动分配一个唯一的名称。
- 代码第④行启动线程 t1，这需要通过调用线程对象的 start() 方法启动线程 t1，使其开始执行线程体函数。
- 代码第⑤行创建线程对象 t2 与 t1 类似，创建了另一个线程对象 t2，并指定了线程名称为"MyThread"。
- 代码第⑥行启动线程 t2，这需要通过调用线程对象的 start() 方法启动线程 t2。
- 当代码运行时，两个线程 t1 和 t2 会同时执行线程体函数 thread_body。它们会交替打印当前线程的名称和执行次数，并在每次循环之间休眠 1 秒。最后，当循环结束后，线程会打印线程执行完成的信息。

> **提示**
>
> 在创建线程时涉及"类"的概念，下面我们简单介绍一下。
>
> Python 是一种面向对象的编程语言，它提供丰富的面向对象编程的特性和语法支持。面向对象编程（Object-Oriented Programming，简称 OOP）是一种编程范式，它将数据和操作数据的方法组合成对象，并通过对象之间的交互实现程序的设计和开发。
>
> 在 Python 中，可以通过定义类（class）创建对象，类是对象的蓝图或模板，描述对象的属性（成员变量）和行为（方法）。通过创建类的实例（对象），可以利用类中定义的方法（函数）操作对象的状态和行为。
>
> Python 的面向对象编程特性包括以下概念和语法。
>
> - 类（class）：用于定义对象的属性和方法的模板。通过 class 关键字定义一个类，并在类中定义属性和方法。
> - 对象（object）：类的实例化结果，具有类中定义的属性和方法。
> - 属性（attribute）：对象的特征或数据，通常作为对象的成员变量保存。可以通过点操作符（.）访问和修改对象的属性。
> - 方法（method）：定义在类中的函数，用于操作对象的行为。方法可以访问和修改对象的属性，并可以通过对象进行调用。
> - 继承（inheritance）：通过继承机制，一个类可以派生出子类，子类可以继承和扩展父类的属性和方法。继承提供代码重用和层次化组织的能力。
> - 多态（polymorphism）：多态性允许不同类的对象对同一个方法作出不同的响应。通过继承和方法重写，可以实现多态性，提高代码的灵活性和可扩展性。
>
> 面向对象编程在 Python 中广泛应用于各个领域，包括软件开发、数据分析、机器学习等。它提供更清晰、

模块化和可维护的代码结构，能够提高代码的可复用性和可扩展性，使程序设计更加灵活和易于理解。

2.15 本章总结

本章介绍了ChatGPT在金融领域的应用，包括生成金融数据分析代码、回答金融领域知识问题、辅助发现数据中的模式和特征。通过案例3至案例6，展示了ChatGPT在涵盖金融市场知识、经济学理论、金融产品解释和金融风险管理等多个方面的知识问答。此外，还强调了ChatGPT在交互中帮助用户理解数据和挖掘模式的潜力，为金融数据分析带来新的可能性。本章还简要概括了Python编程的基础知识，包括Python解释器、IDE工具、基本语法、数据类型、控制语句等内容。

第3章

金融大数据的获取

金融大数据分析的第一步是获取数据，本章我们介绍金融大数据的获取方法，包括公开数据源、商业数据供应商和数据爬取技术。根据具体的需求和可行性，我们可以选择适合的数据获取方法，并确保数据的质量、安全和合规性。

3.1 金融大数据概述

在当今数字化时代，金融数据以大量和多样的形式存在，包括结构化数据（如交易数据、财务报表）、半结构化数据（如新闻报道、社交媒体评论）和非结构化数据（如文本、图像、音频）。

3.1.1 数据来源

在金融大数据分析中，数据的来源非常多样化。以下是一些常见的金融数据来源。

（1）金融交易所：金融交易所是金融市场中最重要的数据提供者之一。它提供各种交易产品的市场数据，如股票、期货、期权等。通过交易所的数据接口或订阅服务，我们可以获取实时和历史的市场行情数据。

（2）公司财务报表：上市公司和其他金融机构的财务报表是重要的数据来源。这些报表包括资产负债表、利润表、现金流量表等。通常可以通过公司的投资者关系网站、财务报告公开渠道或商业数据供应商获取这些数据。

（3）政府机构：许多政府机构发布各种经济指标和统计数据，如国内生产总值（GDP）、就业数据、通货膨胀率等。这些数据通常可以从政府机构的官方网站或数据门户获取，例如，国家统计局、中央银行等。

（4）第三方数据供应商：商业数据供应商如彭博（Bloomberg）、汤森路透（Thomson Reuters）、FactSet等提供广泛的金融数据服务。它们从多个来源收集、整理和分发金融数据，包括市场数据、公司数据、宏观经济数据等。

（5）社交媒体和新闻媒体：社交媒体平台和新闻媒体是获取非结构化数据的重要来源。通过监测社交媒体上的评论、新闻报道和舆情信息，我们可以了解市场情绪、公司动态和其他与金融相关的信息。

（6）数据爬取：使用数据爬虫技术，可以从互联网上抓取各种非结构化数据，包括新闻文章、博客帖子、社交媒体评论等。通过编写爬虫程序，我们可以访问特定网站并提取所需的数据。

（7）其他数据源：除了以上提到的常见数据来源，还有其他各种数据源可以用于金融大数据分析，如传感器数据、交易记录、用户行为数据等。

在选择数据来源时，我们需要考虑数据的可靠性、准确性和合规性。根据分析需求，合理选择数据来源，并确保数据获取的合法性和道德性。

3.1.2 数据采集工具和技术

在金融大数据分析中，有多种工具和技术可用于获取数据。以下是一些常见的获取数据的工具和技术。

（1）网络爬虫：网络爬虫是一种自动化程序，可以从互联网上抓取数据。使用爬虫技术，我们可以访问网页、解析HTML内容，并提取所需的数据。对于半结构化和非结构化数据的获取，网络爬虫是一种常用的技术。

（2）数据提供商的API：许多金融数据提供商，如金融交易所和商业数据供应商，提供API（应用程序接口）访问其数据。通过使用API，我们可以直接从数据提供商的服务器获取数据，这通常包括市场行情数据、财务数据、经济指标等。

（3）数据库查询语言（如SQL）：如果数据存储在结构化数据库中，我们可以使用数据库查询语言（如SQL）提取数据。通过编写SQL查询语句，我们可以选择特定的数据表、字段和条件，并从数据库中检索所需的数据。

（4）文件下载：许多金融数据以文件的形式提供下载，如CSV、Excel、JSON等格式。通过访问数据提供方的网站或API，我们可以下载这些文件，并使用适当的工具进行处理和分析。

（5）数据订阅服务：一些金融数据提供商提供数据订阅服务，通过这些服务，我们可以定期获取更新的数据。订阅服务通常通过数据推送或FTP下载等方式提供数据。

（6）开源数据集：在一些开源数据平台和数据社区中，我们可以找到一些公开可用的金融数据集。这些数据集可以免费获取并用于分析和研究。

（7）数据清洗和转换工具：在数据获取过程中，数据可能需要进行清洗和转换，以适应分析的需求。数据清洗和转换工具，如Python的Pandas库、R语言的tidyverse包等，可以帮助我们处理数据，使其符合分析要求。

当选择获取数据的工具和技术时，需要考虑数据的类型、来源和格式，并确保数据获取的合法性和合规性。此外，对于大规模数据获取和处理，还需要考虑计算资源和效率方面的因素。

3.2 网络爬虫

在金融大数据分析中，网络爬虫是一种常用的技术，用于从互联网上获取数据。网络爬虫通过自动访问网页、解析HTML内容并提取所需的数据，可以有效地获取大量的非结构化和半结构化数据，如新闻文章、博客帖子、社交媒体评论等。

3.2.1 网络爬虫原理

网络爬虫的工作原理类似于人们在互联网上浏览网页的过程。它通过以下步骤获取数据。

（1）发送请求：爬虫程序首先向目标网站发送HTTP请求，请求获取特定的网页内容。

（2）获取响应：目标网站收到请求后，会返回HTTP响应，其中包含网页的HTML内容。

（3）解析内容：爬虫程序解析HTTP响应中的HTML内容，从中提取有用的数据，例如文本、链接、图像等。

（4）保存数据：爬虫将提取的数据保存为结构化的格式，如CSV、JSON等，也可存储到数据库中，以便后续的数据分析和处理。

3.2.2 网络爬虫的应用

网络爬虫在金融大数据分析中有许多应用，包括但不限于以下几个方面。

（1）获取金融市场数据：通过爬取金融交易所的网站或其他金融数据提供商的网站，可以获取股票、期货、外汇等金融市场的实时行情数据和历史交易数据。

（2）收集公司信息：爬虫可以用于访问上市公司的投资者关系网站或其他公开渠道，获取公司的财务报表、业务数据、管理层访谈等信息。

（3）监测舆情和新闻：通过监测社交媒体平台、新闻网站等，爬虫可以帮助分析师和投资者了解市场舆情和新闻动态，从而做出更明智的投资决策。

（4）数据清洗和整合：爬虫可以用于从多个数据源收集数据，并将其清洗和整合成一致的格式，方便后续的数据分析和建模。

需要注意的是，在使用网络爬虫时，应遵守法律法规和网站的使用条款，并尊重数据的版权和隐私。此外，要合理设置爬虫的爬取速度和频率，以避免对目标网站造成过大的负担。

3.2.3 使用urllib爬取静态网页数据

urllib是Python标准库中的一个模块，提供用于进行HTTP请求的基本功能。它包含多个子模块，用于不同的请求任务和操作。

下面是urllib库中主要的子模块及其功能。

（1）urllib.request：用于发送HTTP请求和获取响应。它提供一些函数，如urlopen()用于打开URL并返回响应对象，urlretrieve()用于下载文件等。

（2）urllib.parse：用于解析URL、拼接URL和处理URL编码。它包含一些函数，如urlparse()用于解析URL字符串，urljoin()用于拼接URL，urlencode()用于将参数编码为URL查询字符串等。

（3）urllib.error：定义与URL请求相关的异常类。当在请求过程中发生错误时，可以捕获这些异常并进行适当的处理。

（4）urllib.robotparser：用于解析和分析robots.txt文件，该文件用于指示爬虫哪些页面可以访问。

使用urllib库，用户可以发送HTTP请求（GET、POST等）、设置请求头、处理响应数据和错误等。它是Python标准库的一部分，因此不需要安装额外的依赖库。

下面是简单的示例代码，演示了使用urllib.request发送GET请求并获取响应的过程。

```
import urllib.request
```

```
url = 'https://example.com'
# 发送 GET 请求并获取响应
response = urllib.request.urlopen(url)
# 读取响应内容
data = response.read()
# 关闭响应
response.close()
# 处理数据
# ...
```

3.2.4 案例1：爬取纳斯达克股票数据

下面我们通过一个案例介绍一下如何使用urllib爬取静态网页数据，图3-1所示的是纳斯达克苹果公司的股票历史数据网页。

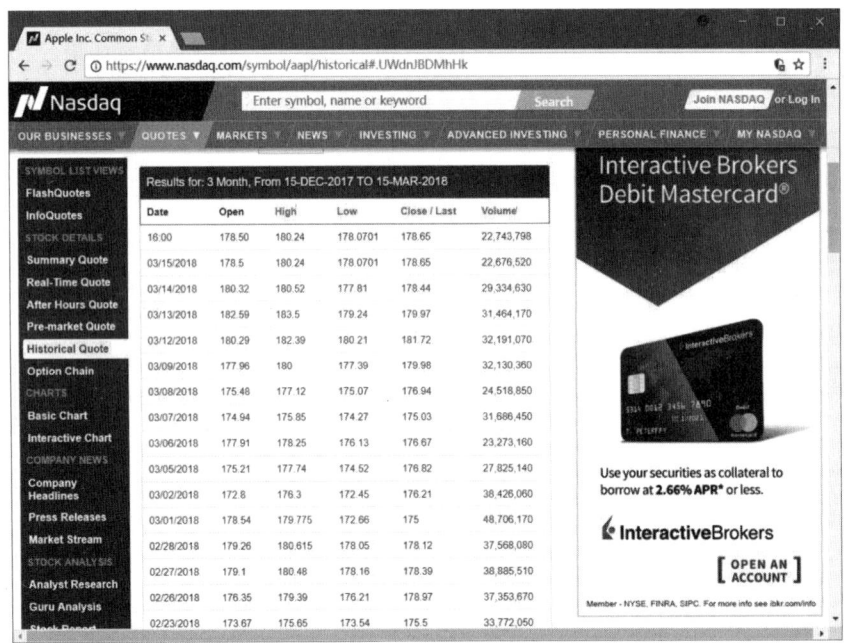

图3-1 纳斯达克苹果公司股票历史数据网页

案例实现代码如下。

```
import os
import urllib.request

# url = 'https://www.nasdaq.com/symbol/aapl/historical#.UWdnJBDMhHk'    ①
# 本地文件访问
```

```python
url = "file:///" + os.path.abspath("./nasdaq-Apple1.html").replace("\\", "/")  ②

req = urllib.request.Request(url)

with urllib.request.urlopen(req) as response:
    data = response.read()
    html_data = data.decode()
    print(html_data)
```

示例代码运行后,输出结果如下。

```
<!doctype html>
<html lang="en">
<head>
    <meta charset="UTF-8">
    <meta name="Generator" content="EditPlus">
    <meta name="Author" content="">
    <meta name="Keywords" content="">
    <meta name="Description" content="">
    <title>Document</title>
</head>
<body>
<div id="quotes_content_left_pnlAJAX">
    <table class="historical-data__table">
        <thead class="historical-data__table-headings">
        <tr class="historical-data__row historical-data__row--headings">
            th class="historical-data__table-heading" scope="col"Date/th
            th class="historical-data__table-heading" scope="col"Open/th
            th class="historical-data__table-heading" scope="col"High/th
            <th class="historical-data__table-heading" scope="col">Low</th>
            <th class="historical-data__table-heading" scope="col">
                Close/Last</th>
            th class="historical-data__table-heading" scope="col"Volume/th
        </tr>
        </thead>
        <tbody class="historical-data__table-body">
        <tr class="historical-data__row">
            <th>10/04/2019</th>
            <td>225.64</td>
            <td>227.49</td>
            <td>223.89</td>
```

```html
            <td>227.01</td>
            <td>34,755,550</td>
        </tr>
        <tr class="historical-data__row">
            <th>10/03/2019</th>
            <td>218.43</td>
            <td>220.96</td>
            <td>215.132</td>
            <td>220.82</td>
            <td>30,352,690</td>
        </tr>
        ...
        </tbody>
    </table>
</div>
</body>
</html>
```

代码解释如下。

- 代码第①行指定URL网址。
- 代码第②行指定本地文件地址 nasdaq-Apple1.html，其中 os.path.abspath("./nasdaq-Apple1.html") 获取文件的绝对路径。

> **提示**
>
> 当学习使用urllib库进行数据爬取时，事实上最好使用在线的URL网址（代码第①行）获取网站数据。然而，由于网站经常改版，为了学习的便利性，笔者提供本地文件作为示例数据（代码第②行）。这样可以确保读者始终有可靠的数据来源进行学习和练习。一旦读者准备好实际应用，便可转向使用在线的URL网址，以获取最新的信息，尽管这样可能需要更新和调整代码以适应网站版本的变化。综上所述，使用本地文件进行学习和练习是一个不错的选择，它为读者提供了一个稳定的数据源，同时也方便了学习过程。

3.3 解析数据

数据爬取回来后，我们需要从HTML代码中分析我们需要的数据，这个过程可以使用适当的数据解析技术实现，例如使用正则表达式、BeautifulSoup、XPath 等进行 HTML 或 XML 解析，或使用 JSON 解析库处理 JSON 数据。笔者推荐使用BeautifulSoup库。

3.3.1 使用BeautifulSoup库

BeautifulSoup是一套帮助程序设计师解析网页结构项目的库，可登录BeautifulSoup官网了解相关资料。

使用BeautifulSoup库，首先需要安装，安装BeautifulSoup可以通过pip进行，使用pip的指令如下。

```
pip install beautifulsoup4
```

安装过程如图 3-2 所示。

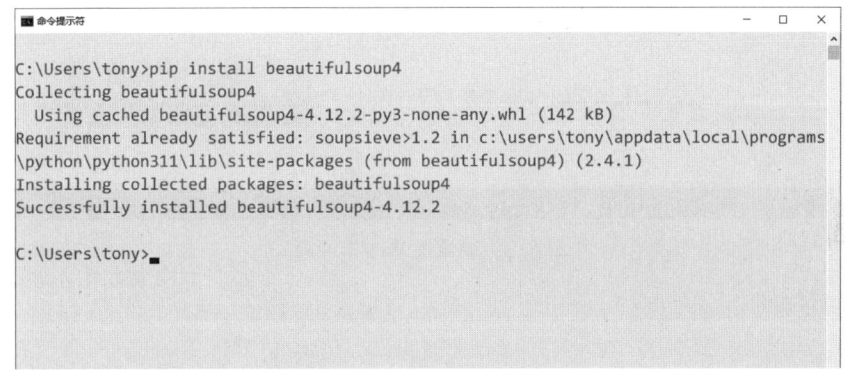

图 3-2　BeautifulSoup安装过程

下面我们介绍一下BeautifulSoup常用的API。

BeautifulSoup中主要使用的对象是BeautifulSoup实例，BeautifulSoup中的常用函数如下。

- find_all(tagname)。根据标签名返回所有符合条件的元素列表。
- find(tagname)。根据标签名返回符合条件的第一个元素。
- select(selector)。通过CSS中的选择器查找符合条件所有元素。
- get(key, default=None)。获取标签属性值，key是标签属性名。

BeautifulSoup中的常用属性如下。

- title。获得当前HTML页面的title属性值。
- text。返回标签中的文本内容。

3.3.2 案例2：解析纳斯达克股票数据

下面我们通过解析纳斯达克股票数据，熟悉一下如何使用BeautifulSoup库解析HTML数据。

在编写代码之前，我们先分析一下析纳斯达克股票网页数据。首先需要在浏览器中打开网页，按"F12"键打开Web工具箱，如图3-3所示。打开Web工具箱后，单击"查看器"标签，查看HTML代码，从其中可见，我们要的数据是放在<table>元素的<tbody>中的，每一行数据是放在一个<tr>元素中的。

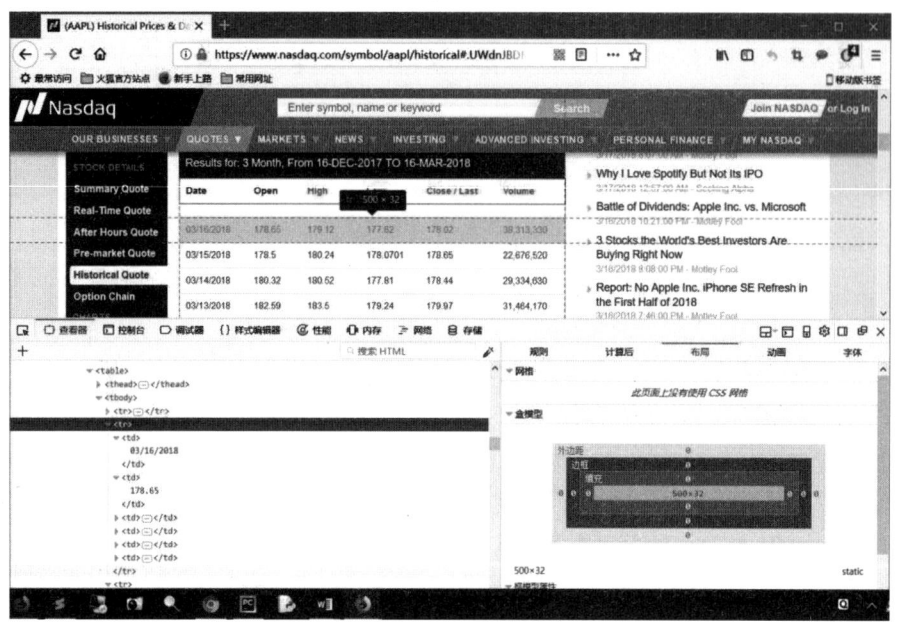

图 3-3 浏览器 Web 工具箱

案例实现代码如下。

```
import urllib.request
from bs4 import BeautifulSoup
# url = 'https://www.nasdaq.com/symbol/aapl/historical#.UWdnJBDMhHk'
# 本地文件访问
url = "file:///" + os.path.abspath("./nasdaq-Apple1.html").replace("\\",
"/")

req = urllib.request.Request(url)

with urllib.request.urlopen(req) as response:
    data = response.read()
    html_data = data.decode()

    sp = BeautifulSoup(html_data, 'html.parser')         ①

    # 返回 <tbody> 标签元素
    tbody = sp.find('tbody')                              ②
    # 返回 <tbody> 标签下所有的 <tr> 元素
    trlist = tbody.select('tr')                           ③
    # 保存股票数据列表
    data = []
    for tr in trlist:                                     ④
```

```
            fields = {}                          # 保存一行数据
            # 获得交易日期<th>元素
            th = tr.find('th')
            fields['Date'] = th.text              # 日期
            # 获得tr下的所有td元素
            tds = tr.select('td')
            fields['Open'] = tds[0].text          # 开盘
            fields['High'] = tds[1].text          # 最高
            fields['Low'] = tds[2].text           # 最低
            fields['Close'] = tds[3].text         # 收盘
            fields['Volume'] = tds[4].text        # 成交量
            data.append(fields)                   ⑤

print("解析完成。", data)
```

示例代码运行后，输出结果如下。

解析完成。 [{'Date': '10/04/2022', 'Open': '225.64', 'High': '227.49', 'Low': '223.89', 'Close': '227.01', 'Volume': '34,755,550'}, {'Date': '10/03/2022', 'Open': '218.43', 'High': '220.96', 'Low': '215.132', 'Close': '220.82', 'Volume': '30,352,690'}, {'Date': '10/02/2022', 'Open': '223.06', 'High': '223.58', 'Low': '217.93', 'Close': '218.96', 'Volume': '35,767,260'}, {'Date': '10/01/2022', 'Open': '225.07', 'High': '228.22', 'Low': '224.2', 'Close': '224.59', 'Volume': '36,187,160'}, {'Date': '09/30/2022', 'Open': '220.9', 'High': '224.58', 'Low': '220.79', 'Close': '223.97', 'Volume': '26,318,580'}, {'Date': '09/27/2022', 'Open': '220.54', 'High': '220.96', 'Low': '217.2814', 'Close': '218.82', 'Volume': '25,361,290'}, {'Date': '09/26/2022', 'Open': '220', 'High': '220.94', 'Low': '218.83', 'Close': '219.89', 'Volume': '19,088,310'}, {'Date': '09/25/2022', 'Open': '218.55', 'High': '221.5', 'Low': '217.1402', 'Close': '221.03', 'Volume': '22,481,010'}, {'Date': '09/24/2022', 'Open': '221.03', 'High': '222.49', 'Low': '217.19', 'Close': '217.68', 'Volume': '31,434,370'}, {'Date': '09/23/2022', 'Open': '218.95', 'High': '219.84', 'Low': '217.65', 'Close': '218.72', 'Volume': '19,419,650'}, {'Date': '09/20/2022', 'Open': '221.38', 'High': '222.56', 'Low': '217.473', 'Close': '217.73', 'Volume': '57,977,090'}, {'Date': '09/19/2022', 'Open': '222.01', 'High': '223.76', 'Low': '220.37', 'Close': '220.96', 'Volume': '22,187,880'}, {'Date': '09/18/2022', 'Open': '221.06', 'High': '222.85', 'Low': '219.44', 'Close': '222.77', 'Volume': '25,643,090'}, {'Date': '09/17/2022', 'Open': '219.96', 'High': '220.82', 'Low': '219.12', 'Close': '220.7', 'Volume': '18,386,470'}, {'Date': '09/16/2022', 'Open': '217.73', 'High': '220.13', 'Low': '217.56', 'Close': '219.9', 'Volume':

```
'21,158,140'}, {'Date': '09/13/2022', 'Open': '220', 'High': '220.79',
'Low': '217.02', 'Close': '218.75', 'Volume': '39,763,300'}, {'Date':
'09/12/2022', 'Open': '224.8', 'High': '226.42', 'Low': '222.86', 'Close':
'223.085', 'Volume': '32,226,670'}, {'Date': '09/11/2022', 'Open':
'218.07', 'High': '223.71', 'Low': '217.73', 'Close': '223.59', 'Volume':
'44,289,650'}]
```

代码解释如下。

- 代码第①行使用 BeautifulSoup 构造一个解析器对象 sp，将 HTML 数据作为输入，并指定解析器为 html.parser。
- 代码第②行使用 sp.find('tbody') 查找 HTML 页面中的第一个 <tbody> 标签，并将结果保存在变量 tbody 中。<tbody> 标签通常包含表格数据。
- 代码第③行使用 tbody.select('tr') 查找 tbody 标签下的所有 <tr> 标签，并将结果保存在列表 trlist 中。每个 <tr> 标签表示表格中的一行数据。
- 代码第④行遍历 trlist 列表，对于每个 <tr> 标签，执行以下操作：

使用 tr.find('th') 查找当前行中的第一个 <th> 标签，并将结果保存在变量 th 中。<th> 标签通常用于表示表格中的表头或日期等特殊信息。

使用 tr.select('td') 查找当前行中的所有 <td> 标签，并将结果保存在列表 tds 中。每个 <td> 标签表示表格中的一个单元格。

- 代码第⑤行将包含每行数据的字典 fields 添加到列表 data 中。

最后，代码输出解析完成后的股票数据 data。

获得的股票数据 data 变量是暂时保存在内存中的，还可以把数据保存起来，这里笔者推荐保存为 CSV 文件。保存为 CSV 文件的代码如下。

```
import csv                                    ①
keys = data[0].keys()                         ②

f = 'data/纳斯达克股票数据.csv'
# 将数据写入 CSV 文件
with open(f, 'w', newline='') as csvfile:                    ③
    writer = csv.DictWriter(csvfile, fieldnames=keys)        ④
    # 写入表头
    writer.writeheader()                      ⑤
    # 写入数据
    writer.writerows(data)                    ⑥

print("CSV 文件已生成：data.csv")
```

上述代码的运行结果，会在当前文件的data目录下生成“纳斯达克股票数据.csv”文件，笔者使用WPS等电子表格工具打开文件，内容如图3-4所示。

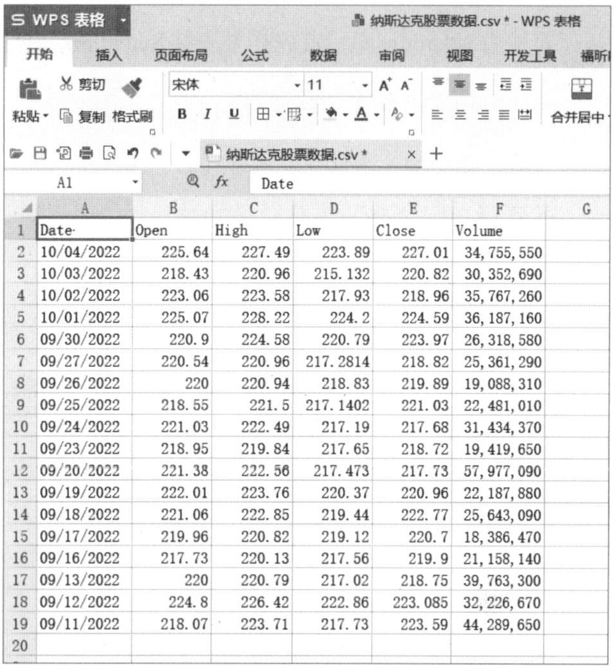

	A	B	C	D	E	F
1	Date	Open	High	Low	Close	Volume
2	10/04/2022	225.64	227.49	223.89	227.01	34,755,550
3	10/03/2022	218.43	220.96	215.132	220.82	30,352,690
4	10/02/2022	223.06	223.58	217.93	218.96	35,767,260
5	10/01/2022	225.07	228.22	224.2	224.59	36,187,160
6	09/30/2022	220.9	224.58	220.79	223.97	26,318,580
7	09/27/2022	220.54	220.96	217.2814	218.82	25,361,290
8	09/26/2022	220	220.94	218.83	219.89	19,088,310
9	09/25/2022	218.55	221.5	217.1402	221.03	22,481,010
10	09/24/2022	221.03	222.49	217.19	217.68	31,434,370
11	09/23/2022	218.95	219.84	217.65	218.72	19,419,650
12	09/20/2022	221.38	222.56	217.473	217.73	57,977,090
13	09/19/2022	222.01	223.76	220.37	220.96	22,187,880
14	09/18/2022	221.06	222.85	219.44	222.77	25,643,090
15	09/17/2022	219.96	220.82	219.12	220.7	18,386,470
16	09/16/2022	217.73	220.13	217.56	219.9	21,158,140
17	09/13/2022	220	220.79	217.02	218.75	39,763,300
18	09/12/2022	224.8	226.42	222.86	223.085	32,226,670
19	09/11/2022	218.07	223.71	217.73	223.59	44,289,650
20						

图3-4 “纳斯达克股票数据.csv”文件内容

代码解释如下。

- 代码第①行导入CSV模块：这行代码导入了Python的CSV模块，它提供处理CSV文件的功能。
- 代码第②行获取键名：这行代码通过取第一个字典元素的键，获取了给定数据结构中的所有键名。
- 代码第③行打开CSV文件：这行代码使用open()函数打开了一个data目录下的“纳斯达克股票数据.csv”的文件。参数w表示以写入模式打开文件。如果文件不存在，将创建一个新的文件。
- 代码第④行创建DictWriter对象：这行代码创建了一个csv.DictWriter对象，用于将数据写入CSV文件。它接受两个参数：csvfile是打开的文件对象，fieldnames是一个包含字段名的可迭代对象，这里我们使用前面获取的键名。
- 代码第⑤行写入表头：这行代码使用writeheader()方法将字段名写入CSV文件的第一行。
- 代码第⑥行写入数据：这行代码使用writerows()方法将数据写入CSV文件。它接受一个包含多个字典的可迭代对象，每个字典代表一行数据。

3.3.3 使用Selenium爬取动态网页数据

使用urllib爬取数据时经常会被服务器反爬技术拦截。服务器有一些办法识别请求是否来自浏览器。另外，有的数据需要登录系统后才能获得，例如邮箱数据，而且在登录时会有验证码识别，验证码能够识别出是人工登录系统，还是计算机程序登录系统。试图破解验证码不是一个好主意，现在的验证码也不是简单的图像，有的会有声音等识别方式。

如果是一个真正的浏览器，那么服务器设置重重“障碍”就不是问题了。Selenium可以启动本机浏览器，然后通过程序代码操控它。Selenium直接操控浏览器，可以返回任何形式的动态数据。使用Selenium操控浏览器的过程中也可以进行人为干预，例如在登录时，如果需要输入验证码，则由人工输入，登录成功之后，再由Selenium操控浏览器爬取数据。

1. 安装 Selenium

要使用 Selenium 库，首先需要安装 Selenium。通过 pip 安装 Selenium 的指令如下。

```
pip install selenium
```

安装过程如图 3-5 所示。

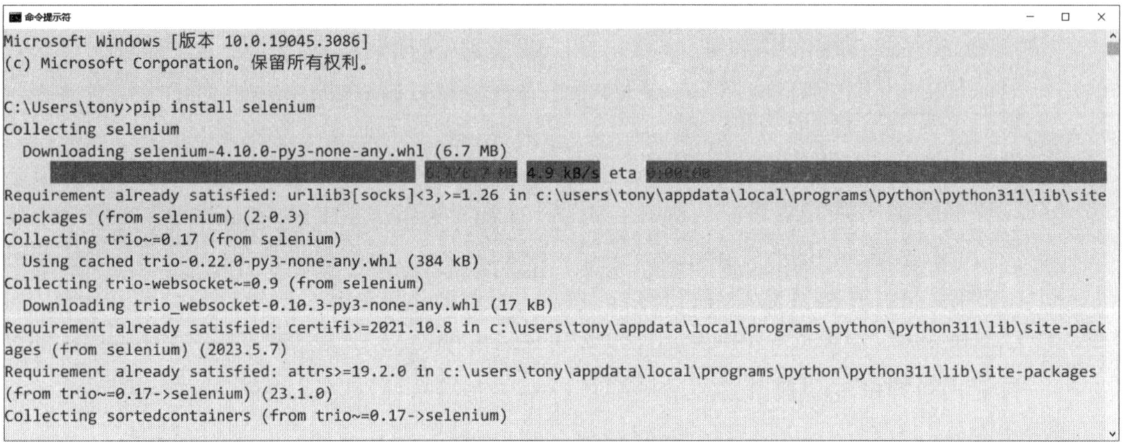

图 3-5　Selenium 安装过程

2. 配置 Selenium

运行 Selenium 需要操作本地浏览器，默认的是 Firefox，因此笔者推荐安装 Firefox 浏览器。注意，要求 Firefox 浏览器是 55.0 以上版本。由于版本兼容的问题，还需要下载浏览器引擎 GeckoDriver，GeckoDriver 可以在官网下载，根据自己的平台选择对应的版本，下载后不需要安装 GeckoDriver，只需将下载包解压处理就可以了。

然后需要配置环境变量，将 Firefox 浏览器的安装目录和 GeckoDriver 的解压目录添加到系统的 PATH 中，图 3-6 所示的是在 Windows 10 下添加 PATH。

图 3-6　添加 PATH

3. Selenium 常用的 API

Selenium 操作浏览器主要通过 WebDriver 对象实现，WebDriver 对象提供操作浏览器和访问 HTML 代码中数据的函数。

操作浏览器的函数如下。

- refresh()：刷新网页。
- back()：回到上一个页面。
- forward()：进入下一个页面。
- close()：关闭窗口。
- quit()：结束浏览器执行。
- get(url)：浏览URL所指的网页。

访问HTML代码中数据的函数如下。

- find_element(By.ID, id)：通过元素的ID查找符合条件的第一个元素。
- find_elements(By.ID, id)：通过元素的ID查找符合条件的所有元素。
- find_element(By.NAME, name)：通过元素名字查找符合条件的第一个元素。
- find_elements(By.NAME, name)：通过元素名字查找符合条件的所有元素。
- find_element(By.LINK_TEXT, link_text)：通过链接文本查找符合条件的第一个元素。
- find_elements(By.LINK_TEXT, link_text)：通过链接文本查找符合条件的所有元素。
- find_element(By.TAG_NAME, name)：通过标签名查找符合条件的第一个元素。
- find_elements(By.TAG_NAME, name)：通过标签名查找符合条件的所有元素。
- find_element(By.XPATH, xpath)：通过XPATH查找符合条件的第一个元素。
- find_elements(By.XPATH, xpath)：通过XPATH查找符合条件的所有元素。
- find_element(By.CLASS_NAME, name)：通过CSS中class属性查找符合条件的第一个元素。
- find_elements(By.CLASS_NAME, name)：通过CSS中class属性查找符合条件的所有元素。
- find_element(By.CSS_SELECTOR, css_selector)：通过CSS中选择器查找符合条件的第一个元素。
- find_elements(By.CSS_SELECTOR, css_selector)：通过CSS中选择器查找符合条件的所有元素。

3.3.4 案例3：爬取搜狐证券贵州茅台股票数据

下面我们通过爬取搜狐证券贵州茅台股票数据的案例，熟悉一下如何使用Selenium库爬取和解析HTML数据。

读者如果使用urllib库无法直接获取HTML数据，原因是这些数据是同步动态数据，而使用Selenium返回这些数据是非常简单的。

在爬取数据之前，我们还是先分析一下搜狐证券贵州茅台股票的HTML数据，我们借助Web工具箱找到显示这些数据的HTML标签，如图3-7所示。在Web工具箱的查看器中，找到显示页面表格对应的HTML标签，注意在查看器中选中对应的标签，页面会将该部分进行灰色显示。经过查找分析最终找到一个table标签，复制它的ID或class属性值，以备在代码中进行查询。

图 3-7　Web工具箱

案例实现代码如下。

```
from selenium import webdriver                                    ①
from selenium.webdriver.common.by import By

driver = webdriver.Firefox()                                      ②
driver.get('http://q.stock.sohu.com/cn/600519/lshq.shtml')        ③
table_element = driver.find_element(By.ID, 'BIZ_hq_historySearch') ④
print(table_element.text)                                         ⑤
driver.quit()                                                     ⑥
```

代码解释如下。

- 代码第①行导入Selenium库中的webdriver模块，该模块提供用于控制不同浏览器的驱动程序。
- 代码第②行创建一个Firefox浏览器的WebDriver实例，将其赋值给变量driver。这将启动一个Firefox浏览器窗口。
- 代码第③行使用WebDriver加载指定的URL，这里是"http://q.stock.sohu.com/cn/600519/lshq.shtml"，即搜狐股票网站中贵州茅台（股票代码600519）的历史行情页面。
- 代码第④行使用WebDriver的find_element()函数通过元素的ID查找页面上的一个特定元素。这里通过By.ID参数指定按照元素的ID进行查找，ID值为BIZ_hq_historySearch。

- 代码第⑤行打印找到的元素的文本内容。通过text属性返回元素的可见文本。
- 代码第⑥行 driver.quit() 关闭浏览器窗口并终止WebDriver的会话。

3.3.5 案例4：使用Selenium解析HTML数据

Selenium库可以模拟人工操作Web页面，我们也可以利用它的一系列find_element()函数解析HTML数据，使用过程类似于BeautifulSoup库。本小节我们介绍如何使用Selenium库解析搜狐证券贵州茅台股票HTML数据。

案例实现代码如下。

```
from selenium import webdriver
from selenium.webdriver.common.by import By

driver = webdriver.Firefox()
driver.get('http://q.stock.sohu.com/cn/600519/lshq.shtml')
table_element = driver.find_element(By.ID, 'BIZ_hq_historySearch')    ①
tbody = table_element.find_element(By.TAG_NAME, "tbody")               ②
trlist = tbody.find_elements(By.TAG_NAME, 'tr')                        ③
# 股票数据列表
data = []

for idx, tr in enumerate(trlist):                                      ④
    if idx == 0:
        # 跳过table第一行
        continue                                                       ⑤

    td_list = tr.find_elements(By.TAG_NAME, "td")                      ⑥
    fields = {}
    fields['Date'] = td_list[0].text    # 日期
    fields['Open'] = td_list[1].text    # 开盘
    fields['Close'] = td_list[2].text   # 收盘
    fields['Low'] = td_list[5].text     # 最低
    fields['High'] = td_list[6].text    # 最高
    fields['Volume'] = td_list[7].text  # 成交量
    data.append(fields)

print(data)
driver.quit()
```

示例代码运行后，输出结果如下。

```
[{'Date': '2023-06-21', 'Open': '1740.00', 'Close': '1735.83', 'Low':
```

```
'1735.00', 'High': '1756.60', 'Volume': '17721'}, {'Date': '2023-06-20',
'Open': '1740.00', 'Close': '1743.46', 'Low': '1735.00', 'High': '1765.00',
'Volume': '20947'}, {'Date': '2023-06-19', 'Open': '1790.00', 'Close':
'1744.00', 'Low': '1738.00', 'High': '1797.95', 'Volume': '31700'},
{'Date': '2023-06-16', 'Open': '1757.00', 'Close': '1797.69', 'Low':
'1750.10', 'High': '1800.00', 'Volume': '37918'}, {'Date': '2023-06-15',
'Open': '1730.34', 'Close': '1755.00', 'Low': '1723.00', 'High': '1755.65',
'Volume': '25223'}, {'Date': '2023-06-14', 'Open': '1719.00', 'Close':
 ...
'1813.74', 'Low': '1783.30', 'High': '1822.01', 'Volume': '23952'},
{'Date': '2023-02-27', 'Open': '1778.50', 'Close': '1810.41', 'Low':
'1775.02', 'High': '1815.00', 'Volume': '22065'}, {'Date': '2023-02-24',
'Open': '1810.11', 'Close': '1788.00', 'Low': '1782.18', 'High': '1810.19',
'Volume': '24635'}]
```

代码解释如下。

- 代码第①行使用WebDriver在页面中查找具有ID为BIZ_hq_historySearch的元素，并将其赋值给变量table_element。这个元素应该是包含历史行情数据的表格。
- 代码第②行在table_element元素中查找名为tbody的子元素，并将其赋值给变量tbody。这个操作是为了定位表格中的tbody部分，其中包含行情数据的行。
- 代码第③行在tbody元素中查找所有名为tr的子元素，返回一个包含这些元素的列表。这个操作是为了获取每一行行情数据的tr元素。
- 代码第④行使用enumerate()函数遍历trlist列表中的每个元素，并为每个元素分配一个索引idx和一个变量tr，用于迭代行情数据的每一行。
- 代码第⑤行 if idx == 0: continue 表示如果索引idx等于0，也就是第一行表头行，就跳过此次循环，不处理表头行的数据。
- 代码第⑥行在当前行的tr元素中查找所有名为td的子元素，返回一个包含这些元素的列表。这个操作是为了获取当前行中每个列的数据。

在循环中，每个行的各列数据被提取出来，以字典的形式存储在fields变量中，并添加到data列表中。最终的data列表包含每行行情数据的字典。

最后，代码打印data列表，即历史行情数据，然后关闭浏览器并终止WebDriver的会话。

获得的股票数据data变量也是暂时保存在内存中，我们可以参考3.3.2小节将数据保存为CSV文件，具体代码不再赘述。

3.4 使用API调用获取数据

使用API调用获取数据是一种常见的方法，可以与远程服务器进行通信并获取所需的数据。以下是使用API调用采集数据的一般步骤。

（1）选择API提供商：首先需要选择适合自己需求的API提供商。根据想要获取的数据类型（如股票数据、外汇数据、加密货币数据等）和频率（实时数据、历史数据等），选择合适的API提供商。一些常见的金融数据API提供商包括Alpha Vantage、Quandl、Yahoo Finance等。

（2）注册和获取API密钥：大多数API提供商要求用户注册并获取API密钥。API密钥是用于身份验证和访问API服务的唯一标识。根据API提供商的要求，注册并获取API密钥。

（3）API调用：使用编程语言（如Python、Java、JavaScript等）编写代码进行API调用。根据API提供商的文档和指南，构建API请求，包括指定所需的数据、请求的格式和参数等。

（4）发送API请求：使用编程语言中的HTTP请求库（如requests库）发送API请求。在请求中包含API密钥和其他必要的参数。发送请求后，等待服务器响应。

（5）处理API响应：一旦接收到API服务器的响应，解析响应数据并进行处理。根据API返回的数据格式（如JSON、XML等），使用相应的数据处理库进行数据解析和提取。

（6）数据存储和管理：将获取到的数据存储到适当的数据结构中，如数据库，可保存为CSV文件或其他数据格式。根据具体的需求和数据量的大小，选择合适的数据存储方式。

（7）数据分析和应用：对获取到的数据进行分析和应用。根据量化交易策略或分析需求，使用相应的数据分析工具和技术进行数据处理、计算指标、生成图表等。

3.4.1 常见的金融数据API

以下是一些常见的金融数据API提供商的简要介绍。

（1）Alpha Vantage：它提供广泛的金融市场数据，包括股票、外汇、加密货币等。它的API提供实时和历史数据，还包括技术指标、股票分割和股息等信息。Alpha Vantage提供免费和付费的API访问计划。

（2）Quandl：它是一个广受欢迎的金融数据平台，提供各种各样的金融和经济数据。它提供丰富的历史数据，包括股票、期货、指数、外汇等。Quandl的API提供易于使用的接口和数据格式。

（3）Yahoo Finance：它是一个知名的金融信息平台，提供股票、行情、新闻等金融数据。它提供免费的API访问，可以获取实时和历史的股票数据、指数数据等。

上述API都是国际知名的供应商提供的，此外还有一些国内的金融API提供商，具体如下。

（1）聚宽：它是国内知名的金融数据和量化交易平台，提供丰富的金融数据和量化交易工具。它的API包括股票、基金、指数等多个市场的实时和历史数据，还提供一些基本的技术指标和财务数据。

（2）Tushare：它是一个免费的金融数据接口平台，提供丰富的股票、基金、期货等市场数据。它的API包括历史行情数据、财务报表数据、宏观经济数据等，可通过Python进行调用。

（3）天天基金网：它是一个专注于基金数据的网站，提供基金的实时和历史数据。它的API包括基金净值、基金排行、基金公司等信息，可用于获取基金相关数据。

这些国内的金融API提供商都有自己的数据范围和功能特点，可以根据自己的需求选择合适的API进行调用。在使用API时，需要注意每个提供商的API文档和使用规范，确保正确调用和处理数据。这里笔者重点介绍Tushare提供的API。

3.4.2 使用TushareAPI获取数据

为了使用Tushare API，首先需要到官网进行注册，注册过程不再赘述，注册成功后登录即可。在官网可使用TushareAPI帮助文档，如图3-8所示。

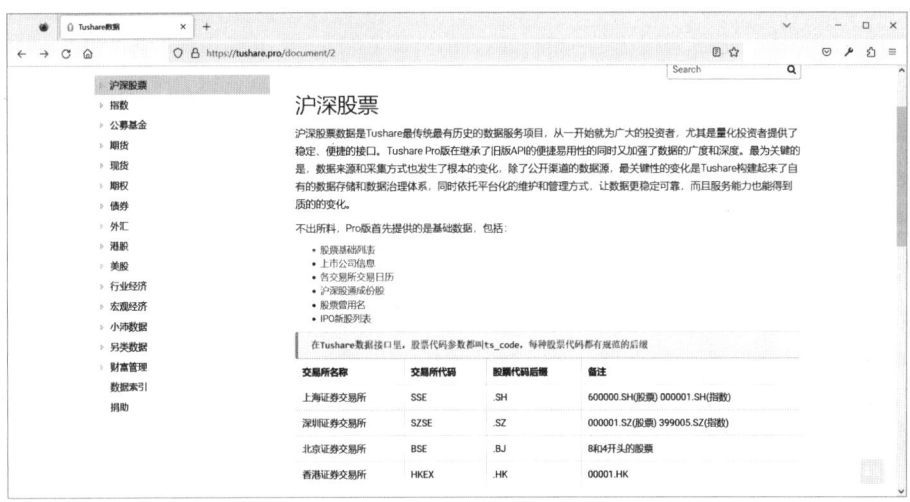

图3-8　Tushare API帮助文档

在Python程序中调用Tushare API时，需要提供接口TOKEN，如果注册并登录成功，可以通过图3-9所示的页面获取TOKEN。单击"复制"按钮，复制TOKEN并保存好，以备在程序中使用。

图3-9　获取Tushare API的TOKEN

3.4.3 案例5：使用Tushare API获取贵州茅台股票数据

下面通过案例介绍一下如何使用Python程序调用Tushare API获取股票数据。

案例背景

贵州茅台股票的代号是600519。根据该股票的代号可以确定以下信息。

- 代号以6开头：这表示贵州茅台股票是A股。
- 600作为代号的前缀：这表明贵州茅台股票是在上海证券交易所（沪市）上市交易。

由于贵州茅台股票属于A股，我们可以使用Tushare提供的A股日线行情函数daily获取，通过帮助文档可获取有关该函数使用的帮助，如图3-10所示。

有关daily函数这里不再赘述。

案例实现代码如下。

图3-10　A股日线行情daily函数帮助文档

```
# 导入 tushare
import tushare as ts                              ①

# 初始化pro接口
pro = ts.pro_api('<修改为自己的TOKEN>')            ②
df = pro.daily(ts_code='600519.SH', start_date='20230101', end_
        date='20230701')                          ③
df                                                ④
```

使用Jupyter Notebook工具运行上述代码，输出df数据，如图3-11所示。

	ts_code	trade_date	open	high	low	close	pre_close	change	pct_chg	vol	amount
0	600519.SH	20230626	1720.11	1730.00	1695.00	1709.00	1735.83	-26.83	-1.5457	23992.68	4098619.510
1	600519.SH	20230621	1740.00	1756.60	1735.00	1735.83	1743.46	-7.63	-0.4376	17720.61	3088635.934
2	600519.SH	20230620	1740.00	1765.00	1735.00	1743.46	1744.00	-0.54	-0.0310	20946.74	3659824.529
3	600519.SH	20230619	1790.00	1797.95	1738.00	1744.00	1797.69	-53.69	-2.9866	31699.92	5584248.725
4	600519.SH	20230616	1757.00	1800.00	1750.10	1797.69	1755.00	42.69	2.4325	37917.89	6742301.361
...	...	...	...	...	...	...	...	...	...	...	...
109	600519.SH	20230109	1835.00	1849.98	1807.82	1841.20	1803.77	37.43	2.0751	30977.23	5684181.147
110	600519.SH	20230106	1806.12	1811.90	1787.00	1803.77	1801.00	2.77	0.1538	24903.75	4480838.898
111	600519.SH	20230105	1737.00	1801.00	1733.00	1801.00	1725.01	75.99	4.4052	47942.85	8541587.089
112	600519.SH	20230104	1730.00	1738.70	1716.00	1725.01	1730.01	-5.00	-0.2890	20415.75	3523582.306
113	600519.SH	20230103	1731.20	1738.43	1706.01	1730.01	1727.00	3.01	0.1743	26033.80	4487760.231

114 rows × 11 columns

图3-11　输出df数据

代码解释如下。

- 代码第①行导入tushare库：通过import tushare as ts语句导入Tushare库，该库是一个提供A

股市场数据的Python接口。
- 代码第②行初始化pro接口：使用pro = ts.pro_api('<修改为自己的TOKEN>')语句初始化Tushare的pro接口，并传入自己的TOKEN（密钥）。这个TOKEN是在Tushare官网上注册账号后，通过API接口申请获得的。
- 代码第③行获取股票数据：通过pro.daily(ts_code='600519.SH', start_date='20230101', end_date='20230701')调用pro接口的daily函数，获取指定股票代码（600519.SH表示贵州茅台在上交所的代码）在指定日期范围内的日线交易数据。在这个例子中，获取的日期范围是从2023年1月1日到2023年7月1日。
- 代码第④行数据处理和显示：将获取的股票数据存储在DataFrame（df）中，并通过df语句将其显示出来。DataFrame是Pandas库中用于处理和分析数据的数据结构。

> **注意**
> 为了运行此代码，读者需要替换代码中的<修改为自己的TOKEN>部分为在Tushare官网上获得的API密钥。

3.5 使用ChatGPT辅助获取数据

ChatGPT可以通过以下方式辅助用户获取数据。

（1）解释和理解数据格式。如果不清楚数据文件的格式和内容，用户可以描述数据文件给ChatGPT，它会分析数据格式并指出文件中的字段含义。

（2）提供数据处理代码示例。根据用户提供的数据文件格式和需求，ChatGPT可以给出相应的Python代码示例，展示如何更高效地解析和处理该数据。

（3）帮助解决数据获取问题。对于用户在获取和处理数据过程中遇到的问题，ChatGPT可以分析用户提供的信息，提出解决方法和建议。

（4）解释和检索库函数。ChatGPT可以检索并解释Python中相关数据处理的库函数，帮助用户更好地理解和使用这些函数。

总的来说，ChatGPT能为用户提供数据理解、代码参考、问题解决等多方面的辅助，但前提是用户能详细描述数据格式、需求及遇到的问题，ChatGPT才能提供精确而有效的建议。

3.5.1 案例6：使用ChatGPT解释和理解数据格式

当需要解释和理解数据格式时，我们可以请求ChatGPT提供数据文件的样本或描述，然后让ChatGPT分析数据的结构和字段含义。

案例实现过程如下。

> 👤 分析师向ChatGPT发送如下请求消息。
>
> 我有一个数据文件,但我不清楚它的格式和内容。可以帮助我解析一下吗?

> 🤖 **ChatGPT的回答如下。**
>
> 请提供数据文件的一些样本或描述,我将尝试分析其格式和内容。

> 👤 分析师向ChatGPT发送如下请求消息。
>
> 这是一个名为sales.csv的文件,包含有关销售数据的信息,这是文件的前五行:
>
> ```
> 日期,产品名称,销售数量,销售金额
> 2022-01-01,Product A,10,100.00
> 2022-01-02,Product B,5,50.00
> 2022-01-03,Product A,8,80.00
> 2022-01-04,Product C,12,120.00
> ```

> 🤖 **ChatGPT的回答如下。**
>
> 根据文件的样本,它似乎是一个逗号分隔的文件(CSV格式),每行代表一条记录,每个字段由逗号分隔。文件中的字段包括"日期""产品名称""销售数量"和"销售金额"。这些字段可能包含日期、字符串、整数或浮点数类型的数据。

> 👤 分析师向ChatGPT发送如下请求消息。
>
> 你理解得很准确!我想提取和分析这些字段的数据。

> 🤖 **ChatGPT的回答如下。**
>
> 通过解析CSV文件,您可以使用各种编程语言和库(如Python中的CSV库)读取文件,并逐行提取字段的数据。您可以根据需要进行进一步的数据处理和分析。

3.5.2 案例7:使用ChatGPT提供数据处理示例代码

我们可以请求ChatGPT为我们提供一些处理数据的参考示例代码。

案例实现过程如下。

> 👤 分析师向ChatGPT发送如下请求消息。
>
> 我有一个包含学生信息的数据文件,我想了解如何使用Python处理这些数据,例如提取

特定字段或计算统计信息。能给我提供示例代码吗?

ChatGPT 的回答如下。
请告诉我关于数据文件的更多信息,例如文件的格式和字段,以及您想要执行的具体操作。

分析师向 ChatGPT 发送如下请求消息。
数据文件是一个逗号分隔的文件(CSV格式),包含以下字段:姓名、年龄、性别和成绩。我希望能够从文件中提取姓名和成绩字段,并计算平均成绩。

ChatGPT 的回答如下。
以下是示例代码,演示如何读取CSV文件、提取字段数据并计算平均成绩:

```python
import csv

filename = "students.csv"
scores = []

with open(filename, 'r') as file:
    reader = csv.reader(file)
    header = next(reader)    # 读取并跳过标题行

    name_index = header.index('姓名')
    score_index = header.index('成绩')

    for row in reader:
        name = row[name_index]
        score = float(row[score_index])
        scores.append(score)

average_score = sum(scores) / len(scores)
print("平均成绩:", average_score)
```

请确保将filename替换为您实际的数据文件路径。代码首先使用CSV库打开文件,并使用reader对象逐行读取数据。通过header.index()函数找到姓名和成绩字段所在的索引位置,然后在每一行中提取相应的字段数据。提取的成绩数据被转换为浮点数类型,并添加到scores列表中。最后,通过计算所有成绩的总和并除以成绩数量,得到平均成绩。

3.5.3 案例8：使用ChatGPT帮助解决数据获取问题

当我们在获取和处理数据遇到问题时，可以尝试询问ChatGPT，让它提出解决方法和建议。案例实现过程如下。

> 分析师向 ChatGPT 发送如下请求消息。
> 我在获取数据时遇到了问题，不确定如何解决。能帮助我吗？

> ChatGPT 的回答如下。
> 请告诉我您遇到的具体问题和情况，我将尽力为您提供帮助和解决方案。

> 分析师向 ChatGPT 发送如下请求消息。
> 我想从一个网站上获取数据，但我不知道该使用哪个库或方法进行网页抓取。

> ChatGPT 的回答如下。
> 了解了！获取网页数据时，您可以使用Python中的许多库和工具。其中，常用的库包括requests、urllib和BeautifulSoup等。
>
> 如果您需要简单地发送HTTP请求并获取网页内容，requests库是一个常见的选择。它提供简单易用的接口发送HTTP请求、处理响应及获取网页内容。以下是使用requests库获取网页内容的示例代码：

```
import requests

url = "https://example.com"
response = requests.get(url)
html_content = response.text

print(html_content)
```

> 如果您更喜欢使用urllib库，它也是一个内置的库，可以用于发送HTTP请求和处理网页数据。以下是使用urllib库获取网页内容的示例代码：

```
import urllib.request

url = "https://example.com"
response = urllib.request.urlopen(url)
html_content = response.read().decode('utf-8')
```

```
print(html_content)
```

如果您需要对网页内容进行解析和提取特定数据，BeautifulSoup 是一个强大的库。它可以帮助您解析 HTML 或 XML 文档，并提供方便的方法提取数据。以下是使用 BeautifulSoup 库解析网页内容并提取标题的示例代码：

```
import requests
from bs4 import BeautifulSoup

url = "https://example.com"
response = requests.get(url)
html_content = response.text

soup = BeautifulSoup(html_content, 'html.parser')
title = soup.title.text

print(title)
```

希望这些示例可以帮助您开始获取网页数据。

3.6 本章总结

本章介绍了金融大数据的重要性、数据来源和采集工具。详细讨论了网络爬虫的原理和应用，包括使用 urllib 库和 BeautifulSoup 库进行静态网页数据的爬取和解析，以及使用 Selenium 库进行动态网页数据的爬取。案例展示了如何采集纳斯达克股票数据和搜狐证券贵州茅台股票数据。

第4章 金融大数据基础库：NumPy

NumPy（Numerical Python）是一个用于科学计算和数据分析的Python库。它提供高效的多维数组对象和用于处理这些数组的函数。NumPy是金融大数据分析中常用的基础库之一，具有以下特点和功能。

（1）多维数组：NumPy的核心是ndarray（N-dimensional array）对象，它是一个具有固定大小的多维数组。这使NumPy非常适合存储和操作大规模的数值数据。

（2）数组操作：NumPy提供丰富的数组操作函数，包括数学运算、逻辑运算、排序、统计等。这些函数在整个数组上进行操作，提供高效的计算能力。

（3）广播（Broadcasting）：NumPy支持广播操作，可以对不同形状的数组进行计算。它能够自动调整数组的形状，使它们具有相容的维度，从而进行元素级的操作。

（4）快速向量化运算：NumPy中的函数是用C语言编写的，通过向量化运算可以在整个数组上执行操作，从而避免慢速的循环。这使NumPy在处理大规模数据时具有很高的性能。

（5）线性代数运算：NumPy提供许多线性代数运算的函数，包括矩阵乘法、特征值计算、求解线性方程组等。这些功能对于金融数据分析中的数值计算非常有用。

4.1　NumPy库

NumPy是一个开源的Python数据分析和科学计算库。NumPy是Pandas（数据分析）、SciPy（科学计算）和Matplotlib（绘图库）的基础。

4.1.1　为什么选择NumPy

选择NumPy的原因如下。

（1）代码易读、整洁：Python是一种简洁、易读的编程语言，而NumPy库通过提供向量化操作和广播机制，使代码更加简洁、易读。这种简洁性可以提高代码的可读性和可维护性，并降低编程错误的可能性。

（2）底层速度快：NumPy底层使用C语言实现，通过优化的数组操作和算法，提供高性能的计算能力。与纯Python代码相比，使用NumPy进行数值计算通常更快，特别是当处理大规模数据集时。

（3）高效的数据结构：NumPy提供多维数组对象（ndarray），与Python内置的数据结构（如列表）相比，它在存储和访问数据方面更高效。NumPy的数组操作和切片操作比传统的迭代操作更快，这对于处理大量数据和执行复杂计算任务非常重要。

（4）高维度数组与矩阵运算：NumPy针对高维度数组和矩阵运算进行了优化。它提供丰富的数学函数和运算符，支持常见的线性代数操作、数组的逻辑运算、元素级别的数学运算等。这使NumPy成为进行科学计算、数据分析和建模的理想工具。

（5）丰富的数学函数库：NumPy提供大量的数学函数，包括基本的算术运算、三角函数、指数函数、对数函数、统计函数等。这些函数对于处理数组中的元素、进行数值计算和科学计算非常有用，使数据分析和科学计算变得更加方便和高效。

总的来说，选择NumPy的主要原因是它提供高性能的数据容器和数值运算能力，通过底层优化实现快速的数组操作。

同时，NumPy也与其他科学计算库无缝整合，构建了一个完整的科学计算环境。这使NumPy成为Python数据分析和科学计算的核心工具之一。

4.1.2 安装NumPy库

安装NumPy库可以使用pip工具，安装过程如图4-1所示。

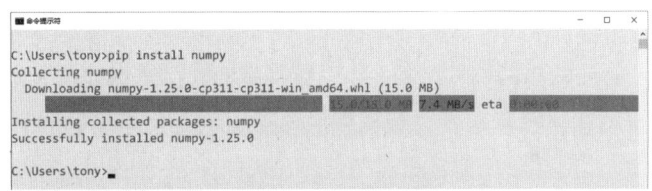

图 4-1　安装NumPy库过程

4.2 创建数组

NumPy库中最重要的数据结构是多维数组（ndarray），它是一系列同类型数据的集合，下标索引从0开始。ndarray中的每个元素在内存中都有相同存储大小的区域。

4.2.1 创建一维数组

ndarray可以创建多维数组，但是为了便于掌握，本小节我们先介绍如何创建一维数组。

创建一维数组的示例代码如下。

```
import numpy as np                    ①
a = np.array([1, 2, 3])               ②
print(a)
```

示例代码运行后，输出结果如下。

```
[1 2 3]
```

代码解释如下。
- 代码第①行导入NumPy库。
- 代码第②行通过array函数创建ndarray对象，其中参数可以是如下类型：
（1）Python列表（list）；

（2）Python 元组（tuple）。

> **提示**
>
> Jupyter Notebook 是交互式的 Python IDE 工具，打印变量可以不使用 print() 函数，而且 Jupyter Notebook 非常适合直接输出 NumPy 的数组对象，打印输出上述示例代码中的 a 数组，如图 4-2 所示。

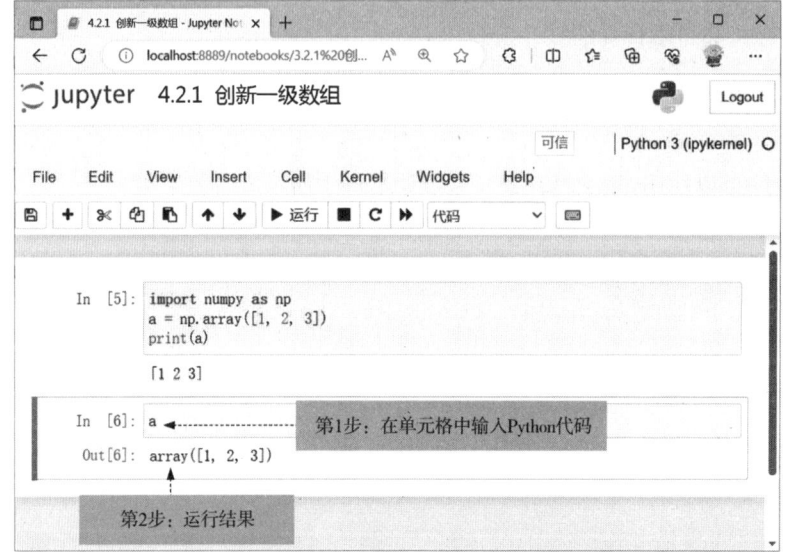

图 4-2 在 Jupyter Notebook 中输出 NumPy 数组

> **注意**
>
> NumPy 数组与 Python 列表的主要区别：数组只能保存相同数据类型，而 Python 列表可以是任何类型。

4.2.2 指定数组数据类型

在创建数组时可以指定数组类型，示例代码如下。

```
import numpy as np
# 使用 dtype 参数指定数组类型
b = np.array((1, 2, 3, 4), dtype=float)            ①
print(b)
print(b.dtype)
```

示例代码运行后，输出结果如下。

```
[1. 2. 3. 4.]
float64
```

代码解释如下。

- 代码第①行创建数组时，使用dtype参数指定数组类型。

4.2.3 创建一维数组更多方式

使用array()函数是将Python内置的列表或元组转换为NumPy数组对象，这样做效率不高。为此NumPy提供很多创建数组的函数，如下几个函数可以创建NumPy数组对象。

（1）arange；
（2）linspace（线性等分向量）；
（3）logspace（对数等分向量）。

> **提示**
>
> 在科学计算中会遇到标量、向量（矢量）、矩阵和张量等概念，它们之间的区别如下。
>
> （1）标量（Scalar）：标量是最基本的数学对象，它表示一个单独的数值，没有方向或大小。标量只有一个数值，可以是实数或复数，例如，温度、时间、价格等。标量通常用小写字母表示，如a、b、c等。
>
> （2）向量（矢量）（Vector）：向量是由一组有序排列的标量组成的对象。它具有方向和大小，并且可以表示为空间中的一条有向线段。向量通常用加粗的小写字母表示，如v、w、x等。向量可以是一维（列向量）或二维（行向量），具体取决于表示方式。
>
> （3）矩阵（Matrix）：矩阵是由一组按照二维表格形式排列的标量组成的对象。它具有行和列，并且可以表示为一个矩形的数学对象。矩阵通常用大写字母表示，如A、B、C等。矩阵的元素可以是实数或复数。
>
> （4）张量（Tensor）：张量是一个多维数组，可以看作标量、向量和矩阵的推广。它是具有更高维度的数学对象，可以具有任意数量的维度。张量通常用大写字母表示，如T、S、R等。在机器学习和深度学习领域，张量常用于表示多维数据，如图像数据、文本数据等。

4.2.4 使用arange函数

在NumPy中使用arange函数创建数值范围并返回数组对象，与Python中的range函数类似。arange函数语法格式如下。

```
numpy.arange([start, ]stop, [step, ] dtype=None)
```

参数说明如下。
- start是开始值，可以省略，默认值为0，包含开始值。
- stop是结束值，不包含stop的值。
- step是步长，默认值为1。
- dtype是数组元素类型。

> **注意**
>
> start ≤ 数组元素 < stop，步长step可以为负数，可以创建递减序列。

使用arange函数的示例代码如下。

```
import numpy as np
a = np.arange(10)                                ①
print(a)
b = np.arange(1, 10, 2)                          ②
print(b)
c = np.arange(1, -10, -3)                        ③
print(c)
d = np.arange(1, -10, -1 , dtype=float)          ④
print(d)
print(d.dtype)
```

示例代码运行后，输出结果如下。

```
[0 1 2 3 4 5 6 7 8 9]
[1 3 5 7 9]
[ 1 -2 -5 -8]
[ 1.  0. -1. -2. -3. -4. -5. -6. -7. -8. -9.]
float64
```

代码解释如下。

- 代码第①行使用arange()函数创建一个包含从0到9的整数序列的一维数组。
- 代码第②行使用arange()函数创建一个包含从1到9的整数序列的一维数组，参数起始值是1，终止值是10（不包括），步长是2。所以，生成的数组包含1、3、5、7、9这些整数。
- 代码第③行使用arange()函数创建一个包含从1到-10的整数序列的一维数组，这个函数的参数依次是起始值、终止值（不包括）、步长。在这里，起始值是1，终止值是-10（不包括），步长是-3。所以，生成的数组包含1、-2、-5、-8这些整数。
- 代码第④行使用NumPy的arange()函数创建一个包含从1到-10的整数序列的一维数组，这个函数的参数依次是起始值、终止值（不包括）、步长，还有一个可选的参数dtype用于指定数组的数据类型。在这里，起始值是1，终止值是-10（不包括），步长是-1，数据类型被指定为浮点数（float）。所以，生成的数组包含1.0、0.0、-1.0、-2.0、-3.0、-4.0、-5.0、-6.0、-7.0、-8.0、-9.0这些浮点数。

4.2.5 等差数列与linspace函数

linspace（线性等分向量）函数创建等差数列，语法格式如下。

```
numpy.linspace(start, stop, num=50, endpoint=True, retstep=False,
dtype=None)
```

参数说明如下。
- start：起始值，表示数组的第一个元素。
- stop：终止值，表示数组的最后一个元素。
- num：要生成的元素个数，默认为50。
- endpoint：布尔值，控制是否包括终止值。如果为True（默认值），则结果数组包括终止值；如果为False，则结果数组不包括终止值。
- retstep：布尔值，控制是否返回步长信息。如果为False（默认值），则只返回数组；如果为True，则返回一个元组，其中包含数组和步长信息。
- dtype：可选参数，指定结果数组的数据类型。

使用linspace函数的示例代码如下。

```
import numpy as np
a = np.linspace(0, 10, 10)                                    ①
print(a)
b = np.linspace(0, 10, 10, endpoint=False)                    ②
print(b)
c = np.linspace(0, 10, 10,endpoint=False, retstep=True)       ③
print(c)
mystep = c[1]                                                 ④
print("步长 =", mystep)
```

示例代码运行后，输出结果如下。

```
0.  1.11111111  2.22222222  3.33333333  4.44444444  5.55555556
  6.66666667  7.77777778  8.88888889 10.        ]
[0. 1. 2. 3. 4. 5. 6. 7. 8. 9.]
(array([0., 1., 2., 3., 4., 5., 6., 7., 8., 9.]), 1.0)
步长 = 1.0
```

代码解释如下。
- 代码第①行使用NumPy的linspace()函数创建一个包含从0到10的等间隔的一维数组，共有10个元素。这个函数的参数依次是起始值、终止值、要生成的元素个数。在这里，起始值是0，终止值是10（包括），要生成10个元素。
- 代码第②行使用linspace()函数创建一个包含从0到10的等间隔的一维数组，共有10个元素，这里额外指定了endpoint=False参数，表示不包括终止值。所以，生成的数组包含0、1、2...8、9这些元素，不包括10。
- 代码第③行使用linspace()函数创建一个包含从0到10的等间隔的一维数组，共有10个元素，除了之前的参数外，还指定了endpoint=False参数，表示不包括终止值，并且指定了retstep=True参数，用于返回步长信息。所以，生成的数组包含0、1、2...8、9这些元素，不包括 10，同时返回一个元组，其中包含数组和步长信息。
- 代码第④行 "mystep = c[1]" 从元组 c 中获取索引为 1 的元素，即步长信息，并将其赋值给变量 mystep。

4.2.6 等比数列与 logspace 函数

logspace（对数等分向量）函数创建等比数列，语法格式如下。

```
numpy.logspace(start, stop, num=50, endpoint=True, base=10.0, dtype=None)
```

参数说明如下。
- start：起始值，表示对数刻度的最小值。
- stop：终止值，表示对数刻度的最大值。
- num：要生成的元素个数，默认为 50。
- endpoint：布尔值，控制是否包括终止值。如果为 True（默认值），则结果数组包括终止值；如果为 False，则结果数组不包括终止值。
- base：对数的底数，默认为 10.0。
- dtype：可选参数，指定结果数组的数据类型。

使用 logspace 函数的示例代码如下。

```
import numpy as np
a = np.logspace(0, 9, 10)                              ①
print(a)
b = np.logspace(0, 10, 10, endpoint=False)             ②
print(b)
c = np.logspace(0, 9, 10, base=2)                      ③
print(c)
```

示例代码运行后，输出结果如下。

```
[1.e+00 1.e+01 1.e+02 1.e+03 1.e+04 1.e+05 1.e+06 1.e+07 1.e+08 1.e+09]
[1.e+00 1.e+01 1.e+02 1.e+03 1.e+04 1.e+05 1.e+06 1.e+07 1.e+08 1.e+09]
[  1.   2.   4.   8.  16.  32.  64. 128. 256. 512.]
```

代码解释如下。
- 代码第①行使用 logspace() 函数创建一个以对数刻度均匀分布的一维数组。起始值为 10 的 0 次方（1），终止值为 10 的 9 次方（1e9），生成 10 个元素。
- 代码第②行使用 logspace() 函数创建一个以对数刻度均匀分布的一维数组。起始值为 10 的 0 次方（1），终止值为 10 的 10 次方（1e10），生成 10 个元素，并将结果赋值给变量 b。由于指定了 endpoint=False，所以结果数组不包括终止值 1e10。

- 代码第③行使用np.logspace()函数创建一个以对数刻度均匀分布的一维数组。起始值为2的0次方(1)，终止值为2的9次方(512)，生成10个元素，并将结果赋值给变量c。指定了base=2，所以生成的数组是以2为底的对数刻度均匀分布的数组。

4.3 二维数组

二维数组是指具有两个维度的数组，也称为矩阵，图4-3所示的是一个二维数组。

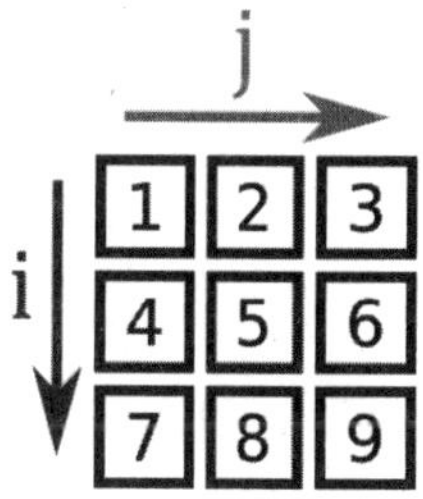

创建二维数组

在NumPy中，可以使用多种方法创建二维数组，以下是一些常用的方法。

图4-3 二维数组

1. 使用列表嵌套

可以使用Python的列表嵌套表示二维数组，每个内部列表表示矩阵的一行。

使用列表嵌套创建二维数组的示例代码如下。

```
import numpy as np
L = [[1,2,3], [4,5,6], [7,8,9]]
a = np.array(L)   # 嵌套列表创建ndarray数组
print(a)
print(a.dtype)
```

示例代码运行后，输出结果如下。

```
[[1 2 3]
 [4 5 6]
 [7 8 9]]
int32
```

2. 使用 reshape() 函数

NumPy的reshape()函数可以使用一维数组创建一个新的二维数组，并指定其形状。

> 💡 **提示**
> 数组的shape属性是数组的形状，返回值是一个元组，例如形状(3,3)数组，表示数组有3行和3列。

使用reshape()函数创建二维数组的示例代码如下。

```
import numpy as np
d = np.arange(1, 10)
```

```
print(d)
print("d 的形状:", d.shape)
dd = d.reshape((3, 3))  # 从一维到二维
print(dd)
print("dd 的形状:", dd.shape)
```

示例代码运行后,输出结果如下。

```
[1 2 3 4 5 6 7 8 9]
d 的形状: (9,)
[[1 2 3]
 [4 5 6]
 [7 8 9]]
dd 的形状: (3, 3)
```

4.4 创建二维数组更多方式

在 NumPy 中,除了之前提到的创建二维数组的方法外,还有一些其他函数可以用来创建多维数组。以下是一些常用的函数:

(1) ones;
(2) zeros;
(3) empty;
(4) full;
(5) eye;
(6) identity。

4.4.1 使用ones函数

ones 函数可以根据指定的形状和数据类型生成全为 1 的数组,语法格式如下。

```
numpy.ones(shape, dtype=None)
```

使用 ones 函数的示例代码如下。

```
import numpy as np
a = np.ones((2, 3))
print(a)
print(a.dtype)
b = np.ones((2, 3), dtype=float)
print(b)
```

```
print(b.dtype)
```

示例代码运行后,输出结果如下。

```
[[1. 1. 1.]
 [1. 1. 1.]]
float64
[[1. 1. 1.]
 [1. 1. 1.]]
float64
```

4.4.2 使用zeros函数

zeros 函数可以根据指定的形状和数据类型生成全为 0 的数组,语法格式如下。

```
numpy.zeros(shape, dtype=float)
```

使用 zeros 函数的示例代码如下。

```
import numpy as np
a = np.zeros((2, 3))
print(a)
print(a.dtype)

b = np.zeros((2, 3), dtype= float)
print(b)
print(b.dtype)
```

示例代码运行后,输出结果如下。

```
[[0. 0. 0.]
 [0. 0. 0.]]
float64
[[0. 0. 0.]
 [0. 0. 0.]]
float64
```

4.4.3 使用empty函数

empty 函数可以根据指定的形状和数据类型生成数组,其中的值没有初始化,语法格式如下。

```
numpy.empty(shape, dtype=float)
```

使用empty函数的示例代码如下。

```
import numpy as np
e = np.empty([2, 2])
print(e)
print(e.dtype)

f = np.empty((2, 2), dtype=float)
print(f)
print(f.dtype)
```

示例代码运行后，输出结果如下。

```
[[9.90263869e+067 8.01304531e+262]
 [2.60799828e-310 0.00000000e+000]]
float64
[[9.90263869e+067 8.01304531e+262]
 [2.60799828e-310 0.00000000e+000]]
float64
```

> **提示**
> empty()函数会返回一块未初始化的内存空间，将其作为数组的存储区域，而该内存空间的内容是未定义的。由于未初始化，这些值可能是之前存储在该内存块中的数据，也可能是随机值，取决于内存块的状态。

4.4.4 使用full函数

full函数可以根据指定的形状和数据类型生成数组，并用指定数组填充，语法格式如下。

```
numpy.full(shape, fill_value, dtype=None)
```

使用full函数的示例代码如下。

```
import numpy as np
a = np.full((2, 4), 10)
print(a)
print(a.dtype)
b = np.full((2, 4), 10, dtype=float)
print(b)
print(b.dtype)
c = np.full(5, 10)
print(c)
print(c.dtype)
```

示例代码运行后，输出结果如下。

```
[[10 10 10 10]
 [10 10 10 10]]
int32
[[10. 10. 10. 10.]
 [10. 10. 10. 10.]]
float64
[10 10 10 10 10]
int32
```

4.4.5 使用identity函数

identity 函数可以创建单位矩阵，即：对角线元素为 1.0，其他元素为 0.0，语法格式如下。

```
numpy.identity(n, dtype=None)
```

1	0	0
0	1	0
0	0	1

图 4-4　三阶单位矩阵

图 4-4 所示的是一个三阶单位矩阵。

使用 identity 函数的示例代码如下。

```
import numpy as np
a = np.identity(3)
print(a)
print(a.dtype)
b = np.eye(3)
print(b)
print(b.dtype)
```

示例代码运行后，输出结果如下。

```
[[1. 0. 0.]
 [0. 1. 0.]
 [0. 0. 1.]]
float64
[[1. 0. 0.]
 [0. 1. 0.]
 [0. 0. 1.]]
float64
```

4.4.6 使用eye函数

eye函数可以创建二维数组，对角线元素为1.0，其他元素为0.0，语法格式如下。

```
numpy.eye(N, M=None, k=0, dtype=float)
```

参数说明如下。
- N：指定单位矩阵的行数。
- M：（可选）指定单位矩阵的列数。默认情况下，M与N相等。
- k：（可选）指定对角线的偏移量。默认值为0，表示主对角线。正值表示位于主对角线上方的对角线，负值表示位于主对角线下方的对角线。
- dtype：（可选）指定数组的数据类型。默认为float。

使用eye函数的示例代码如下。

```
import numpy as np
c = np.eye(3,4)
print(c)
print(c.dtype)

d = np.eye(3, 4, k=1)
print(d)
print(d.dtype)

e = np.eye(3, 4, k=1, dtype=float)
print(e)
print(e.dtype)
```

示例代码运行后，输出结果如下。

```
[[1. 0. 0. 0.]
 [0. 1. 0. 0.]
 [0. 0. 1. 0.]]
float64
[[0. 1. 0. 0.]
 [0. 0. 1. 0.]
 [0. 0. 0. 1.]]
float64
[[0. 1. 0. 0.]
 [0. 0. 1. 0.]
 [0. 0. 0. 1.]]
float64
```

4.5 数组的属性

在 NumPy 中，数组对象具有许多属性，这些属性提供有关数组的信息。以下是一些常用的数组属性。

- ndim：数组的维度数。
- shape：数组的形状，即每个维度的大小。
- size：数组中元素的总数。
- dtype：数组中元素的数据类型。
- itemsize：数组中每个元素的字节大小。
- nbytes：数组占用的总字节数。

以下是示例代码，展示如何使用这些属性。

```
import numpy as np

arr = np.array([[1, 2, 3], [4, 5, 6]])

print("数组的维度数: ", arr.ndim)
print("数组的形状: ", arr.shape)
print("数组中元素的总数: ", arr.size)
print("数组中元素的数据类型: ", arr.dtype)
print("数组中每个元素的字节大小: ", arr.itemsize)
print("数组占用的总字节数: ", arr.nbytes)
```

示例代码运行后，输出结果如下。

```
数组的维度数: 2
数组的形状: (2, 3)
数组中元素的总数: 6
数组中元素的数据类型: int32
数组中每个元素的字节大小: 4
数组占用的总字节数: 24
```

4.6 数组的轴

在 NumPy 中，轴（axis）是指数组的维度。在一个二维数组中，第一个轴是行轴（axis 0），第二个轴是列轴（axis 1）。对于更高维的数组，每多一个新的轴会增加一个维度。

图 4-5 所示的是二维数组的轴。

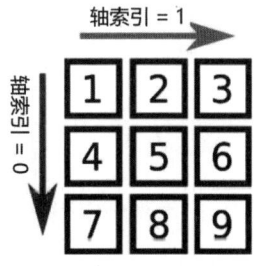

图 4-5 二维数组的轴

4.7 三维数组

三维数组是具有三个轴的数组。每个轴都可以看作数组的一个维度。在NumPy中，可以使用多种方式创建三维数组，包括使用NumPy函数和从其他数据结构转换。

创建三维数组的示例代码如下。

```
import numpy as np
# 创建三维数组
a3 = np.array([[[10, 11, 12], [13, 14, 15], [16, 17, 18]],
               [[20, 21, 22], [23, 24, 25], [26, 27, 28]],
               [[30, 31, 32], [33, 34, 35], [36, 37, 38]]])
print(a3)
```

示例代码运行后，输出结果如下。

```
[[[10 11 12]
  [13 14 15]
  [16 17 18]]

 [[20 21 22]
  [23 24 25]
  [26 27 28]]

 [[30 31 32]
  [33 34 35]
  [36 37 38]]]
```

示例代码中三维数组a3的轴如图4-6所示。

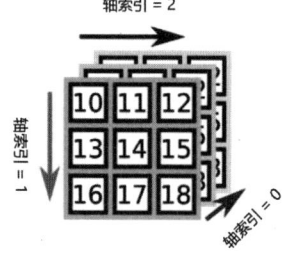

图4-6 三维数组的轴

4.8 访问数组

访问数组元素是指通过索引或切片操作获取数组中特定位置的值。在NumPy中，可以使用不同的方式访问数组元素，包括基本索引、切片操作和花式索引。

4.8.1 索引访问

1. 一维数组索引访问

NumPy一维数组索引访问与Python内置序列类型索引访问一样，使用中括号+下标（[index]）。

图 4-7 所示的是数组 a 的索引，索引分为以下两种。

（1）正向索引：正向索引是从数组的起始位置开始的索引。它从 0 开始，并按照递增顺序指定元素的位置。例如，a[0] 表示数组的第一个元素，a[1] 表示数组的第二个元素，以此类推。

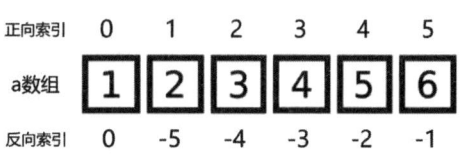

图 4-7　一维数组索引

（2）反向索引：反向索引是从数组的末尾位置开始的索引。它从 -1 开始，并按照递减顺序指定元素的位置。例如，a[-1] 表示数组的最后一个元素，a[-2] 表示倒数第二个元素，以此类推。

一维数组索引访问的示例代码如下。

```
import numpy as np
a = np.array([1, 2, 3, 4, 5, 6])
print(a[5])
print(a[-1])
```

示例代码运行后，输出结果如下。

```
6
6
```

2. 二维数组索引访问

二维数组索引访问有两种表达式，语法如下。

表达式 1：np.array[所在 0 轴索引][所在 1 轴索引]...[所在 n-1 轴索引]
表达式 2：np.array[所在 0 轴索引，所在 1 轴索引，...，所在 n-1 轴索引]

这两种表达式实际上是等价的，它们都用于按照指定的轴索引访问多维数组的元素。
下面是示例代码，演示如何使用这两种表达式进行多维数组的索引访问。

```
import numpy as np
arr = np.array([[1, 2, 3],
                [4, 5, 6],
                [7, 8, 9]])

# 使用表达式 1 进行索引访问
print(" 表达式 1: ")
print(" 第一行第二列元素：", arr[0][1])   # 输出：2
print(" 第三行第三列元素：", arr[2][2])   # 输出：9

# 使用表达式 2 进行索引访问
print(" 表达式 2: ")
print(" 第一行第二列元素：", arr[0, 1])   # 输出：2
```

```
print("第三行第三列元素：", arr[2, 2])    # 输出：9
```

在上述示例代码中，我们使用表达式 1 和表达式 2 访问二维数组中的元素。无论是使用嵌套的索引表达式，还是使用逗号分隔的索引表达式，都可以达到相同的结果。请注意，索引值仍然是从 0 开始计数的。

4.8.2 切片访问

切片是一种在数组中访问连续元素范围的方法。在 NumPy 中，可以使用切片访问数组的子集。

1. 一维数组切片访问

NumPy 一维数组切片操作与 Python 内置序列切片操作一样。切片运算有两种形式，具体如下。

（1）[start:end]：start 是开始索引，end 是结束索引。

（2）[start:end:step]：start 是开始索引，end 是结束索引，step 是步长，步长是在切片时获取元素的间隔。步长可以为正整数，也可以为负整数。

> **注意**
>
> 切片包括 start 位置元素，但不包括 end 位置元素，start 和 end 都可以省略。

一维数组切片访问的示例代码如下。

```
import numpy as np

arr = np.array([1, 2, 3, 4, 5, 6])

# 切片访问一维数组
print("一维数组切片访问：")
print(arr[2:5])           # 输出：[3, 4, 5]
print(arr[:4])            # 输出：[1, 2, 3, 4]
print(arr[2:])            # 输出：[3, 4, 5, 6]
print(arr[::2])           # 输出：[1, 3, 5]
print(arr[::-1])          # 输出：[6, 5, 4, 3, 2, 1]
```

示例代码运行后，输出结果如下。

```
一维数组切片访问：
[3 4 5]
[1 2 3 4]
[3 4 5 6]
[1 3 5]
[6 5 4 3 2 1]
```

在上述示例代码中，我们使用切片操作对一维数组进行访问。以下是每个切片的含义。

- arr[2:5] 表示从索引 2 到索引 5 之前的元素，即索引 2、3、4 对应的元素。
- arr[:4] 表示从数组的起始位置到索引 4 之前的元素，即索引 0、1、2、3 对应的元素。
- arr[2:] 表示从索引 2 到数组的末尾位置的元素，即索引 2、3、4、5 对应的元素。
- arr[::2] 表示从数组的起始位置到末尾位置，以步长 2 访问元素，即索引 0、2、4 对应的元素。
- arr[::-1] 表示逆序访问整个数组，即反向获取所有元素。

通过使用不同的切片参数，我们可以选择性地访问一维数组中的子集，并以不同的方式进行切片操作。

 注意

切片是左闭右开区间，即不包含结束索引对应的元素。

2. 二维数组切片访问

二维数组切片访问是指通过切片操作获取二维数组的子集。多维数组切片访问使用逗号分隔的切片表达式指定每个轴上的切片范围，多维数组切片访问的表达式如下。

```
np.array[所在 0 轴切片，所在 1 轴切片,..., 所在 n-1 轴切片 ]
```

二维数组切片访问的示例代码如下。

```
import numpy as np

arr = np.array([[1, 2, 3],
                [4, 5, 6],
                [7, 8, 9]])

# 多维数组切片访问
print("多维数组切片访问: ")
print(arr[1:3, 0:2])          # 输出：[[4, 5], [7, 8]]
print(arr[:2, 1:])             # 输出：[[2, 3], [5, 6]]
print(arr[::2, ::2])           # 输出：[[1, 3], [7, 9]]
```

示例代码运行后，输出结果如下。

```
多维数组切片访问:
[[4 5]
 [7 8]]
[[2 3]
 [5 6]]
[[1 3]
 [7 9]]
```

在上述示例代码中，我们使用切片操作对二维数组进行多维切片访问。根据切片表达式的位置，

我们分别在第 0 轴和第 1 轴上进行切片。每个切片表达式都可以包含起始索引、结束索引和步长，以选择性地访问数组的子集。

4.8.3 花式索引

花式索引是一种将整数列表或整数数组作为索引的方法，用于从数组中选择特定的元素或子集。使用花式索引的一般步骤如下。

（1）创建一个整数列表或整数数组，指定要选择的元素的索引。

（2）将整数列表或整数数组作为索引应用于原始数组，以获取相应的元素或子集。

使用花式索引的示例代码如下。

```
import numpy as np
arr = np.array([1, 2, 3, 4, 5])
# 使用花式索引选择指定位置的元素
indices = [1, 3]
selected_arr = arr[indices]
print("原始数组: ", arr)
print("花式索引: ", indices)
print("选择的元素: ", selected_arr)
```

示例代码运行后，输出结果如下。

```
原始数组:  [1 2 3 4 5]
花式索引:  [1, 3]
选择的元素:  [2 4]
```

在上述示例代码中，我们创建了一个整数列表 indices，其中包含要选择的元素的索引。然后，我们将整数列表 indices 作为索引应用于原始数组 arr，从而获取指定位置的元素。在输出中，可以看到原始数组、花式索引和选择的元素。

花式索引可以用于一维数组和多维数组，提供一种灵活的方式选择数组中的元素或子集。可以将单个整数、整数列表、整数数组或布尔数组作为花式索引满足不同的选择需求。

4.9 本章总结

本章介绍了选择使用 NumPy 库的原因，强调其强大的数组操作功能。展示了如何安装 NumPy 库。详细探讨了一维数组的创建方式，包括使用 Python 列表、元组、arange、linspace 和 logspace。介绍了二维数组的创建。讨论了数组的属性和轴的概念，如形状、维度和元素类型，以及索引、切片和花式索引的访问方式。总结了 NumPy 库作为金融数据分析基础的重要性，以及其提供的丰富的数组操作和数值计算功能。

第 5 章

金融大数据分析库：Pandas

Pandas是一个强大的Python库，专门用于数据分析和处理。它提供高性能、易用的数据结构和数据分析工具，是金融大数据分析中常用的库之一。以下是关于Pandas的一些重要特点和功能。

（1）数据结构：Pandas提供两种主要的数据结构，即Series和DataFrame。Series是一维标签数组，类似于带标签的数组或列表。DataFrame是二维表格数据结构，可以理解为一张表，其中包含多个具有不同数据类型的列。这些数据结构提供灵活、高效的数据处理能力。

（2）数据读取和写入：Pandas支持从多种数据源（如CSV、Excel、数据库等）读取数据，并且可以将处理后的数据写入这些数据源。它提供丰富的函数和方法加载、解析和保存数据。

（3）数据清洗和处理：Pandas提供一套强大的工具来清洗和处理数据。它可以处理缺失值、重复数据、异常值等数据质量问题，并提供函数和方法进行数据转换、合并、分组、排序等操作。

（4）数据分析和统计：Pandas提供丰富的统计分析功能，包括描述性统计、聚合计算、滚动窗口统计等。它可以轻松地进行数据切片、筛选和计算，以快速生成洞察和摘要统计。

（5）时间序列分析：Pandas在处理时间序列数据方面非常强大。它提供易于使用的日期和时间功能，可以进行时间索引、重采样、滞后计算、移动窗口等时间序列操作。

（6）数据可视化：Pandas结合了Matplotlib库，可以进行灵活的数据可视化。它提供绘制线图、柱状图、散点图等常见图表的函数和方法，使数据的可视化变得简单而直观。

5.1 Pandas库介绍

Pandas是一个开源的数据分析和数据处理库，它建立在NumPy之上，为Python提供高效、灵活和易用的数据结构和数据分析工具。

Pandas的主要数据结构是两个核心对象：Series和DataFrame。

（1）Series是一个一维标记数组，可以存储任意类型的数据，并且具有与之相关的索引。它类似于带标签的数组或字典，可以通过索引访问和操作数据。

（2）DataFrame是一个二维表格数据结构，可以存储多种类型的数据，并且具有行索引和列索引。它类似于电子表格或关系型数据库中的表格，提供丰富的数据操作和处理功能。

5.1.1 为什么选择Pandas

选择Pandas的原因如下。

（1）Python可以写出易读、整洁并且缺陷最少的代码：Pandas提供简洁且一致的API，使数据处理和分析的代码易读性高。它的设计目标是提供简洁的语法和函数，以减少代码的复杂性和错误。

（2）快速高效的Series和DataFrame数据结构：Pandas的核心数据结构是Series和DataFrame，它们能够高效地存储和处理数据。Series适用于一维数据，DataFrame适用于二维表格数据，它们提供丰富的功能和灵活的操作方式。

（3）基于NumPy和C语言实现高性能：Pandas的数据结构底层基于NumPy数组，NumPy底层是用C语言实现的，因此Pandas具有高性能和快速的计算能力。

（4）支持多种数据格式的加载：Pandas可以加载来自不同文件格式（如CSV、Excel、SQL数据库等）的数据，可以方便地将数据加载到内存中进行处理和分析。

（5）可以处理数据对齐和缺失数据：Pandas提供灵活的数据对齐和处理缺失数据的功能。它能够自动对齐不同索引的数据，并提供多种方法处理缺失数据。

5.1.2 安装Pandas库

安装Pandas库可以使用pip工具，安装过程如图 5-1 所示。

```
C:\Users\tony>pip install Pandas
Collecting Pandas
  Downloading pandas-2.0.2-cp311-cp311-win_amd64.whl (10.6 MB)
     10.6/10.6 MB 9.3 MB/s eta 0:00:00
Requirement already satisfied: python-dateutil>=2.8.2 in c:\users\tony\appdat
a\local\programs\python\python311\lib\site-packages (from Pandas) (2.8.2)
Collecting pytz>=2020.1 (from Pandas)
  Using cached pytz-2023.3-py2.py3-none-any.whl (502 kB)
Collecting tzdata>=2022.1 (from Pandas)
  Using cached tzdata-2023.3-py2.py3-none-any.whl (341 kB)
Requirement already satisfied: numpy>=1.21.0 in c:\users\tony\appdata\local\p
rograms\python\python311\lib\site-packages (from Pandas) (1.25.0)
Requirement already satisfied: six>=1.5 in c:\users\tony\appdata\local\progra
ms\python\python311\lib\site-packages (from python-dateutil>=2.8.2->Pandas) (
1.16.0)
Installing collected packages: pytz, tzdata, Pandas
Successfully installed Pandas-2.0.2 pytz-2023.3 tzdata-2023.3
```

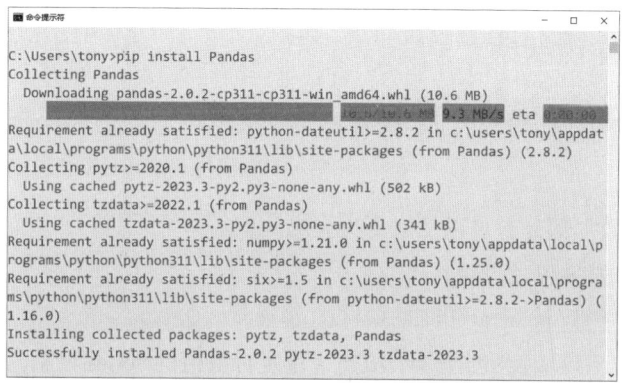

图 5-1　安装Pandas库过程

5.2 Series数据结构

Series是Pandas库中的一种基本数据结构，它类似于一维数组或列向量，可以存储不同类型的数据，并且每个数据都与一个标签（索引）相关联。

5.2.1 理解Series数据结构

Series数据结构的特点和组成部分如下。

（1）Series结构是一种带有标签的一维数组对象：Series是Pandas库中的一种数据结构，它表示一维数据，类似于数组或列向量。每个数据点都与一个标签（索引）相关联，这使Series在处理数据时更加直观和方便。

（2）能够保存任何数据类型：Series可以保存任何数据类型，包括整数、浮点数、字符串、布尔值等，甚至是Python对象。

（3）由两个数组组成：如图 5-2 所示，一个Series对象由以下两个部分组成。

图 5-2　Series结构

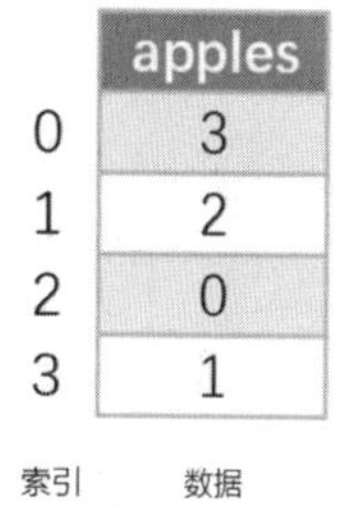

①数据部分：数据部分是一个NumPy的ndarray（NumPy数组）类型，用于存储实际的数据。这意味着Series对象具有NumPy数组的性质，可以对其进行高效的数值计算和

操作。

②数据索引（标签）：数据索引是与数据部分对应的一组标签，用于标识和访问数据。可以将数据索引看作Series的行标签，它提供对数据的命名和定位。通过使用数据索引，可以轻松地访问和操作Series对象中的数据。例如，可以使用索引标签获取特定位置的数据、进行切片操作或根据条件过滤数据。

总而言之，Series数据结构是一种灵活、强大且易于使用的数据类型，它将数据和标签（索引）结合在一起，提供方便的数据处理和操作功能。

5.2.2 创建Series对象

Series构造函数的语法格式如下。

```
pandas.Series(data, index, dtype, ...)
```

参数的解释如下。

- data：Series的数据部分，可以是以下类型之一。

（1）Python列表。例如 [1, 2, 3, 4]。

（2）NumPy数组。例如 np.array([1, 2, 3, 4])。

（3）标量值。例如 5，此时会创建一个填充了重复标量值的Series对象。

（4）字典。字典的键将成为Series的索引，字典的值将成为Series的数据，例如 {'a': 1, 'b': 2, 'c': 3}。

- index（可选）：Series的索引部分，用于标识和访问数据。它可以是以下类型之一。

（1）Python列表或数组。例如 ['a', 'b', 'c', 'd']。

（2）Pandas索引对象（pd.Index）。例如 pd.Index(['a', 'b', 'c', 'd'])。

如果没有显式提供索引参数，Pandas将默认使用整数索引，从0开始递增。

- dtype（可选）：Series的数据类型。可以使用NumPy的数据类型（如 np.int32、np.float64）或Python的数据类型（如 int、float、str）指定数据类型。如果未指定该参数，Pandas将根据数据内容自动推断数据类型。

1. 使用列表创建 Series

使用列表创建Series的示例代码如下。

```
import pandas as pd
apples = pd.Series([3,2,0,1])
print(apples)
```

示例代码运行后，输出结果如下。

```
0    3
1    2
```

```
2    0
3    1
dtype: int64
```

2. 使用 NumPy 数组创建 Series

使用 NumPy 数组创建 Series 的示例代码如下。

```
import pandas as pd
import numpy as np
a = np.array([3,2,0,1])  # 创建 NumPy 数组对象
apples = pd.Series(a)    # 创建 Series 对象
print(apples)
```

示例代码运行后,输出结果如下。

```
0    3
1    2
2    0
3    1
dtype: int32
```

3. 指定索引

我们还可以在创建 Series 对象时指定索引,示例代码如下。

```
import pandas as pd
apples = pd.Series([3,2,0,1], index=['a','b','c','d'])
print(apples)
```

示例代码运行后,输出结果如下。

```
a    3
b    2
c    0
d    1
dtype: int64
```

4. 使用标量创建 Series

使用标量创建 Series 的示例代码如下。

```
import pandas as pd
apples = pd.Series(2, index=['a','b','c','d'])
print(apples)
```

上述代码使用标量值2创建了一个Series对象，其中的数据部分填充了标量值2。还通过index参数指定了索引为['a', 'b', 'c', 'd']。

示例代码运行后，输出结果如下。

```
a    2
b    2
c    2
d    2
dtype: int64
```

5. 使用字典创建Series

使用字典创建Series的示例代码如下。

```
import pandas as pd
data = {'a' : 3, 'b' : 2, 'c' : 0, 'd' : 1}
apples = pd.Series(data)
print(apples)
```

示例代码运行后，输出结果如下。

```
a    3
b    2
c    0
d    1
dtype: int64
```

5.2.3 访问Series数据

在访问Series数据之前，我们先介绍一下Series标签与位置区别。Series的标签和位置如图5-3所示，其中包含两个索引类型：位置（隐式索引）和标签（显式索引）。

下面是关于标签和位置的区别。

（1）标签访问：使用标签引用数据时，通过指定标签访问相应的数据。标签可以是字符串或其他可哈希的类型。例如，对于一个Series对象s，可以使用s['label']获取标签为"label"的数据。

（2）位置访问：使用位置引用数据时，通过指定数据在Series中的位置（索引）访问相应的数据。位置是基于0的整数索引，表示数据在Series中的位置顺序。例如，对于一个Series对象s，可以使用s[0]获取第一个位置的数据。

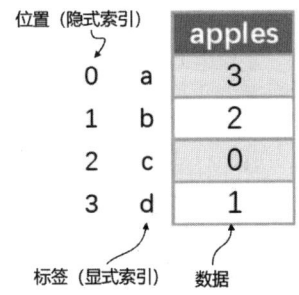

图5-3 标签和位置

5.2.4 通过下标访问Series数据

通过下标访问Series数据，具体可以分为：(1)标签下标；(2)位置下标。下面我们分别介绍一下。

1. 通过标签下标访问 Series 数据

通过标签下标访问Series数据的示例代码如下。

```
import pandas as pd
data = {'a' : 3, 'b' : 2, 'c' : 0, 'd' : 1}
apples = pd.Series(data)
# 通过标签下标访问数据
print(apples['a'])
```

示例代码运行后，输出结果如下。

```
3
```

2. 通过位置下标访问 Series 数据

通过位置下标访问Series数据的示例代码如下。

```
import pandas as pd
data = {'a' : 3, 'b' : 2, 'c' : 0, 'd' : 1}
apples = pd.Series(data)
# 通过位置下标访问数据
print(apples[0])
```

示例代码运行后，输出结果如下。

```
3
```

5.2.5 通过切片访问Series数据

通过切片访问Series数据，具体可以分为：(1)通过标签切片访问数据；(2)通过位置切片访问数据。下面我们分别介绍一下。

1. 通过标签切片访问 Series 数据

通过标签切片访问Series数据的示例代码如下。

```
import pandas as pd
data = {'a' : 3, 'b' : 2, 'c' : 0, 'd' : 1}
apples = pd.Series(data)
print("------apples['a':'c']-------")
```

```
print(apples['a':'c'])                    ①
print("------apples['a':'d']-------")
print(apples['a':'d'])                    ②
print("------apples[:'d']-------")
print( apples[:'d'])                      ③
```

示例代码运行后,输出结果如下。

```
------apples['a':'c']-------
a    3
b    2
c    0
dtype: int64
------apples['a':'d']-------
a    3
b    2
c    0
d    1
dtype: int64
------apples[:'d']-------
a    3
b    2
c    0
d    1
dtype: int64
```

代码解释如下。

- 代码第①行apples['a':'c']:选择了从标签a到c的数据,包括a、b和c。返回的Series对象包含这个标签切片范围内的数据。图5-4所示的是apples['a':'c']标签切片的操作过程。
- 代码第②行apples['a':'d']:选择了从标签a到d的数据,包括a、b、c和d。返回的Series对象包含这个标签切片范围内的数据。
- 代码第③行apples[:'d']:选择了从起始位置到标签d的数据,包括起始位置的数据和标签为d的数据。返回的Series对象包含这个标签切片范围内的数据。

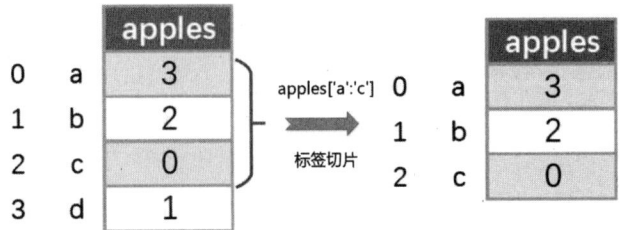

图5-4 apples['a':'c']标签切片操作

2. 通过位置切片访问 Series 数据

通过位置切片访问 Series 数据的示例代码如下。

```
import pandas as pd
data = {'a' : 3, 'b' : 2, 'c' : 0, 'd' : 1}
apples = pd.Series(data)
print("------apples[:3]-------")
print(apples[:3])                            ①
print("------: apples[0:3]-------")
print(apples[0:3])                           ②
```

示例代码运行后，输出结果如下。

```
------apples[:3]-------
a    3
b    2
c    0
dtype: int64
------: apples[0:3]-------
a    3
b    2
c    0
dtype: int64
```

代码解释如下。

- 代码第①行 apples[:3]：选择了从起始位置到位置索引为 2 的数据，包括起始位置的数据和位置索引为 0、1、2 的数据。返回的 Series 对象包含这个位置切片范围内的数据。
- 代码第②行 apples[0:3]：选择了从位置索引为 0 到位置索引为 2 的数据，包括位置索引为 0、1、2 的数据。返回的 Series 对象包含这个位置切片范围内的数据。图 5-5 所示的是 apples[0:3] 位置切片的操作过程。

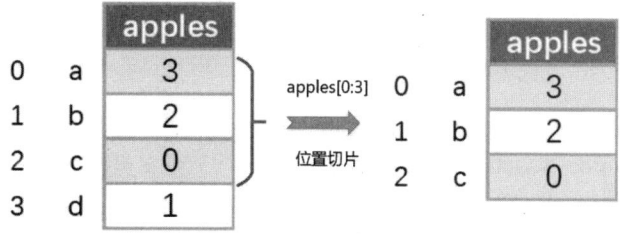

图 5-5　apples[0:3] 位置切片操作

5.3 DataFrame数据结构

DataFrame是一种由多个Series结构构成的二维表格对象，如图5-6所示，类似于电子表格或关系型数据库中的表格。它是Pandas库中最常用的数据结构之一。

DataFrame由多个Series结构构成：DataFrame是由多个列构成的，每一列都是一个Series对象。每个列可以具有不同的数据类型，例如整数、浮点数、字符串等。每个列代表表格中的一种特定类型的数据。

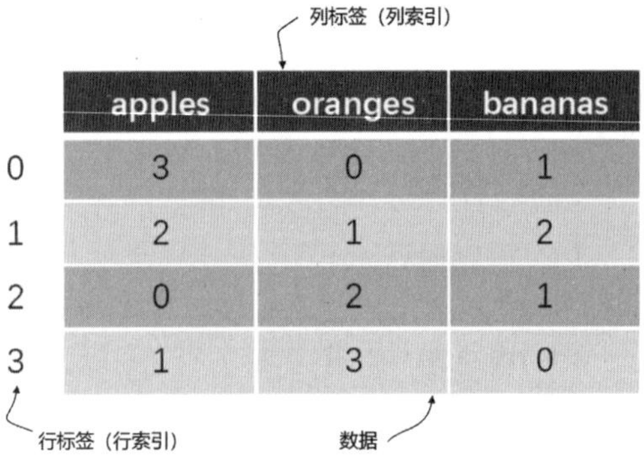

图5-6　DataFrame数据结构

在DataFrame对象中，行和列是带有标签的轴，DataFrame数据结构中的列和行标签的含义如下。

（1）列（列索引）：列是DataFrame中的垂直方向的部分，它代表数据表中的不同属性或变量。在图5-6中，有三列数据：apples、oranges和bananas。每一列都有一个列标签，即列索引。

（2）列标签：列标签是用来唯一标识每一列的标签或名称。在图5-6中，列标签分别是：apples、oranges和bananas。

（3）行标签（行索引）：行标签是DataFrame中的水平方向的部分，它代表数据表中的不同观测或实例。在图5-6中，行标签为0、1、2和3。每一行都有一个行标签，即行索引。

需要注意的是，行标签通常用于标识每一行的唯一性或提供额外的描述信息，而列标签用于标识每一列的含义或属性。通过行标签和列标签，我们可以在DataFrame中引用、访问和操作特定的行和列的数据。

创建DataFrame对象

DataFrame构造函数的语法格式如下。

```
pandas.DataFrame( data, index, columns, dtype, ...)
```

pandas.DataFrame()是用于创建DataFrame对象的构造函数。它接受多个参数来定义DataFrame的数据、行索引、列索引、数据类型等。

常用参数的解释如下。

- data：DataFrame的数据部分。它可以是多种形式的数据，如ndarray、Series、列表、字典等。可以是二维数组、嵌套列表、字典的列表等。
- index：DataFrame的行索引。它定义每一行的标签或名称。默认情况下，行索引是从0开始的整数序列，但可以传递一个指定行索引的参数，如列表、数组等。
- columns：DataFrame的列索引。它定义每一列的标签或名称。默认情况下，列索引是从0开始的整数序列，但可以传递一个指定列索引的参数，如列表、数组等。

- dtype：DataFrame 的数据类型。它可以是 Python 的数据类型（如 int、float、str 等）或 NumPy 的数据类型。如果没有指定，数据类型将根据数据部分自动推断。
- 其他参数：还有其他可选的参数，如 copy（指定是否复制数据，默认为 False）、name（DataFrame 的名称）、index_col（指定用作行索引的列）、header（指定用作列索引的行）等。

1. 使用列表创建 DataFrame 对象

使用列表创建 DataFrame 对象的示例代码如下。

```
import pandas as pd
L =[[3,0,1], [2,1,2], [0,2,1], [1,3,0]]
df = pd.DataFrame(L)                    ①
print(df)
```

示例代码运行后，输出结果如下。

```
   0  1  2
0  3  0  1
1  2  1  2
2  0  2  1
3  1  3  0
```

代码解释如下。

代码第①行通过列表创建 DataFrame 对象，由于没有指定行标签和列标签，所以会采用默认的行标签和列标签，如图 5-7 所示。默认的行标签和列标签，即从 0 开始的整数序列。这就是为什么输出结果中的行标签是 0、1、2、3，列标签是 0、1、2。

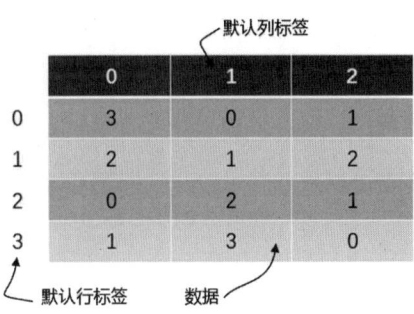

图 5-7 默认行标签和列标签

2. 指定行标签和列标签

在创建表创建 DataFrame 对象时，可以指定行标签和列标签，示例代码如下。

```
import pandas as pd
L =[[3,0,1], [2,1,2], [0,2,1], [1,3,0]]
df1 = pd.DataFrame(L,columns=['apples','oranges','bananas'])    # 指定列标签
print("------df1-------")
print(df1)

df2 = pd.DataFrame(L,
                   columns=['apples','oranges','bananas'],      # 指定列标签
                   index=['June','Robert','Lily','David'])      # 指定行标签
print("------df2-------")
```

```
print(df2)
```

示例代码运行后,输出结果如下。

```
------df1-------
   apples  oranges  bananas
0       3        0        1
1       2        1        2
2       0        2        1
3       1        3        0
------df2-------
        apples  oranges  bananas
June         3        0        1
Robert       2        1        2
Lily         0        2        1
David        1        3        0
```

在上述代码中,创建df1对象时指定了列标签;在创建df2对象时指定了行标签。创建成功的df2对象结果,如图5-8所示。

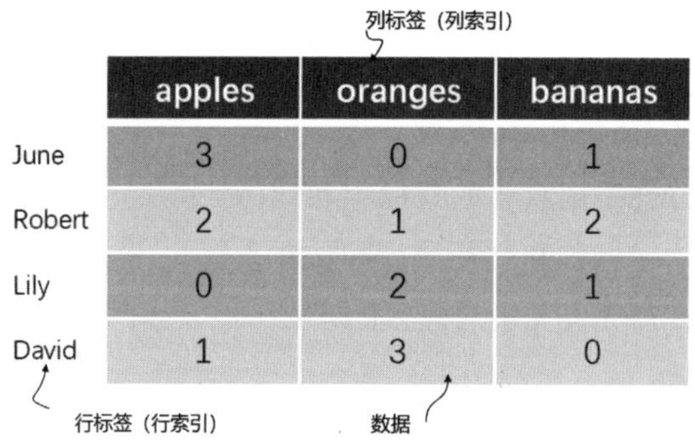

	apples	oranges	bananas
June	3	0	1
Robert	2	1	2
Lily	0	2	1
David	1	3	0

图5-8 df2对象

3. 使用字典创建 DataFrame 对象

使用字典创建DataFrame对象的示例代码如下。

```
import pandas as pd

data ={  'apples': [3, 2, 0, 1],
         'oranges': [0, 1, 2, 3],
         'bananas': [1, 2, 1, 0]
      }

df1 = pd.DataFrame(data)                    # 使用字典创建 DataFrame
print("------df1-------")
```

```
print(df1)

df2 = pd.DataFrame(data, index=['June','Robert','Lily','David'])    # 指定行
标签创建 DataFrame
print("------df2-------")
print(df2)
```

示例代码运行后,输出结果如下。

```
------df1-------
   apples  oranges  bananas
0       3        0        1
1       2        1        2
2       0        2        1
3       1        3        0
------df2-------
        apples  oranges  bananas
June         3        0        1
Robert       2        1        2
Lily         0        2        1
David        1        3        0
```

5.4 访问DataFrame数据

要访问DataFrame结构中的数据,可以使用不同的方法和操作符。以下是几种常见的访问DataFrame的方式:(1)列访问;(2)行访问;(3)切片访问。

下面分别介绍一下。

5.4.1 访问DataFrame列

列访问:可以使用列标签访问DataFrame中的特定列。具体可以使用以下两种方式实现。

(1)使用点操作符:df.column_name,其中column_name是列的标签。

(2)使用下标操作符([]):df['column_name'],其中column_name是列的标签。

访问DataFrame列数据的示例代码如下。

```
import pandas as pd
data = {'apples': [3, 2, 0, 1], 'oranges': [2, 4, 6, 8], 'bananas': [1, 3, 5, 7]}
df = pd.DataFrame(data)
```

```
# 使用点操作符
print(df.apples)
# 使用下标操作符
print(df['apples'])
```

示例代码运行后,输出结果如下。

```
0    3
1    2
2    0
3    1
Name: apples, dtype: int64
0    3
1    2
2    0
3    1
Name: apples, dtype: int64
```

5.4.2 访问DataFrame行

行访问:可以使用行索引访问DataFrame中的特定行。具体可以使用以下方式实现。

(1)使用.loc属性加上行索引:df.loc[row_index],其中row_index是行的标签。
(2)使用.iloc属性加上行的位置索引:df.iloc[row_position],其中row_position是行的位置索引。
访问DataFrame行数据的示例代码如下。

```
import pandas as pd

data = {'apples': [3, 2, 0, 1], 'oranges': [2, 4, 6, 8], 'bananas': [1, 3, 5, 7]}
index = ['A', 'B', 'C', 'D']
df = pd.DataFrame(data, index=index)

# 使用.loc访问行
print(df.loc['A'])

# 使用.iloc访问行
print(df.iloc[0])
```

示例代码运行后,输出结果如下。

```
apples     3
```

```
oranges    2
bananas    1
Name: A, dtype: int64
apples     3
oranges    2
bananas    1
Name: A, dtype: int64
```

5.4.3 切片访问

切片访问：可以使用切片操作访问 DataFrame 中的连续行或列的子集。具体可以使用以下方式实现。

（1）使用 .loc 属性加上行切片：df.loc[start_row:end_row]，其中 start_row 和 end_row 是起始行和结束行的标签。

（2）使用 .iloc 属性加上行的位置切片：df.iloc[start_position:end_position]，其中 start_position 和 end_position 是起始位置和结束位置的索引。

使用切片访问 DataFrame 数据的示例代码如下。

```
import pandas as pd
data = {'apples': [3, 2, 0, 1], 'oranges': [2, 4, 6, 8], 'bananas': [1, 3, 5, 7]}
index = ['A', 'B', 'C', 'D']
df = pd.DataFrame(data, index=index)

# 使用 .loc 切片访问行
print(df.loc['A':'C'])

# 使用 .iloc 切片访问行
print(df.iloc[0:3])

# 使用 .loc 切片访问列
print(df.loc[:, 'apples':'oranges'])

# 使用 .iloc 切片访问列
print(df.iloc[:, 0:2])
```

示例代码运行后，输出结果如下。

```
   apples  oranges  bananas
A       3        2        1
B       2        4        3
```

```
C         0        6        5
       apples  oranges  bananas
A         3        2        1
B         2        4        3
C         0        6        5
       apples  oranges
A         3        2
B         2        4
C         0        6
D         1        8
       apples  oranges
A         3        2
B         2        4
C         0        6
D         1        8
```

5.5 本章总结

本章介绍了选择使用Pandas库的原因,包括其强大的数据处理功能和丰富的数据结构。演示了如何安装Pandas库,讨论了其Series和DataFrame数据结构,涵盖了数据创建、访问和切片的方法。

强调Pandas库作为金融数据分析的工具,提供丰富的数据处理功能,用于清洗、转换和分析金融数据。

第 6 章

金融大数据的预处理与清洗

在金融大数据分析中，数据预处理和清洗是非常重要的步骤。这些步骤旨在准备数据以进行使用。

6.1 数据清洗和预处理

金融大数据预处理与清洗，主要体现在以下几个方面。

（1）错误数据纠正：获取的原始数据中难免会有错误的数据，如价格出现异常跳跃、量能数据出现负值等。这需要进行错误数据检测和纠正，以确保后续分析的数据质量。

（2）空值填充：数据中经常会出现空值缺失的情况，这需要进行空值检测和填充，方法可以选择忽略、平均值填充、回归填充等。

（3）异常值处理：数据中会出现一些极端异常的数据点，这需要进行异常值检测和处理，如剔除或平均值填充等。

（4）数据重复处理：重复数据可能会导致分析结果的偏倚，因此需要处理。

（5）数据类型转换：确保数据的类型与其含义和使用方式相匹配。例如，将字符串类型转换为数值类型、将日期类型转换为标准日期格式等。

（6）数据一致性处理：检查数据中的命名规范、编码方式、单位表示等是否一致，进行必要的调整和转换，以确保数据在分析中具有一致性。

这些仅是数据清洗和预处理过程中的一些常见任务和方法，具体的数据清洗步骤和方法取决于数据的特点、分析目标和业务需求。在进行数据清洗时，可以使用Pandas和NumPy库等，以提高效率和准确性。

6.1.1 使用ChatGPT辅助数据清洗

当使用ChatGPT辅助数据清洗时，可以按照以下步骤进行。

（1）数据理解和问题定义：提供数据集的背景和问题描述，包括数据的来源、格式及需要解决的问题。这将帮助ChatGPT了解任务的上下文。

（2）数据检查和初步分析：提供数据样本或摘要，让ChatGPT了解数据的基本结构和特征。ChatGPT可以帮助我们检查数据的完整性、缺失值、异常值、数据类型等。

（3）选择数据清洗技术和方法：向ChatGPT提出有关数据清洗的问题，如缺失值处理、异常值检测和处理、重复数据处理等。ChatGPT可以解释不同的清洗技术和方法，并提供适用于用户的具体情况的建议。

（4）数据清洗实施：根据ChatGPT的建议和指导，实施数据清洗过程。这可能涉及使用编程语言（如Python）和相应的库（如Pandas）处理数据，执行清洗操作。

（5）数据清洗验证和评估：ChatGPT可以帮助用户验证清洗后的数据，并提供评估指标，以确保数据清洗的有效性和质量。

需要注意的是，ChatGPT 是基于文本的模型，无法直接处理数据。它可以提供理解、解释、建议和指导，但最终的实际执行需要我们在适当的开发环境中完成。

6.1.2 案例1：使用ChatGPT辅助分析股票数据

下面通过具体案例介绍数据清洗过程，我们使用ChatGPT辅助完成这个过程。

案例背景

Tom 是一位金融数据分析师，负责处理股票交易数据。他收到了一份包含股票交易信息的CSV文件“股票数据Test.csv”，使用电子表格工具打开，如图 6-1 所示。文件中存在一些脏数据和异常值，需要进行清洗和预处理，步骤如下。

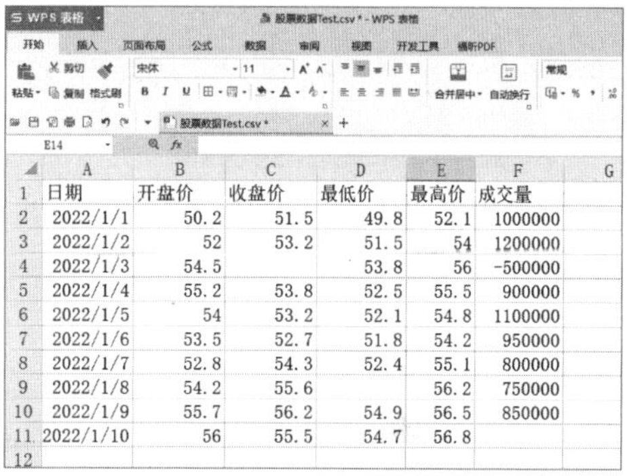

	A	B	C	D	E	F
1	日期	开盘价	收盘价	最低价	最高价	成交量
2	2022/1/1	50.2	51.5	49.8	52.1	1000000
3	2022/1/2	52	53.2	51.5	54	1200000
4	2022/1/3	54.5		53.8	56	-500000
5	2022/1/4	55.2	53.8	52.5	55.5	900000
6	2022/1/5	54	53.2	52.1	54.8	1100000
7	2022/1/6	53.5	52.7	51.8	54.2	950000
8	2022/1/7	52.8	54.3	52.4	55.1	800000
9	2022/1/8	54.2	55.6		56.2	750000
10	2022/1/9	55.7	56.2	54.9	56.5	850000
11	2022/1/10	56	55.5	54.7	56.8	
12						

图 6-1　采用 WPS 打开 CSV 文件

1. 使用 ChatGPT 分析数据

使用ChatGPT分析数据，找出数据存在的问题，然后有的放矢地进行分析。

Tom 向 ChatGPT 发送如下请求消息。

帮我分析如下数据有哪些问题：

```
日期,开盘价,收盘价,最低价,最高价,成交量
2022-01-01,50.2,51.5,49.8,52.1,1000000
2022-01-02,52.0,53.2,51.5,54.0,1200000
2022-01-03,54.5,,53.8,56.0,-500000
2022-01-04,55.2,53.8,52.5,55.5,900000
2022-01-05,54.0,53.2,52.1,54.8,1100000
2022-01-06,53.5,52.7,51.8,54.2,950000
2022-01-07,52.8,54.3,52.4,55.1,800000
2022-01-08,54.2,55.6,,56.2,750000
2022-01-09,55.7,56.2,54.9,56.5,850000
2022-01-10,56.0,55.5,54.7,56.8,
```

ChatGPT 的回答如下。

根据提供的数据，以下是可能存在的问题：

1. 缺失值：第 3 行的收盘价、第 8 行的最低价和第 10 行的成交量均为空值。这表示在这些日期中，相关数据未提供或缺失。

2. 数据类型不一致：数据中的日期列可能是字符串类型，而开盘价、收盘价、最低价、最高价和成交量列可能是数值类型。确保数据类型的一致性是数据清洗的一部分。

3. 异常值：第三行的成交量为负数，这可能是数据输入错误或表示其他意义。需要对此进行检查和处理。

4. 数据完整性：根据提供的数据，无法确定是否还有其他日期的数据缺失。如果存在更多的数据行或日期范围，请确认数据是否完整。

以上是根据提供的数据示例发现的可能存在的问题。根据具体的数据清洗需求，可以进一步分析和处理这些问题，确保数据的质量和一致性。

2. 编写代码实施清洗数据

根据ChatGPT的提示，我们发现了一些问题。针对这些问题，接下来我们可以编写Python程序代码进行数据清洗。

> **提示**
> ChatGPT作为自动化语言模型，存在一定的错误率和局限性。在数据分析和决策过程中，不应完全依赖ChatGPT的分析结果，而是将其作为工具来辅助人工分析和判断。

6.1.3 案例2：处理股票数据缺失值问题

在案例1中，通过ChatGPT分析，发现股票数据存在缺失值问题。笔者使用WPS等电子表格工具打开文件，并将存在问题的数据所在的单元格标注为灰色背景，如图6-2所示。

处理缺失值的方法通常取决于数据的性质和缺失值的类型。以下是几种常见的处理缺失值的方法。

（1）指定一个固定值进行填充：这种方法是简单地使用一个预先定义的固定值（如0或-1）填充缺失值。然而，这种方法可能会引入偏差，因为它假设缺失值与该固定值是相等的，可能会对数据分析和建模产生不良影响。

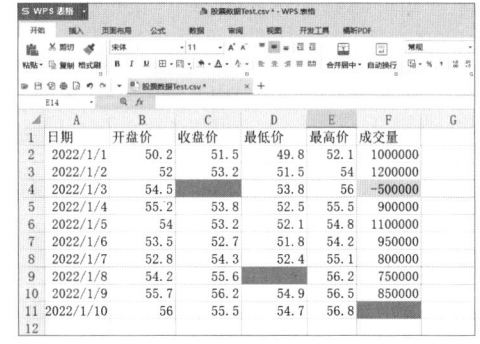

图 6-2 存在缺失值的数据

（2）通过平均值进行填充：这种方法使用特征的平均值填充缺失值。对于数值型特征而言，平均值填充是一种简单而常用的方法。它适用于缺失值随机分布且缺失值数量较少的情况。

（3）通过中位数填充：与平均值填充类似，中位数填充是使用特征的中位数填补缺失值。与平均值相比，中位数更适合处理存在极端值或偏斜分布特征的情况。

（4）通过邻近值填充：这种方法使用邻近的已知值填充缺失值。可以选择使用上一条数据或下一条数据进行填充，这在时间序列数据中比较常见。另外，KNN邻近值算法也可以用于填充缺失值，它会根据其他特征值的相似性选择合适的邻近值进行填充。

（5）通过预测值填充：这种方法利用机器学习等算法预测缺失值。可以将其他特征作为输入，构建模型来预测缺失值。这种方法可以提供更准确的填充结果，但需要考虑模型的选择和训练过程。

在选择处理缺失值的方法时，需要考虑数据的特点、缺失值的模式及对后续分析结果的影响。应该根据具体情况选择最合适的方法处理缺失值。

处理缺失值的实现代码如下。

```
import pandas as pd
# 读取数据文件
df = pd.read_csv('data/股票数据Test.csv')      ①
# 处理前的数据：
df                                            ②
```

使用Jupyter Notebook工具运行上述代码，输出df数据，如图6-3所示，其中NaN表示缺失值（Not a Number）。

图6-3 输出df数据（存在缺失值）

> **提示**
> Jupyter Notebook工具输出结果是嵌入HTML页面中的，非常适合输出DataFrame这种表格数据，但是需要注意，输出时不要使用print()函数打印df数据变量。

代码解释如下。

- 代码第①行pd.read_csv() 是 Pandas 库中的一个函数，用于从 CSV 文件中读取数据并将其加载到一个 DataFrame 对象中。在这行代码中，"股票数据Test.csv"是文件的路径和名称，它指定了要读取的 CSV 文件。读者需要确保该文件与代码文件在同一个目录下，或者提供正确的文件路径。
- 代码第②行df 是一个变量名，用户可以根据需要自定义变量名。它表示 DataFrame 对象，将用于存储从 CSV 文件中读取的数据。在 Jupyter Notebook 中输出df 数据。

事实上Pandas 的 DataFrame 对象也提供查找缺失值的函数，即DataFrame.snull()，代码如下。

```
# 查找缺失值
missing_values = df.isnull().sum()         ①
print("缺失值数量：")
print(missing_values)
```

运行上述代码，输出结果如下。

```
缺失值数量：
日期        0
开盘价       0
收盘价       1
最低价       1
最高价       0
成交量       1
dtype: int64
```

从上述运行结果可见，存在 3 个缺失值。

代码解释如下。

- 代码第①行中的 df 是一个 DataFrame 对象，它包含加载的数据。
- df.isnull() 是一个 DataFrame 方法，用于检测 DataFrame 中的缺失值。它返回一个布尔值的 DataFrame，其中缺失值被标记为 True，非缺失值被标记为 False。
- sum() 是对 DataFrame 进行求和的方法。对于布尔值的 DataFrame，True 被解释为 1，False 被解释为 0。因此，使用 sum() 方法会对每列中的 True 值进行求和，从而得到每列缺失值的数量。
- missing_values 是一个新的变量，它用于存储每列缺失值的数量。该变量是一个 Series 对象，其中索引是 DataFrame 中的列名，值是对应列中的缺失值数量。

知道哪里存在缺失值，就可以进行处理了。笔者给出了几种出处理方法，代码如下。

```python
# 填充缺失值
# 使用平均值填充"收盘价"
mean_close = df['收盘价'].mean()                              ①
df['收盘价'].fillna(mean_close, inplace=True)                 ②

# 使用中位数填充"最低价"
median_low = df['最低价'].median()                            ③
df['最低价'].fillna(median_low, inplace=True)                 ④

# 使用邻近值填充"最高价"
df['最高价'].fillna(method='ffill', inplace=True)             ⑤

# 使用0填充"成交量"
df['成交量'].fillna(0, inplace=True)

# 查看填充后的数据
print("处理后的数据：")
df
```

使用Jupyter Notebook工具运行上述代码，输出df数据，如图6-4所示。从图中可见，缺失值被填充了。

上述代码用于对DataFrame中的缺失值进行填充，并输出填充后的数据。下面是对每个步骤的解释。

- 代码第①行使用mean()函数计算收盘价列的平均值，并将结果存储在mean_close变量中。
- 代码第②行通过fillna()函数将收盘价列中的缺失值填充为平均值。inplace=True表示直接在原始DataFrame上进行修改，而不是创建新的副本。

	日期	开盘价	收盘价	最低价	最高价	成交量
0	2022-01-01	50.2	51.5	49.8	52.1	1000000.0
1	2022-01-02	52.0	53.2	51.5	54.0	1200000.0
2	2022-01-03	54.5	54.0	53.8	56.0	-500000.0
3	2022-01-04	55.2	53.8	52.5	55.5	900000.0
4	2022-01-05	54.0	53.2	52.1	54.8	1100000.0
5	2022-01-06	53.5	52.7	51.8	54.2	950000.0
6	2022-01-07	52.8	54.3	52.4	55.1	800000.0
7	2022-01-08	54.2	55.6	52.4	56.2	750000.0
8	2022-01-09	55.7	56.2	54.9	56.5	850000.0
9	2022-01-10	56.0	55.5	54.7	56.8	0.0

图6-4 输出df数据（缺失值被填充）

- 代码第③行使用median()函数计算最低价列的中位数，并将结果存储在median_low变量中。
- 代码第④行通过fillna()函数将最低价列中的缺失值填充为中位数。
- 代码第⑤行对于最高价列，通过fillna()函数的method='ffill'参数使用邻近值填充缺失值。这意味着对缺失值用前一个非缺失值进行填充。
- 代码第⑥行使用fillna()函数将成交量列中的缺失值填充为0。

6.1.4　案例3：处理股票数据类型不一致问题

对于数据类型不一致的问题，可以考虑进行以下处理。

（1）检查数据类型：需要确认各列的数据类型，可以使用df.dtypes查看DataFrame中每列的数据类型。

（2）转换日期列：如果日期列是以字符串形式表示的，可以使用pd.to_datetime()函数将其转换为日期类型。例如，可以使用以下代码将日期列转换为日期类型。

```
df['日期'] = pd.to_datetime(df['日期'])
```

（3）转换数值列：如果开盘价、收盘价、最低价、最高价和成交量列是字符串类型，可以使用pd.to_numeric()函数将其转换为数值类型。例如，可以使用以下代码将这些列转换为数值类型。

```
numeric_cols = ['开盘价', '收盘价', '最低价', '最高价', '成交量']
df[numeric_cols] = df[numeric_cols].apply(pd.to_numeric)
```

上述代码将指定的列应用pd.to_numeric()函数进行转换，并将转换后的结果重新赋值给相应的列。

处理股票数据类型不一致的具体代码如下。

```
import pandas as pd
# 读取数据文件
df = pd.read_csv('data/股票数据Test.csv')
...
```

```
# 转换日期列的数据类型为字符串
df['日期'] = df['日期'].astype(str)

# 转换数值列的数据类型为浮点型
df['开盘价'] = df['开盘价'].astype(float)
df['收盘价'] = df['收盘价'].astype(float)
df['最低价'] = df['最低价'].astype(float)
df['最高价'] = df['最高价'].astype(float)
df['成交量'] = df['成交量'].astype(float)

# 查看处理后的数据
print("处理后的数据：")
df
```

使用 Jupyter Notebook 工具运行上述代码，输出 df 数据，如图 6-5 所示。

	日期	开盘价	收盘价	最低价	最高价	成交量
0	2022-01-01	50.2	51.5	49.8	52.1	1000000.0
1	2022-01-02	52.0	53.2	51.5	54.0	1200000.0
2	2022-01-03	54.5	54.0	53.8	56.0	-500000.0
3	2022-01-04	55.2	53.8	52.5	55.5	900000.0
4	2022-01-05	54.0	53.2	52.1	54.8	1100000.0
5	2022-01-06	53.5	52.7	51.8	54.2	950000.0
6	2022-01-07	52.8	54.3	52.4	55.1	800000.0
7	2022-01-08	54.2	55.6	52.4	56.2	750000.0
8	2022-01-09	55.7	56.2	54.9	56.5	850000.0
9	2022-01-10	56.0	55.5	54.7	56.8	0.0

图 6-5　输出 df 数据

6.1.5　案例4：处理股票数据异常值问题

在案例 1 中，通过 ChatGPT 分析发现，股票数据存在异常值问题，即第 3 行的成交量为负数，需要进行处理。我们可以使用以下代码检查和处理成交量为负数的异常值。

```
# 检查异常值
negative_volume = df[df['成交量'] < 0]if not negative_volume.empty:
    print("存在异常值：成交量为负数")
    print(negative_volume)
# 将成交量为负数的异常值置为 NaN 或其他合适的值
df.loc[df['成交量'] < 0, '成交量'] = None
# 查看处理后的数据 print("处理后的数据：")print(df)
```

在上述代码中，首先检查 DataFrame 中成交量列是否存在小于 0 的值，如果存在，将打印异常值所在的行。然后，将成交量为负数的值替换为 NaN 或其他合适的值（例如 0 或正数）。最后，打印处理后的数据。

处理股票数据异常值的具体代码如下。

```python
import pandas as pd
# 读取数据文件
df = pd.read_csv('data/股票数据Test.csv')

# 检查异常值
negative_volume = df[df['成交量'] < 0]
if not negative_volume.empty:
    print("存在异常值：成交量为负数")
    print(negative_volume)

# 将成交量为负数的异常值置为NaN或其他合适的值
df.loc[df['成交量'] < 0, '成交量'] = None

# 查看处理后的数据
print("处理后的数据：")
df
```

使用Jupyter Notebook工具运行上述代码，输出df数据，如图6-6所示。从图中可见，第3行的成交量数据被修改为NaN。

	日期	开盘价	收盘价	最低价	最高价	成交量
0	2022-01-01	50.2	51.5	49.8	52.1	1000000.0
1	2022-01-02	52.0	53.2	51.5	54.0	1200000.0
2	2022-01-03	54.5	NaN	53.8	56.0	NaN
3	2022-01-04	55.2	53.8	52.5	55.5	900000.0
4	2022-01-05	54.0	53.2	52.1	54.8	1100000.0
5	2022-01-06	53.5	52.7	51.8	54.2	950000.0
6	2022-01-07	52.8	54.3	52.4	55.1	800000.0
7	2022-01-08	54.2	55.6	NaN	56.2	750000.0
8	2022-01-09	55.7	56.2	54.9	56.5	850000.0
9	2022-01-10	56.0	55.5	54.7	56.8	NaN

图6-6　输出df数据

6.2 本章总结

本章强调数据清洗和预处理的重要性，特别是对金融数据分析中的问题进行处理，如脏数据、缺失值、类型不一致和异常值。使用ChatGPT辅助可以提供指导和代码支持。

案例1展示了如何用ChatGPT辅助分析股票数据，案例2介绍了处理缺失值的方法，案例3介绍了解决类型不一致的方法，案例4则讨论了处理异常值的方法。

本章核心是强调通过ChatGPT和常用库来确保金融数据的准确性和可靠性，为数据分析提供坚实基础。

第 7 章

金融大数据的存储

金融大数据的存储是金融数据分析中的一个重要方面。有效的数据存储策略可以帮助组织和管理大规模的金融数据，并确保数据的安全性和可靠性。

在金融数据分析中，常见的数据存储格式包括：SQL数据库、Excel、CSV（逗号分隔值）和JSON（JavaScript Object Notation）。这些格式都有各自的特点和用途，具体如下：

（1）SQL数据库：关系型数据库（如MySQL、PostgreSQL、Oracle）被广泛用于存储和管理结构化数据。它提供强大的查询语言（如SQL），可以进行复杂的数据检索和分析。SQL数据库适用于需要高度结构化和关联性的数据，例如交易数据、账户信息等。

（2）Excel：Excel是一种常见的办公软件，也可用于数据存储。它提供电子表格格式，可以组织和管理数据。Excel适用于小规模的数据存储和简单的数据处理任务，例如记录和跟踪投资组合、财务报表等。

（3）CSV：CSV是一种纯文本格式，用逗号或其他分隔符将数据字段分隔开。它具有简单、易读的特点，适用于存储大规模的数据，并可被各种编程语言和工具轻松解析和处理。CSV常用于数据交换和导入导出操作，例如导入股票价格数据、导出金融指标等。

（4）JSON：JSON是一种轻量级的数据交换格式，易于阅读和编写，并且可以表示复杂的数据结构。JSON格式适用于存储半结构化数据和非关系型数据。在金融数据分析中，JSON常用于API数据的交互和存储，例如获取股票市场数据、经济指标等。

选择适当的数据存储格式取决于数据的性质、规模、处理需求及后续分析和应用的要求。有时候，数据可能以多种格式存储，以满足不同的使用场景和工具需求。

7.1 使用MySQL数据库

MySQL是一个开源的关系型数据库管理系统，被广泛用于金融数据分析和应用程序开发，本节我们介绍如何使用MySQL数据库。

7.1.1 MySQL数据库管理系统

MySQL是流行的开放源的数据库管理系统，是Oracle旗下的数据库产品。目前Oracle提供多个MySQL版本，其中MySQL Community Edition（社区版）是免费的，该版本比较适合中小企业数据库，本书也对这个版本进行介绍。

下载社区版安装文件如图7-1所示，可以选择不同的平台版本。MySQL可在Windows、Linux和UNIX等操作系统上安装和运行，读者可以根据实际情况选择下载不同平台的安装文件。

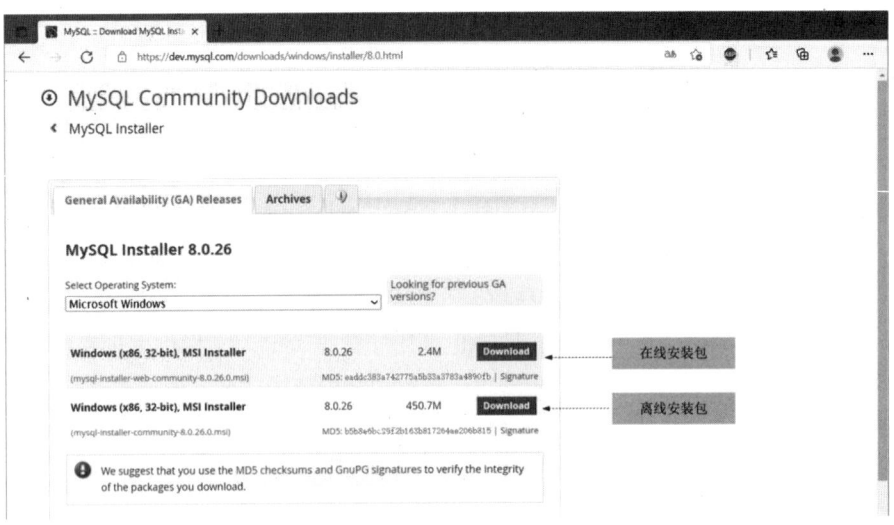

图 7-1　MySQL 详细下载页面

7.1.2　安装MySQL8数据库

笔者计算机的操作系统是Windows10（64位），下载的是离线安装包，文件是mysql-installer-community-8.0.28.0.msi，双击该文件就可以安装了。

MySQL8 数据库的安装过程如下。

1. 选择安装类型

安装过程的第一个步骤是选择安装类型，在图 7-2 所示的对话框中，可以选择安装类型。如果是为了学习Python而使用数据库，笔者推荐选择"Server only"，即只安装MySQL服务器，不安装其他的组件。

在图 7-2 所示的对话框，单击"Next"按钮打开如图 7-3 所示的对话框。

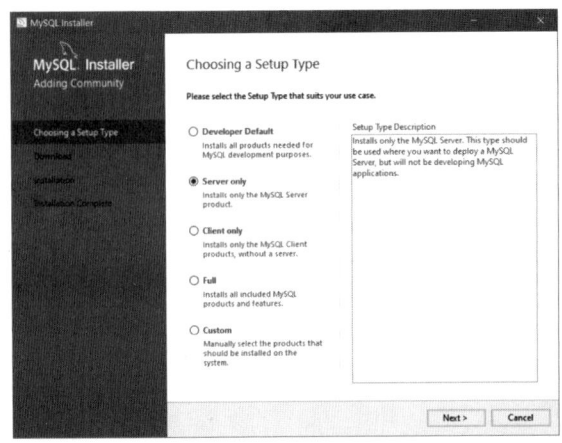

图 7-2　选择安装类型　　　　　　　　图 7-3　安装对话框

然后单击"Execute"按钮，开始执行安装。

2. 配置安装

安装完成后，还需要进行必要的配置，其中有两个重要的步骤，具体如下。

（1）配置网络通信端口，如图 7-4 所示，默认通信端口是 3306，如果没有端口冲突，建议不用修改。

（2）配置密码，如图 7-5 所示，配置过程可以为 root 用户设置密码，也可以添加其他普通用户。

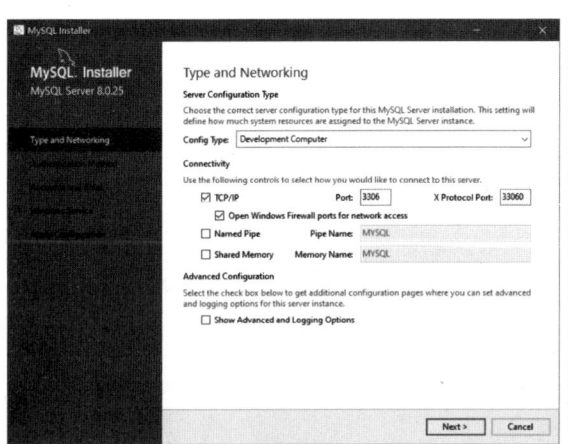

图 7-4　网络配置对话框

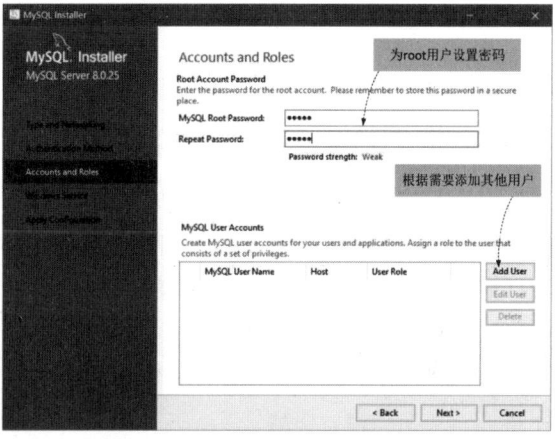

图 7-5　设置用户密码

3. 配置 Path 环境变量

为了使用方便，笔者推荐把 MySQL 安装路径添加到 Path 环境变量中，如图 7-6 所示，打开 Windows "环境变量"设置对话框。

双击"Path"环境变量，弹出"编辑环境变量"对话框，如图 7-7 所示，在此对话框中添加 MySQL 安装路径。

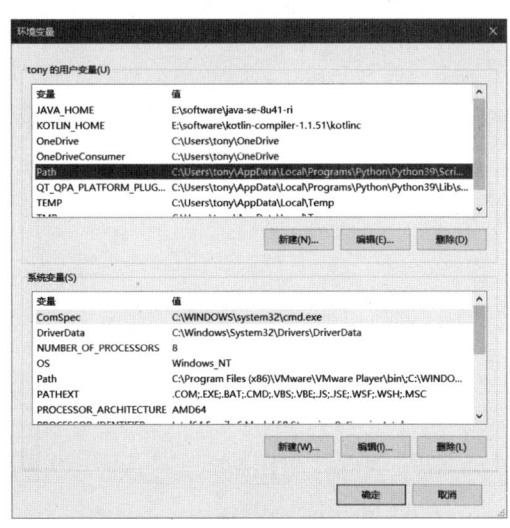

图 7-6　"环境变量"对话框

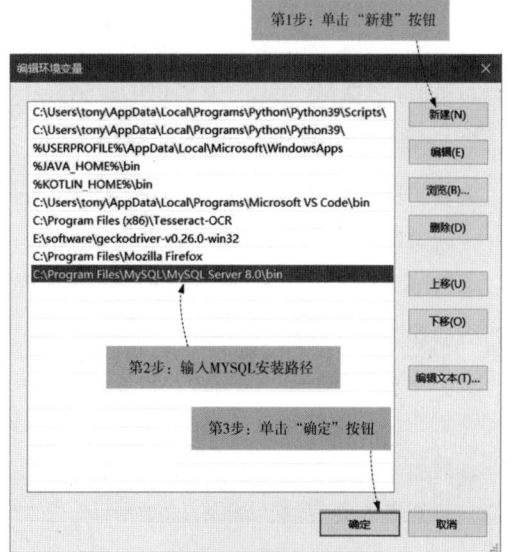

图 7-7　"编辑环境变量"对话框

7.1.3 客户端登录服务器

如果 MySQL 服务器安装好了，就可以使用了。使用 MySQL 服务器的第一步是通过客户端登录服务器。登录服务器可以使用命令提示符窗口（macOS 和 Linux 中终端窗口）或 GUI（图形用户界面）工具登录 MySQL 数据库，笔者推荐使用命令提示符窗口登录。下面介绍一下使用命令提示符窗口登录的过程。

使用命令提示符窗口登录服务器的完整指令如下。

```
mysql -h 主机IP地址（主机名）-u 用户 -p
```

其中 -h、-u、-p 是参数，说明如下。

（1）-h：是要登录的服务器主机名或 IP 地址，可以是远程的一个服务器主机。注意 -h 后面可以没有空格，如果是本机登录可以省略。

（2）-u：是登录服务器的用户，这个用户一定是数据库中存在的，并且具有登录服务器的权限。注意 -u 后面可以没有空格。

（3）-p：是用户对应的密码，可以直接在 -p 后面输入密码，也可以在敲回车键后再输入密码。

图 7-8 所示的是使用 MySQL 指令登录本机服务器。

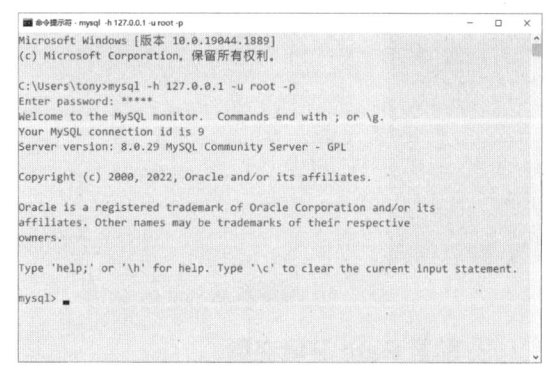

图 7-8 客户端登录服务器

7.1.4 图形界面客户端工具

很多人并不习惯使用命令提示符客户端工具管理和登录 MySQL 数据库，此时可以使用图形界面的客户端工具。图形界面工具有很多，考虑到免费且需要跨平台的问题，笔者推荐使用 MySQL Workbench，它是 MySQL 官方提供的免费、功能较全的图形界面管理工具。

1. 安装 MySQL Workbench

在安装 MySQL 过程中，选择 MySQL Workbench 组件，就可以下载和安装 MySQL Workbench。使用 7.1.2 小节的 MySQL 社区版安装文件，双击安装文件，启动如图 7-9 所示的 MySQL 安装器。

单击"Add"按钮添加组件，进入如图 7-10 所示的安装界面，在此选择要安装的 MySQL Workbench 组件，然后单击 ➡ 按钮将 MySQL Workbench 组件添加到右侧列表准备安装，如图 7-11 所示。

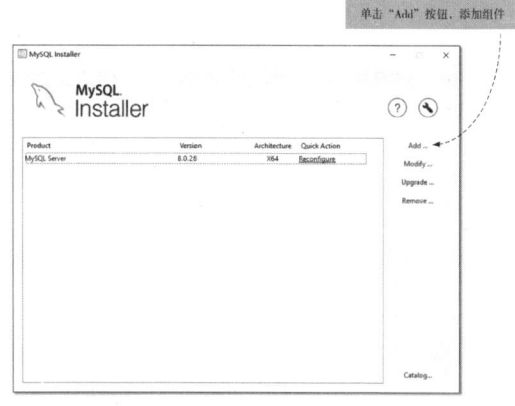

图 7-9 启动 MySQL 安装器

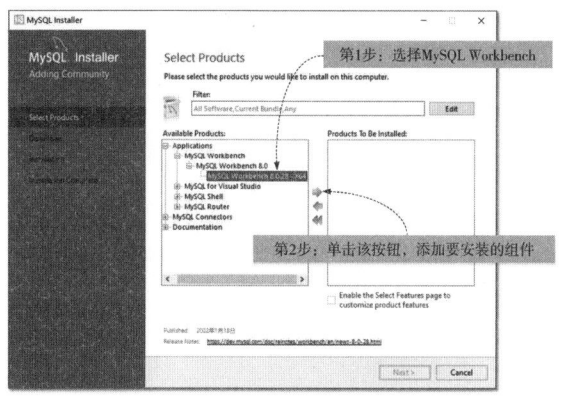

图 7-10　查找 MySQL Workbench 组件　　　　图 7-11　选择 MySQL Workbench 组件

选择好 MySQL Workbench 组件后，单击"Next"按钮，进入如图 7-12 所示的安装界面，单击"Execute"按钮开始安装。

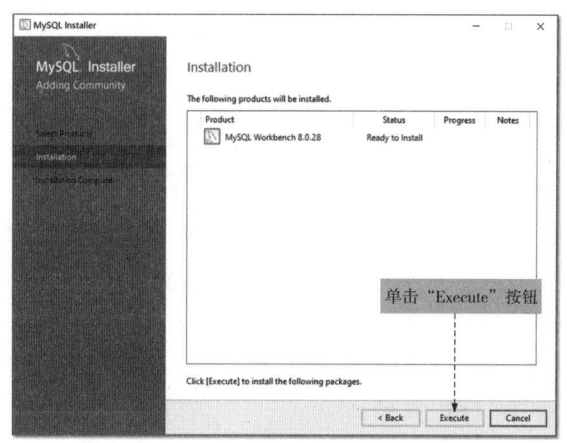

图 7-12　安装执行

注意，在安装前还要下载 MySQL Workbench，如图 7-13 所示，下载完成后单击"Next"按钮开始安装。安装完成后，单击"Finish"按钮，如图 7-14 所示。

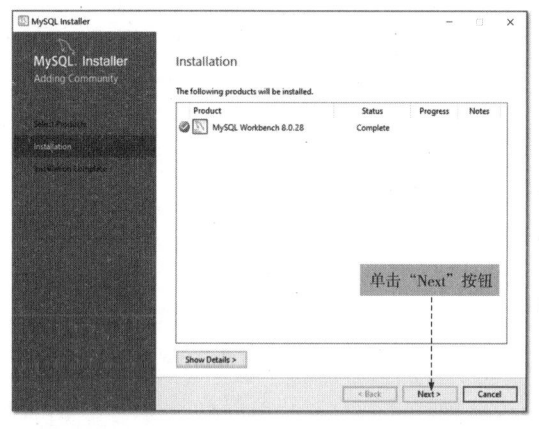

图 7-13　下载 MySQL Workbench

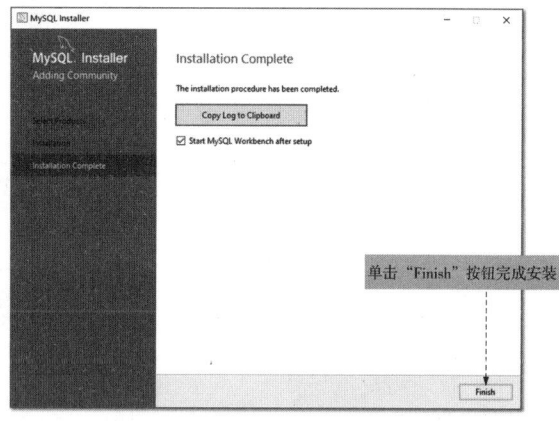

图 7-14　安装完成

2. 配置连接数据库

MySQL Workbench作为MySQL数据库客户端管理工具，要想管理数据库，首先需要配置数据库连接。启动MySQL Workbench，进入如图7-15所示的欢迎页面。

在MySQL Workbench欢迎页面上单击"添加"按钮 ⊕，进入如图7-16所示的"Setup New Connection"对话框。在该对话框中，开发人员可以为连接设置一个名字，此外，还需要设置主机名、端口、用户名和密码。设置密码时，需要单击"Store in Vault"按钮，弹出如图7-17所示的"Store Password For Connection"对话框。

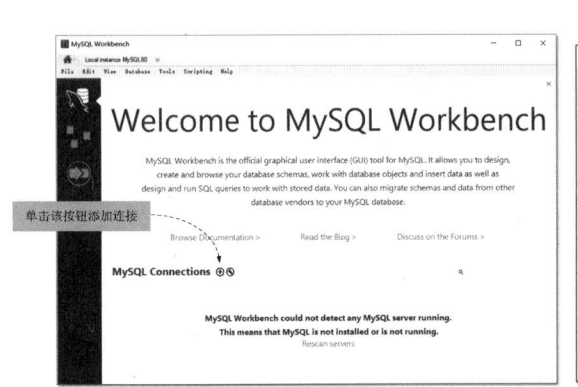

图7-15 欢迎页面

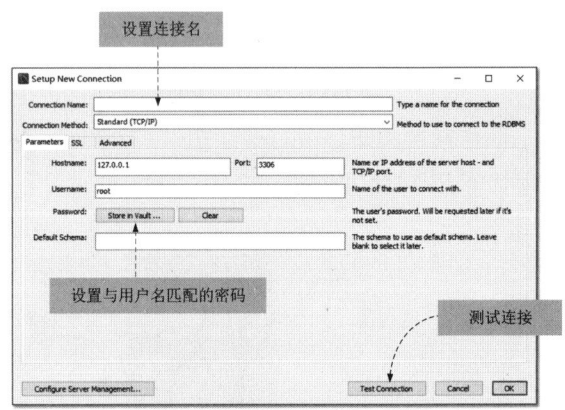

图7-16 "Setup New Connection"对话框

所有项目设置完成后，可以测试一下能否连接成功。单击"Test Connection"按钮测试连接，如果成功，则弹出如图7-18所示的对话框。连接成功后，单击"OK"按钮回到欢迎页面，其中myconnect是刚刚配置好的连接，如图7-19所示。

图7-17 "Store Password For Connection"对话框

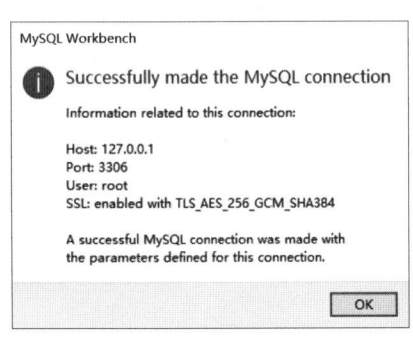

图7-18 测试连接成功

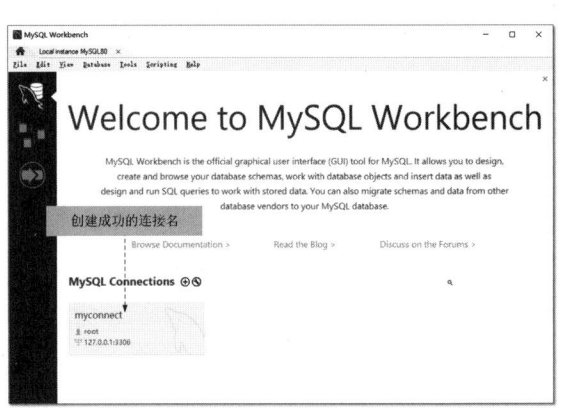

图7-19 设置完成

3. 管理数据库

双击"myconnect"连接就可以登录MySQL工作台,如图 7-20 所示。其中SCHEMAS是当前数据库列表,在MySQL中SCHEMAS(模式)就是数据库,其中粗体显示的数据库为当前默认数据库,如果想改变默认数据库,可以右击要设置的数据库,在弹出的快捷菜单选择"Set as Default Schema",就可以设置默认数据库了,如图 7-21 所示。

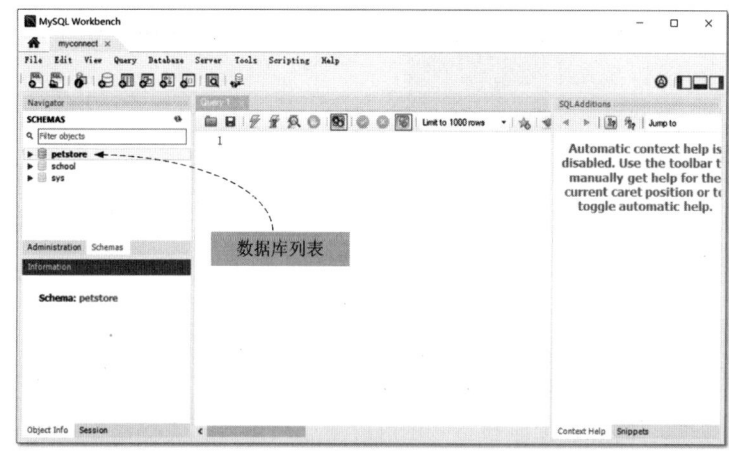

图 7-20 MySQL 工作台

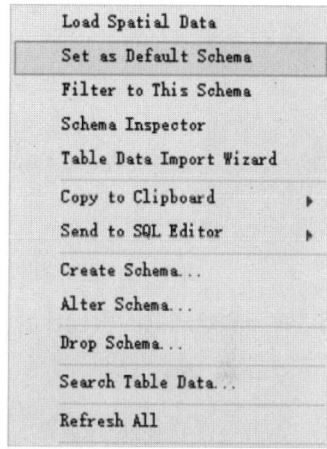

图 7-21 设置默认数据库

在图 7-21 所示的快捷菜单中还有"Create Schema"命令,它可以创建数据库;"Alter Schema"命令可以修改数据库;"Drop Schema"命令可以删除数据库。

例如,要创建school数据库,则需要选择"Create Schema",弹出如图 7-22 所示的对话框。在"Name"文本框中可以设置数据库名,另外还可以选择数据库的字符集,设置无误后单击"Apply"按钮即可应用设置。如果要取消设置,可以单击"Revert"按钮。

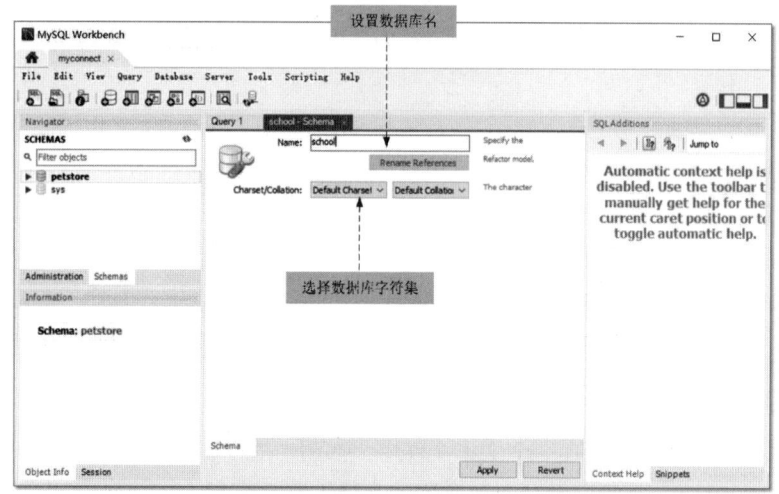

图 7-22 创建数据库

单击"Apply"按钮,弹出如图 7-23 所示的"Apply SQL Script to Database"对话框。确定无误

后单击"Apply"按钮创建数据库,然后进入如图7-24所示的界面,单击"Finish"按钮,创建完成。

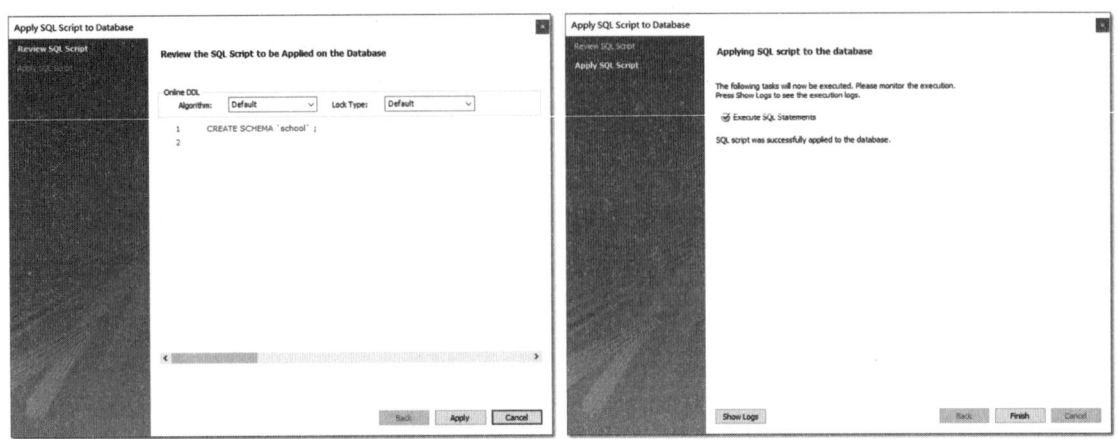

图 7-23　应用脚本对话框　　　　　　　　　图 7-24　创建完成

有关删除和修改数据库的内容不再赘述。

4. 执行 SQL 语句

如果不喜欢使用图形界面向导创建、管理数据库和表,还可以使用SQL语句直接操作数据库。要想在MySQL Workbench工具中执行SQL语句,则需要打开查询窗口。执行"File"→"New Query Tab"菜单命令或单击快捷按钮 打开查询窗口,如图7-25所示。

开发人员可以在查询窗口中输入任何SQL语句,如图7-26所示。可以单击 按钮执行SQL语句,注意单击该按钮时,如果有选中的SQL语句,则执行选中的SQL语句;如果没有选中任何SQL语句,则执行当前窗口中的全部SQL语句。 按钮的功能是执行SQL语句到光标所在的位置。

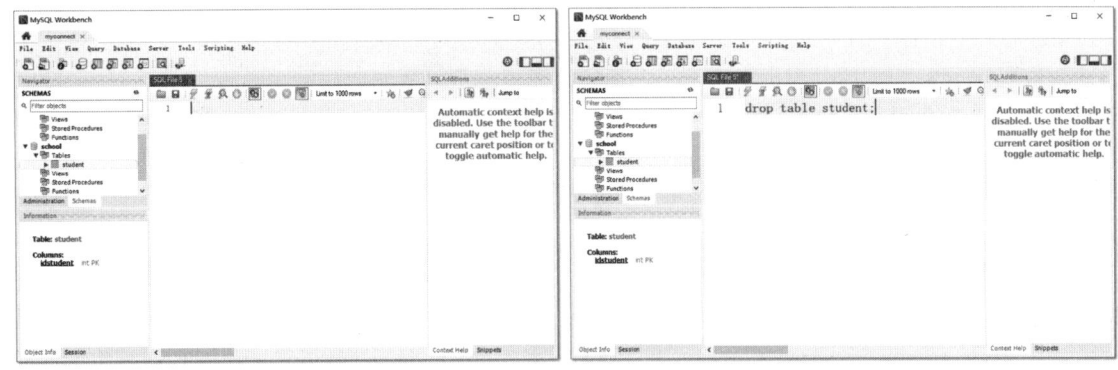

图 7-25　查询窗口　　　　　　　　　　　图 7-26　执行SQL语句

5. 执行 SQL 脚本

我们会将多条SQL语句编写在一个文本文件中,如图7-27所示,打开NASDAQ_DB.sql(笔者提供的纳斯达克股票数据)文件。如果执行该脚本文件,操作如下。

（1）建创建数据库nasda。
（2）在nasda建数据库中创建stocks（股票）表。
（3）在stocks表中插入数据。
（4）在nasda建数据库中创建historicalquote（股票历史数据）表。
（5）在historicalquote表中插入数据。

在MySQL Workbench中可以执行SQL脚本文件。首先，通过菜单"File"→"Open SQL Script"打开脚本文件NASDAQ_DB.sql，如图7-28所示。

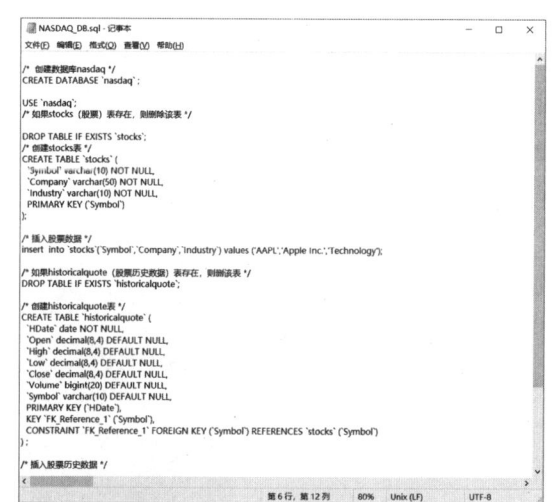

图7-27　NASDAQ_DB.sql脚本文件

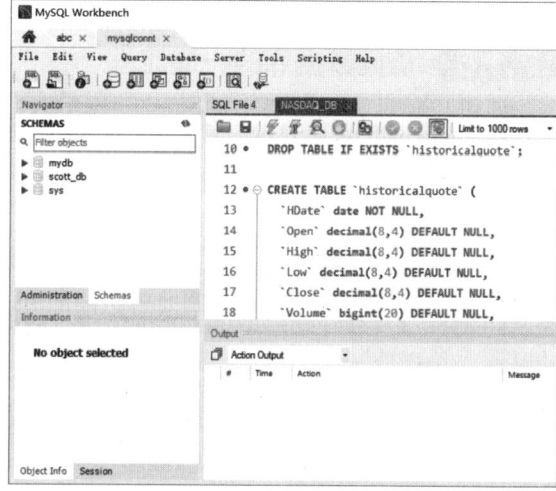

图7-28　打开脚本文件

然后，单击 按钮执行SQL打开脚本文件，具体过程不再赘述。

7.1.5　安装PyMySQL库

安装PyMySQL库可以使用pip工具，指令如下。

```
pip install PyMySQL
```

在Windows平台命令提示符中安装PyMySQL库的过程如图7-29所示。在其他平台的安装过程也是类似的，这里不再赘述。

另外，由于MySQL8采用了更加安全的加密方法，因此还需要安装cryptography库。安装cryptography库可以使用pip工具，指令如下。

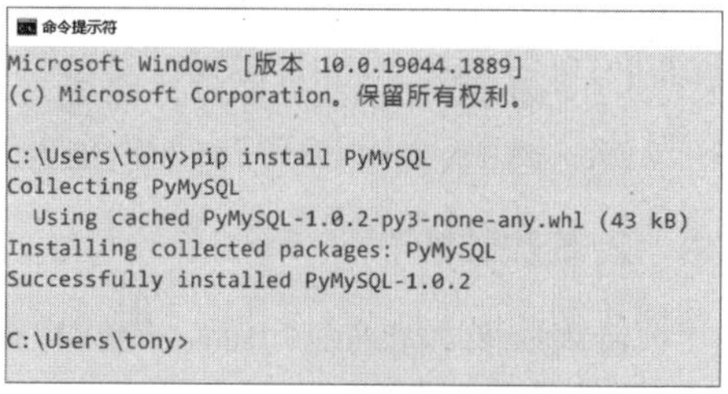

图7-29　安装PyMySQL库

```
pip install cryptography
```

在Windows平台命令提示符中安装cryptography库的过程如图7-30所示。在其他平台安装过程也是类似的，这里不再赘述。

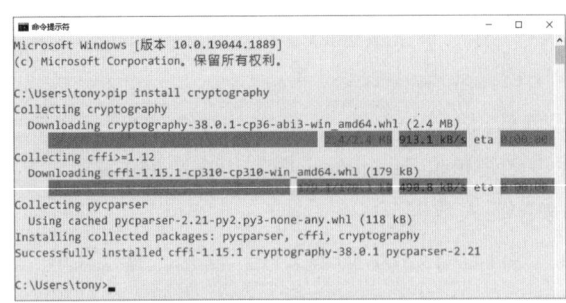

图 7-30　安装 cryptography 库

7.1.6 访问数据库的一般流程

访问数据库的操作分为两大类：查询数据和修改数据。

1. 查询数据

查询数据就是通过 Select 语句查询数据库，它的流程如图 7-31 所示。这个流程有 6 个步骤，具体如下。

（1）建立数据库连接。数据库访问的第一步是进行数据库连接。建立数据库连接可以通过 PyMySQL 库提供的 connect(parameters...)方法实现，该方法根据 parameters 参数连接数据库，连接成功后返回 Connection（数据库连接）对象。

（2）创建游标对象。游标是暂时保存 SQL 操作所获得的数据，创建游标是通过 Connection 对象的 cursor() 方法实现的。

（3）执行查询操作。执行 SQL 操作是通过游标对象的 execute(sql) 方法实现的，其中参数 sql 表示要执行 SQL 语句字符串。

（4）提取结果集。执行 SQL 操作会返回结果集对象，结果集对象的结构与数据库表类似，由记录和字段构成。提取结果集可以通过游标的 fetchall() 或 fetchone() 方法实现，fetchall() 是提取结果集中的所有记录，fetchone() 方法是提取结果集中的一条记录。

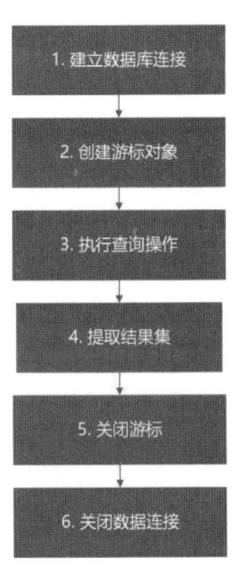

图 7-31　查询数据步骤

（5）关闭游标。数据库游标使用完成之后，需要关闭游标，关闭游标可以释放资源。

（6）关闭数据库连接。数据库操作完成之后，需要关闭数据库连接，关闭连接也可以释放资源。

2. 修改数据

修改数据就是通过 Insert、Update 和 Delete 等语句修改数据，它的流程如图 7-32 所示。修改数据与查询数据流程类似，也有 6 个步骤。但是修改数据时，如果执行 SQL 操作成功，需要提交数据库事务；如果执行失败，则需要回滚数据库事务。另外，修改数据时不会返回结果集，也就不能从结果集中提取数据了。

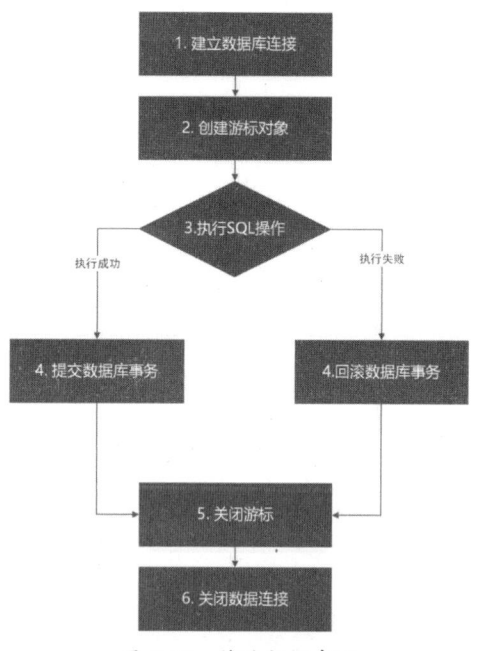

图 7-32 修改数据步骤

> **提示**
> 数据库事务通常包含多个对数据库的读/写操作,这些操作是有序的。若事务被提交给了数据库管理系统,则数据库管理系统需要确保该事务中的所有操作都成功完成,结果被永久保存在数据库中。如果事务中有的操作没有成功完成,则事务中的所有操作都需要被回滚,回到事务执行前的状态。

(1)连接数据库代码。

```
import pymysql
# 建立数据库连接
cnx = pymysql.connect(user='username', password='password',
                      host='host_address',
                      database='database_name')
```

在上述代码中,需要将 username、password、host_address 和 database_name 替换为实际的数据库连接信息。

(2)创建游标对象:在建立数据库连接后,需要创建一个游标对象,用于执行SQL语句。

```
cursor = cnx.cursor()
```

(3)执行SQL查询:使用游标对象执行SQL查询语句,获取数据库中的数据。

```
query = "SELECT * FROM table_name"
cursor.execute(query)

# 获取查询结果
result = cursor.fetchall()
```

在上述代码中,table_name 应替换为实际的表名。

(4)执行SQL插入/更新:使用游标对象执行SQL插入或更新语句,将数据写入MySQL数据库。

```
insert_query = "INSERT INTO table_name (column1, column2) VALUES (%s, %s)"
data = ('value1', 'value2')
cursor.execute(insert_query, data)
# 提交事务
cnx.commit()
```

在上述代码中，table_name 应替换为实际的表名，column1 和 column2 应替换为实际的列名，value1 和 value2 应替换为要插入的实际值。

（5）关闭游标和数据库连接：在完成所有数据库操作后，需要关闭游标和数据库连接。

```
cursor.close()
cnx.close()
```

这样就完成了对 MySQL 数据库的读写操作。

> **注意**
> 以上代码示例是基本的 MySQL 数据库读写操作，具体的 SQL 查询和插入/更新语句需要根据实际情况进行调整。此外，还应该考虑异常处理、数据类型转换等方面的问题。

7.1.7 案例1：访问苹果股票数据

下面通过一个案例介绍如何使用 Python 语言访问 MySQL 数据库。

案例背景

该项目的数据库设计模型如图 7-33 所示，项目中包含两个数据表：股票信息表（Stocks）和股票历史价格表（HistoricalQuote）。

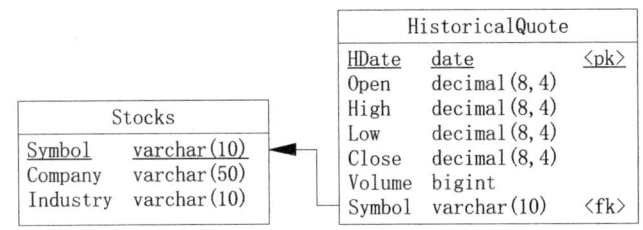

图 7-33　数据库设计模型

数据库设计模型中各个表的说明如下。

1. 股票信息表

股票信息表（英文名 Stocks）是纳斯达克股票，股票代号（英文名 Symbol）是主键，股票信息表的结构如表 7-1 所示。该项目目前的功能不包括维护股票信息表，所需要的数据在创建数据表时要预先插入。

表 7-1　股票信息表

字段名	数据类型	长度	精度	主键	外键	备注
Symbol	varchar(10)	10	-	是	否	股票代号
Company	varchar(50)	50	-	否	否	公司
Industry	varchar(10)	10	-	否	否	所属行业

2. 股票历史价格表

股票历史价格表（英文名HistoricalQuote）是某一只股票的历史价格表，交易日期（英文名HDate）是主键，股票历史价格表的结构如表 7-2 所示。

表 7-2　股票历史价格表

字段名	数据类型	长度	精度	主键	外键	备注
HDate	date		-	是	否	交易日期
Open	decimal(8,4)	8	4	否	否	开盘价
High	decimal(8,4)	8	4	否	否	最高价
Low	decimal(8,4)	8	4	否	否	最低价
Close	decimal(8,4)	8	4	否	否	收盘价
Volume	bigint		-	否	否	成交量
Symbol	varchar(10)	10	-	否	是	股票代号

根据股票代号查询股票历史数据的Python代码如下。

```python
import pymysql

# 建立数据库连接
cnx = pymysql.connect(
    host='127.0.0.1',
    user='root',
    password='12345',
    database='nasdaq'
)

# 创建游标对象
cursor = cnx.cursor()

# 定义查询语句和参数
query = "SELECT * FROM historicalquote WHERE Symbol = %s"    ①
params = ('AAPL',)
```

```python
# 执行查询语句
cursor.execute(query, params)                                    ②

# 获取查询结果
result = cursor.fetchall()                                       ③

# 输出查询结果
for row in result:                                               ④
    print(row)

# 关闭游标和连接
cursor.close()
cnx.close()
```

上述代码执行后,输出结果如下。

```
(datetime.date(2018, 2, 1), Decimal('167.1650'), Decimal('168.6200'),
Decimal('166.7600'), Decimal('167.7800'), 44453230, 'AAPL')
...
(datetime.date(2023, 1, 31), Decimal('166.8700'), Decimal('168.4417'),
Decimal('166.5000'), Decimal('167.4300'), 32234520, 'AAPL')
```

代码解释如下。

- 代码第①行定义了查询语句,使用参数占位符 %s 表示待传入的参数。
- 代码第②行 execute() 方法用于执行查询语句,并将参数值传递给查询语句中的占位符。在这里,params 变量包含要绑定的参数值。
- 代码第③行使用 fetchall() 方法获取查询结果集。这个方法会返回一个包含所有查询结果的列表。
- 代码第④行使用 for 循环遍历结果列表,并输出每一行的内容。
- 最后,在代码的末尾,通过调用 close() 方法关闭游标对象和数据库连接,释放相关资源。

> **注意**
>
> 代码中的连接参数(host、user、password、database)是示例值,需要根据实际情况进行修改。同时,查询的表名、列名及参数值,也需要根据数据库的实际结构进行调整。

上述代码的作用是连接数据库,执行一条查询语句,将结果打印输出,并关闭数据库连接。在这个示例中,查询的条件是 Symbol = 'AAPL',即查询 historicalquote 表中 Symbol 列为 AAPL 的数据行,AAPL 是苹果股票代号。

7.2 使用Pandas读写MySQL数据库

Pandas提供用于读取和写入MySQL数据库的函数。下面是几个常用的函数。

（1）pd.read_sql(query, con)：从MySQL数据库中执行查询语句并返回结果，将其作为DataFrame。query是查询语句，con是与MySQL数据库建立的连接对象。

（2）df.to_sql(name, con, if_exists='fail', index=False)：将DataFrame中的数据写入MySQL数据库中的表。name是目标表的名称，con是与MySQL数据库建立的连接对象，if_exists是指定写入操作的行为，默认为fail，表示如果目标表已存在，则引发异常。index=False表示不将DataFrame的索引写入数据库。

（3）pd.read_sql_table(table_name, con)：从MySQL数据库中读取整个表的数据并返回结果，将其作为DataFrame。table_name是表的名称，con是与MySQL数据库建立的连接对象。

这些函数可以方便地在MySQL数据库中进行数据的读取和写入操作。

> **注意**
> 建议在使用Pandas读取数据时，使用SQLAlchemy的connectable（engine/connection）创建数据库连接对象，而不推荐使用pymysql.connect()创建数据库连接对象。这是因为使用SQLAlchemy的connectable可以避免不兼容性问题。

> **提示**
> SQLAlchemy是一个Python SQL工具和对象关系映射（ORM）库，它提供一种与数据库进行交互的高级抽象和灵活性。它支持多种数据库后端，并提供统一的API，使在不同数据库之间切换变得更加容易。
>
> 使用SQLAlchemy，可以执行以下操作。
>
> （1）创建数据库连接：通过create_engine()函数创建数据库连接对象，指定数据库类型、主机、用户名、密码和数据库名称等参数。
>
> （2）执行SQL查询：使用连接对象的execute()方法执行SQL查询语句。
>
> （3）获取查询结果：通过执行查询后返回的结果集对象，使用fetchall()、fetchone()等方法获取查询结果。
>
> （4）执行事务操作：使用连接对象的begin()、commit()和rollback()等方法执行数据库事务操作。
>
> （5）ORM映射：使用SQLAlchemy的ORM功能，将数据库表映射为Python对象，实现面向对象的数据库操作，简化了数据库的访问和操作。
>
> 通过使用SQLAlchemy，我们可以更方便地操作数据库，实现数据读取、写入和查询等功能。它具有较高的灵活性和可扩展性，也被广泛应用于许多Python项目和框架中，如Django、Flask等。

7.2.1 案例2：使用Panda从数据库读取股票数据

下面我们要使用Pandas库的pd.read_sql_table(table_name, con)函数从HistoricalQuote（股票历史数据）表读取数据，具体代码如下。

```
import pandas as pd
import pymysql
from sqlalchemy import create_engine

# 创建数据库连接
engine = create_engine('mysql+pymysql://root:12345@localhost/nasdaq')

# 从MySQL数据库中读取数据
df = pd.read_sql_table('historicalquote', engine)
df
```

使用Jupyter Notebook工具运行上述代码，输出df数据，如图7-34所示。

上述代码使用pd.read_sql_table('historicalquote', engine)函数读取historicalquote表查询所有字段，如果只是查询部分字段，可以使用pd.read_sql(query, engine)函数。

那么，对应代码如下。

	HDate	Open	High	Low	Close	Volume	Symbol
0	2018-02-01	167.165	168.6200	166.7600	167.78	44453230	AAPL
1	2018-02-02	166.000	166.8000	160.1000	160.50	85957050	AAPL
2	2018-02-05	159.100	163.8800	156.0000	156.49	72215320	AAPL
3	2018-02-06	154.830	163.7200	154.0000	163.03	68171940	AAPL
4	2018-02-07	163.085	163.4000	159.0685	159.54	51467440	AAPL
...	...	...	...	...	...	...	...
58	2023-01-25	174.505	174.9500	170.5300	171.11	41438280	AAPL
59	2023-01-26	172.000	172.0000	170.0600	171.51	39075250	AAPL
60	2023-01-29	170.160	170.1600	167.0700	167.96	50565420	AAPL
61	2023-01-30	165.525	167.3700	164.7000	166.97	45635470	AAPL
62	2023-01-31	166.870	168.4417	166.5000	167.43	32234520	AAPL

图7-34 输出df数据（查询所有字段）

```
import pandas as pd
import pymysql
from sqlalchemy import create_engine

# 创建数据库连接
engine = create_engine('mysql+pymysql://root:12345@localhost/nasdaq')

# 从MySQL数据库中读取数据
query = "SELECT HDate,Open,High, Low,Close FROM historicalquote WHERE Symbol = 'AAPL'"
df = pd.read_sql(query, engine)
df
```

使用Jupyter Notebook工具运行上述代码，输出df数据，如图7-35所示。从图7-35中可见，查询了几个感兴趣的字段。

	HDate	Open	High	Low	Close
0	2018-02-01	167.165	168.6200	166.7600	167.78
1	2018-02-02	166.000	166.8000	160.1000	160.50
2	2018-02-05	159.100	163.8800	156.0000	156.49
3	2018-02-06	154.830	163.7200	154.0000	163.03
4	2018-02-07	163.085	163.4000	159.0685	159.54
...	...	...	...	...	...
58	2023-01-25	174.505	174.9500	170.5300	171.11
59	2023-01-26	172.000	172.0000	170.0600	171.51
60	2023-01-29	170.160	170.1600	167.0700	167.96
61	2023-01-30	165.525	167.3700	164.7000	166.97
62	2023-01-31	166.870	168.4417	166.5000	167.43

图7-35 输出df数据（查询部分字段）

7.2.2 案例3：使用Pandas写入股票数据到数据库

写入数据我们要使用Pandas库的pd.read_sql_table(table_name, con)函数实现，具体代码如下。

```
import pandas as pd
from datetime import date
from sqlalchemy import create_engine

# 创建数据库连接
engine = create_engine('mysql+pymysql://root:12345@localhost/nasdaq')

# 定义要插入的数据
data = [
    {'HDate': date(2023, 7, 1), 'Open': 100.25, 'High': 105.50, 'Low':
98.75, 'Close': 102.80, 'Volume': 100000, 'Symbol': 'AAPL'},
    {'HDate': date(2023, 7, 2), 'Open': 103.00, 'High': 106.20, 'Low':
101.50, 'Close': 105.40, 'Volume': 120000, 'Symbol': 'AAPL'}
]

# 创建 DataFrame 对象
df = pd.DataFrame(data)

# 将数据写入数据库表
df.to_sql('historicalquote', engine, if_exists='append', index=False)
```

上述代码执行成功后，会在HistoricalQuote表中插入两条数据，如图7-36所示。

HDate	Open	High	Low	Close	Volume	Symbol
2018-04-20	170.5950	171.2184	165.4300	165.7200	65270950	AAPL
2023-01-22	177.3000	177.7800	176.6016	177.0000	27052000	AAPL
2023-01-23	177.3000	179.4400	176.8200	177.0400	32395870	AAPL
2023-01-24	177.2500	177.3000	173.2000	174.2200	51368540	AAPL
2023-01-25	174.5050	174.9500	170.5300	171.1100	41438280	AAPL
2023-01-26	172.0000	172.0000	170.0600	171.5100	39075250	AAPL
2023-01-29	170.1600	170.1600	167.0700	167.9600	50565420	AAPL
2023-01-30	165.5250	167.3700	164.7000	166.9700	45635470	AAPL
2023-01-31	166.8700	168.4417	166.5000	167.4300	32234520	AAPL
2023-07-01	100.2500	105.5000	98.7500	102.8000	100000	AAPL
2023-07-02	103.0000	106.2000	101.5000	105.4000	120000	AAPL
NULL	NULL	NULL	NULL	NULL	NULL	NULL

图 7-36　插入的数据

上述代码df.to_sql('historicalquote', engine, if_exists='append', index=False)的作用，是将DataFrame对象df的数据写入数据库表HistoricalQuote。这部分代码解释如下。

- historicalquote是要写入的目标表的名称。
- engine是数据库连接对象，它通过create_engine()函数创建。它指定了要连接的数据库的信息，包括数据库类型（这里是MySQL）、用户名、密码、主机地址等。
- if_exists='append'表示如果目标表已经存在，就将数据追加到表中。如果不设置if_exists参数或设置为fail，则当表已存在时会引发错误；若设置为replace，则会先删除表中的数据再写入新数据。
- index=False表示不将DataFrame的索引列写入数据库表。

7.3 使用Pandas读写Excel文件

Pandas提供函数用于读取和写入Excel文件，下面是其中一些常用的函数。

1. 读取 Excel 文件

pd.read_excel(): 用于从Excel文件中读取数据并返回一个DataFrame对象。

```
df = pd.read_excel('filename.xlsx', sheet_name='Sheet1')
```

这将从名为filename.xlsx的Excel文件的Sheet1工作表中读取数据，并将其存储在DataFrame对象df中。

2. 写入 Excel 文件

DataFrame.to_excel(): 用于将DataFrame数据写入Excel文件中的一个或多个工作表。

```
df.to_excel('filename.xlsx', sheet_name='Sheet1', index=False)
```

这将把DataFrame对象df的数据写入名为filename.xlsx的Excel文件的Sheet1工作表中。index=False表示不写入DataFrame的索引。

以上是一些常用的Pandas函数，用于读取和写入Excel文件。大家可以根据实际需求选择适合的函数进行操作。

7.3.1 案例4：使用Pandas从Excel文件读取股票数据

下面我们介绍如何使用Pandas库的pd.read_excel()函数从AAPL.xlsx文件读取股票数据。AAPL.xlsx文件内容如图7-37所示。具体代码如下。

```
import pandas as pd
f = 'data/AAPL.xlsx'
df = pd.read_excel(f, sheet_name='Sheet1')
# 打印前10条数据
df.head(10)
```

> **提示**
>
> pd.read_excel()函数底层依赖openpyxl库，openpyxl是一个用于读写Excel文件的Python库。它提供灵活的功能，可以访问和修改Excel文件中的工作表、单元格和格式等内容。因此在运行pd.read_excel()函数之前，需要安装于openpyxl库，安装库的指令是：pip install openpyxl，具体细节不再赘述。

使用Jupyter Notebook工具运行上述代码，输出df数据，如图7-38所示。从图7-38中可见，查询了几个感兴趣的字段。

	A	B	C	D	E	F
1	Date	Close	Volume	Open	High	Low
2	2019/2/1	$186.68	53117000	$185.55	$187.56	$185.01
3	2019/2/2	$187.00	51245330	$183.74	$187.05	$183.67
4	2019/2/3	$183.96	49515700	$184.90	$185.41	$182.59
5	2019/2/4	$185.01	49799090	$184.41	$186.10	$184.41
6	2019/2/5	$184.92	101256200	$186.73	$186.99	$184.27
7	2019/2/6	$186.01	65433170	$183.96	$186.52	$183.78
8	2019/2/7	$183.95	57462880	$183.37	$184.39	$182.02
9	2019/2/8	$183.31	54929130	$182.80	$184.15	$182.44
10	2019/2/9	$183.79	54755000	$181.27	$183.89	$180.97
11	2019/2/10	$180.96	48899970	$181.50	$182.23	$180.63
12	2019/2/11	$180.57	50214880	$177.90	$180.84	$177.46
13	2019/2/12	$177.82	61944620	$178.44	$181.21	$177.32
14	2019/2/13	$179.21	64848370	$179.97	$180.12	$177.43
15	2019/2/14	$179.58	121946500	$182.63	$184.95	$178.04
16	2019/2/15	$180.95	61996910	$181.03	$181.78	$179.26
17	2019/2/16	$180.09	68901810	$177.70	$180.12	$176.93
18	2019/2/17	$177.25	99625290	$177.33	$179.35	$176.76
19	2019/2/18	$177.30	55964400	$176.96	$178.99	$176.57
20	2019/2/19	$175.43	54834980	$173.32	$175.77	$173.11
21	2019/2/20	$172.99	56058260	$172.41	$173.90	$171.69
22	2019/2/21	$186.68	53117000	$185.55	$187.56	$185.01
23	2019/2/22	$187.00	51245330	$183.74	$187.05	$183.67
24	2019/2/23	$183.96	49515700	$184.90	$185.41	$182.59
25	2019/2/24	$185.01	49799090	$184.41	$186.10	$184.41
26	2019/2/25	$184.92	101256200	$186.73	$186.99	$184.27
27						

Sheet1

就绪

图 7-37 “AAPL.xlsx”文件

	Date	Close	Volume	Open	High	Low
0	2019-02-01	186.68	53117000	185.55	187.56	185.01
1	2019-02-02	187.00	51245330	183.74	187.05	183.67
2	2019-02-03	183.96	49515700	184.90	185.41	182.59
3	2019-02-04	185.01	49799090	184.41	186.10	184.41
4	2019-02-05	184.92	101256200	186.73	186.99	184.27
5	2019-02-06	186.01	65433170	183.96	186.52	183.78
6	2019-02-07	183.95	57462880	183.37	184.39	182.02
7	2019-02-08	183.31	54929130	182.80	184.15	182.44
8	2019-02-09	183.79	54755000	181.27	183.89	180.97
9	2019-02-10	180.96	48899970	181.50	182.23	180.63

图 7-38 输出df数据

7.3.2 案例5：使用Pandas写入股票数据到Excel文件

下面我们介绍如何使用Pandas库的df.to_excel()函数将数据写入AAPL2.xlsx文件，具体代码如下。

```
import pandas as pd

# 创建要写入的数据
data = [
    {'HDate': '2023-07-01', 'Open': 100.25, 'High': 105.50, 'Low': 98.75,
'Close': 102.80, 'Volume': 100000, 'Symbol': 'AAPL'},
    {'HDate': '2023-07-02', 'Open': 103.00, 'High': 106.20, 'Low': 101.50,
'Close': 105.40, 'Volume': 120000, 'Symbol': 'AAPL'}
]

# 创建 DataFrame 对象
df = pd.DataFrame(data)

# 指定要写入的 Excel 文件路径
file_path = 'data/AAPL2.xlsx'

# 将数据写入 Excel 文件
df.to_excel(file_path, index=False)
```

上述代码执行成功后，会在当程序文件的data目录下生成AAPL2.xlsx文件，文件内容如图 7-39 所示。

	A	B	C	D	E	F	G
1	HDate	Open	High	Low	Close	Volume	Symbol
2	2023-07-01	100.25	105.5	98.75	102.8	100000	AAPL
3	2023-07-02	103	106.2	101.5	105.4	120000	AAPL
4							

图 7-39　生成AAPL2.xlsx文件

7.4 使用Pandas读写CSV文件

CSV（Comma-Separated Values）文件是一种常见的文件格式。CSV文件是一种纯文本文件，其中的数据以逗号为分隔符进行字段的分隔。每行数据代表一条记录，而每个字段则在该行内通过逗号进行分隔。

CSV文件的优点在于它的简单性和广泛支持。它可以使用任何文本编辑器进行创建和编辑，并且可以被许多软件应用程序和编程语言轻松读取和处理。CSV文件通常用于存储表格数据，例如，电子表格数据、数据库导出数据等。

以下是包含表头和三行数据的简单示例代码。

```
姓名，年龄，性别
爱丽丝，25，女
鲍勃，30，男
查理，35，男
```

我们需要将CSV代码复制粘贴到文本编辑器中，如图 7-40 所示。

然后将文件保存为CSV文件，如图 7-41 所示。

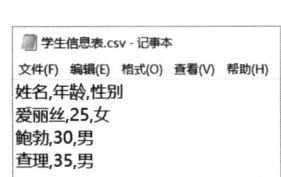

图 7-40　在记事本中编写CSV代码

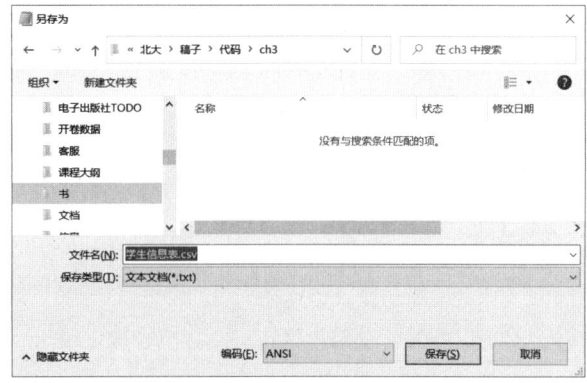

图 7-41　保存为CSV文件

保存好CSV文件之后，我们可以使用Excel和WPS等Office工具打开。图 7-42 所示的是使用Excel打开CSV文件。

另外，在保存CSV文件时，要注意字符集问题。如果是在简体中文系统下，推荐字符集选择ANSI，ANSI在简体中文就是GBK编码，如果不能正确选择字符集则会出现中文乱码。图7-43所示的是采用Excel工具打开UTF-8编码的CSV文件，出现了中文乱码，而采用WPS工具则不会有乱码。

图7-42　使用Excel打开CSV文件　　　　图7-43　CSV文件乱码

读取和写入CSV文件的函数如下。

（1）读取CSV文件：pandas.read_csv()。
（2）写入CSV文件：df.to_csv()。

7.4.1　案例6：从CSV文件读取货币供应量数据

下面通过一个案例熟悉一下如何使用Pandas库从CSV文件中读取数据到DataFrame对象中，从而进行进一步操作。

案例背景

笔者从国家统计局网站下载了货币供应量月度数据.csv文件，内容如图7-44所示。

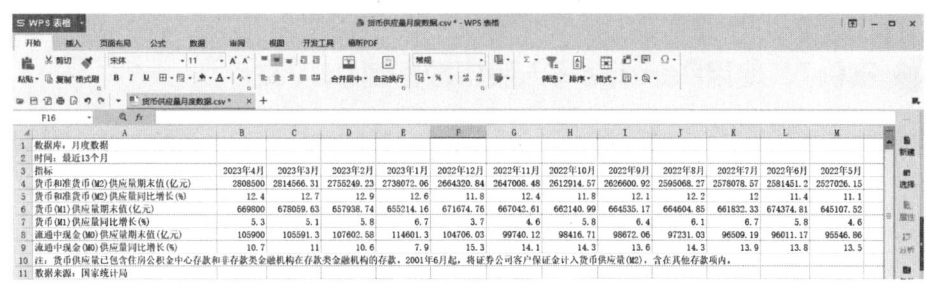

图7-44　货币供应量月度CSV数据

读取货币供应量月度数据.csv文件，代码如下。

```
import pandas as pd
df =pd.read_csv('data/货币供应量月度数据 .csv',skiprows=2,skipfooter=2,engine='python', encoding='gbk')
```

使用Jupyter Notebook工具运行上述代码，输出结果如图7-45所示。

	指标	2023年4月	2023年3月	2023年2月	2023年1月	2022年12月	2022年11月	2022年10月	2022年9月	2022年8月	2022年7月	2022年6月	2022年5月
0	货币和准货币(M2)供应量期末值(亿元)	2808500.0	2814566.31	2755249.23	2738072.06	2664320.84	2647008.48	2612914.57	2626600.92	2595068.27	2578078.57	2581451.20	2527026.15
1	货币和准货币(M2)供应量同比增长(%)	12.4	12.70	12.90	12.60	11.80	12.40	11.80	12.10	12.20	12.00	11.40	11.10
2	货币(M1)供应量期末值(亿元)	669800.0	678059.63	657938.74	655214.16	671674.76	667042.61	662140.99	664535.17	664604.85	661832.33	674374.81	645107.52
3	货币(M1)供应量同比增长(%)	5.3	5.10	5.80	6.70	3.70	4.60	5.80	6.40	6.10	6.70	5.80	4.60
4	流通中现金(M0)供应量期末值(亿元)	105900.0	105591.30	107602.58	114601.30	104706.03	99740.12	98416.71	98672.06	97231.03	96509.19	96011.17	95546.86
5	流通中现金(M0)供应量同比增长(%)	10.7	11.00	10.60	7.90	15.30	14.10	14.30	13.60	14.30	13.90	13.80	13.50

图 7-45 输出结果

上述代码使用Pandas库的read_csv()函数读取名为货币供应量月度数据.csv的文件。注意，文件是放到当前目录下的data目录中的。以下是对代码中各参数的解释。

- pd：Pandas库的别名，用于引入并使用Pandas库中的函数和类。
- read_csv()：Pandas库中用于读取CSV文件的函数。
- data/货币供应量月度数据.csv：要读取的CSV文件的路径或文件名。
- skiprows=2：跳过文件的前两行，即不将它们作为数据的一部分。
- skipfooter=2：跳过文件的最后两行，同样不将它们作为数据的一部分。
- engine='python'：指定使用Python解析引擎读取文件。
- encoding='gbk'：指定文件的字符编码为GBK，以确保文件能够正确解码和读取其中的内容。

通过以上代码，CSV文件中的数据将被读取到一个DataFrame对象中，并存储在变量df中，可以对该DataFrame对象进行后续的数据处理和分析操作。

7.4.2 案例7：使用Pandas写入股票数据到CSV文件

下面我们介绍如何使用Pandas库的df.to_csv()函数将数据写入AAPL2.CSV文件。具体代码如下。

```
import pandas as pd

# 创建要写入的数据
data = [
    {'HDate': '2023-07-01', 'Open': 100.25, 'High': 105.50, 'Low': 98.75, 'Close': 102.80, 'Volume': 100000, 'Symbol': 'AAPL'},
    {'HDate': '2023-07-02', 'Open': 103.00, 'High': 106.20, 'Low': 101.50, 'Close': 105.40, 'Volume': 120000, 'Symbol': 'AAPL'}
]
```

```
# 创建 DataFrame 对象
df = pd.DataFrame(data)

# 指定要写入的 Excel 文件路径
file_path = 'data/AAPL2.csv'

# 将数据写入 Excel 文件
df.to_csv(file_path, index=False)
```

上述代码执行成功后，会在当程序文件的data目录下生成AAPL2.CSV文件，文件内容如图7-46所示。

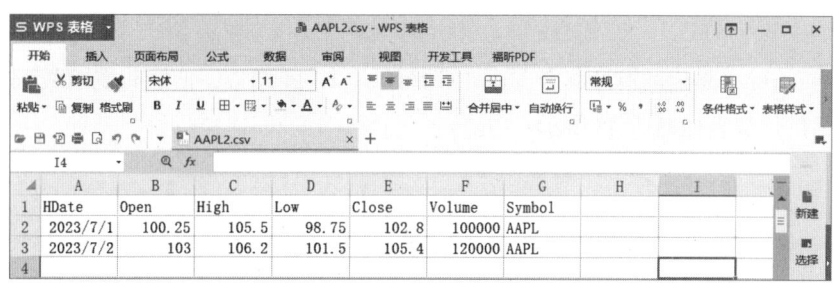

图 7-46　生成AAPL2.CSV文件

7.5　JSON数据交换格式

JSON是一种轻量级的数据交换格式。所谓轻量级，是与XML文档结构相比而言的。描述项目的字符少，所以描述相同数据所需的字符个数要少，那么传输速度就会提高，流量也会减少。

7.5.1　JSON文档结构

由于Web和移动平台开发对流量的要求是尽可能少，对速度的要求是尽可能快，所以轻量级的数据交换格式JSON就成为理想的数据交换格式。

构成JSON文档的两种结构为对象（object）和数组（array）。对象是"名称：值"对集合，它类似于Python中的Map类型，而数组是一连串元素的集合。

JSON对象（object）是一个无序的"名称/值"对集合，一个对象以"{"开始，以"}"结束。每个"名称"后跟一个"："，"名称：值"对之间使用"，"分隔，"名称"是字符串类型（string），"值"可以是任何合法的JSON类型。JSON对象的语法表如图7-47所示。

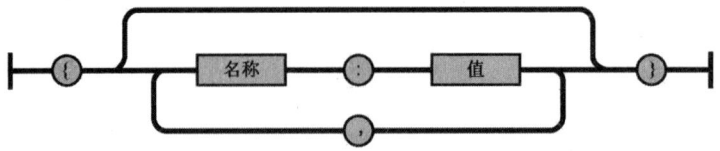

图 7-47　JSON对象的语法表

下面是一个JSON对象的示例代码。

```
{
    "name":"a.htm",
    "size":345,
    "saved":true
}
```

JSON数组（array）是值的有序集合，以"["开始，以"]"结束，值之间使用","分隔。JSON数组的语法表如图7-48所示。

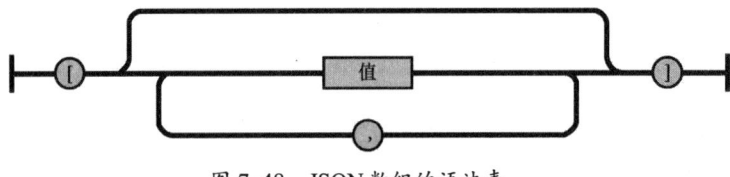

图 7-48　JSON数组的语法表

下面是一个JSON数组的示例代码。

```
["text","html","css"]
```

JSON中的值可以是双引号括起来的字符串、数字、true、false、null、对象或数组，而且这些结构可以嵌套。数组中值的JSON语法结构如图7-49所示。

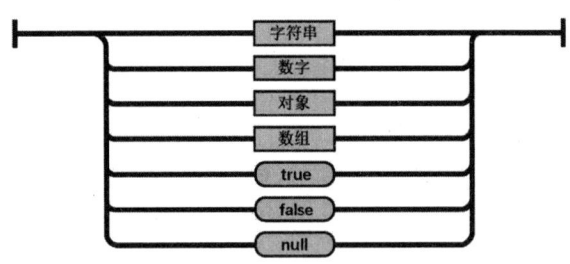

图 7-49　JSON语法结构

7.5.2　JSON数据编码

在Python程序中要想将Python数据进行网络传输和存储，可以将Python数据转换为JSON数据，再进行传输和存储，这个过程称为"编码"（encode）。

在编码过程中，将Python数据转换为JSON数据的映射关系如表7-3所示。

表7-3 Python数据与JSON数据的映射关系

Python	JSON	Python	JSON
字典	对象	True	true
列表、元组	数组	False	false
字符串	字符串	None	null
整数、浮点等数字类型	数字		

> **注意**
> JSON数据在网络传输或保存到磁盘中时，推荐使用JSON对象，偶尔也使用JSON数组。所以一般情况下只有Python的字典、列表和元组才需要编码，Python字典编码JSON对象；Python列表和元组编码JSON数组。

Python提供的内置模块JSON，可以帮助实现JSON的编码和解码。JSON编码使用dumps()和dump()函数，dumps()函数将编码的结果以字符串形式返回；dump()函数将编码的结果保存到文件对象（类似文件对象或流）中。

下面具体介绍一下JSON的数据编码过程，示例代码如下。

```
import json

# 准备数据
py_dict = {'name': 'tony', 'age': 30, 'sex': True}   # 创建字典对象
py_list = [1, 3]    # 创建列表对象
py_tuple = ('A', 'B', 'C')    # 创建元组对象

py_dict['a'] = py_list    # 添加列表到字典中
py_dict['b'] = py_tuple    # 添加元组到字典中

print(py_dict)
print(type(py_dict))    # <class 'dict'>

# 编码过程
json_obj = json.dumps(py_dict)                              ①
print(json_obj)
print(type(json_obj))    # <class 'str'>

# 编码过程
json_obj = json.dumps(py_dict, indent=4)                    ②
```

```
# 漂亮的格式化字符串后输出
print(json_obj)

# 写入JSON数据到data1.json文件
with open('data/data1.json', 'w') as f:
    json.dump(py_dict, f)                          ③

# 写入JSON数据到data2.json文件
with open('data/data2.json', 'w') as f:
    json.dump(py_dict, f, indent=4)                ④
```

运行上述代码，输出结果如下。

```
{'name': 'tony', 'age': 30, 'sex': True, 'a': [1, 3], 'b': ('A', 'B', 'C')}
<class 'dict'>
{"name": "tony", "age": 30, "sex": true, "a": [1, 3], "b": ["A", "B", "C"]}
<class 'str'>
{
    "name": "tony",
    "age": 30,
    "sex": true,
    "a": [
        1,
        3
    ],
    "b": [
        "A",
        "B",
        "C"
    ]
}
```

代码解释如下。

- 代码第①行是对Python字典对象py_dict进行编码，编码的结果是返回字符串，这个字符串中没有空格和换行等字符，可见减少字节数适合网络传输和保存。
- 代码第②行也是对Python字典对象py_dict进行编码，在dumps()函数中使用了参数indent。indent可以格式化字符串，indent=4表示缩进4个空格。这种漂亮的格式化的字符串，主要用于显示和日志输出，但不适合网络传输和保存。
- 代码第③行和第④行是dump()函数将编码后的字符串保存到文件中，dump()与dumps()函数具有类似的参数，这里不再赘述。

7.5.3 JSON数据解码

编码的相反过程是"解码"（decode），即将JSON数据转换为Python数据。从网络中接收或从磁盘中读取JSON数据时，需要解码为Python数据。

在解码过程中，将JSON数据转换为Python数据的映射关系如表7-4所示。

表7-4 JSON数据与Python数据的映射关系

JSON	Python	JSON	Python
对象	字典	实数数字	浮点
数组	列表	true	True
字符串	字符串	false	False
整数数字	整数	null	None

JSON模块提供的解码函数是loads()和load()，loads()函数将JSON字符串数据进行解码，返回Python数据；load()函数读取文件或流，对其中的JSON数据进行解码，返回结果为Python数据。

下面具体介绍JSON的数据解码过程，示例代码如下。

```
# 准备数据
json_obj = r'{"name": "tony", "age": 30, "sex": true, "a": [1, 3], "b": ["A",
"B", "C"]}'                                              ①

py_dict = json.loads(json_obj)                           ②
print(type(py_dict))     # <class 'dict'>
print(py_dict['name'])
print(py_dict['age'])
print(py_dict['sex'])


py_lista = py_dict['a']    # 取出列表对象
print(py_lista)
py_listb = py_dict['b']    # 取出列表对象
print(py_listb)

# 读取JSON数据到data2.json文件
with open('data/data2.json', 'r') as f:
    data = json.load(f)                                  ③
    print(data)
    print(type(data))    # <class 'dict'>
```

代码解释如下。

- 代码第①行是一个表示JSON对象的字符串。

- 代码第②行是对JSON对象字符串进行解码，返回Python字典对象。
- 代码第③行是从data2.json文件中读取JSON数据进行解码，返回Python字典对象。

7.5.4 案例8：解码搜狐证券贵州茅台股票数据

我们在3.3.4小节介绍过如何使用Selenium从搜狐证券网爬取贵州茅台股票数据，事实上网页中的股票数据，可以通过如下网址返回。

```
http://q.stock.sohu.com/hisHq?code=cn_600519&stat=1&order=D&period=d&callback=historySearchHandler&rt=jsonp&0.8115656498417958
```

直接将网址在浏览器中打开，如图7-50所示，浏览器展示了一个字符串。从返回的字符串可见，它并不是一个有效的JSON数据，JSON数据是放置在historySearchHandler(…)中的，historySearchHandler应该是一个JavaScript变量或函数。开发人员只需要关心括号中的JSON字符串就可以了。

笔者将上述返回的JSON字符串进行了处理，并保存为贵州茅台股票数据.json文件，具体处理过程不再赘述，最后获取的文件内容如图7-51所示。

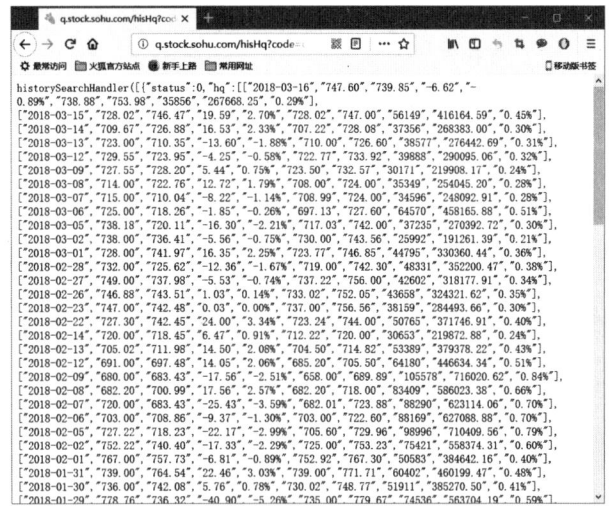

图7-50 浏览器中展示返回的字符串

图7-51 贵州茅台股票数据.json文件

解码贵州茅台股票数据.json文件，具体代码如下。

```
import json
import pandas as pd


data = []
with open('data/贵州茅台股票数据.json', 'r') as json_file:          ①
```

```
        data_dict = json.load(json_file)                    ②
        hqlist = data_dict['hq']                            ③
        for item in hqlist:
            fields = {}
            fields['Date'] = item[0]      # 日期
            fields['Open'] = item[1]      # 开盘              ④
            fields['Close'] = item[2]     # 收盘
            fields['Low'] = item[5]       # 最低
            fields['High'] = item[6]      # 最高
            fields['Volume'] = item[7]    # 成交量             ⑤
            data.append(fields)                              ⑥
df = pd.DataFrame(data)                                      ⑦
df
```

使用Jupyter Notebook工具运行上述代码，输出结果如图7-52所示。

解释代码如下。

- 代码第①行打开名为贵州茅台股票数据.json的JSON文件，并将其赋值给json_file变量。使用with语句可以确保在处理完文件后自动关闭文件。

- 代码第②行将JSON文件内容加载为Python字典，并将其赋值给data_dict变量。JSON文件中的数据被转换为Python的字典形式，便于后续的处理。

	Date	Open	Close	Low	High	Volume
0	2023-07-03	3209.16	3243.98	3209.16	3246.86	312371392
1	2023-06-30	3178.92	3202.06	3177.99	3212.99	265379888
2	2023-06-29	3185.42	3182.38	3179.53	3196.50	250340064
3	2023-06-28	3183.49	3189.38	3157.12	3192.66	276231936
4	2023-06-27	3153.31	3189.44	3148.27	3194.41	287604320
...	...	...	...	...	...	...
75	2023-03-10	3255.51	3230.08	3229.50	3262.15	281135424
76	2023-03-09	3285.94	3276.09	3260.00	3289.06	264021856
77	2023-03-08	3271.88	3283.25	3263.69	3283.25	260443552
78	2023-03-07	3320.21	3285.10	3284.41	3342.86	389957952
79	2023-03-06	3332.02	3322.03	3308.73	3333.06	340530432

80 rows × 6 columns

图7-52　输出结果

- 代码第③行从data_dict字典中获取键为hq的值，并将其赋值给hqlist变量。假设JSON文件中有一个键为hq的列表，则该列表包含一组股票数据。

- 代码第④行中的for item in hqlist:是一个for循环，用于遍历hqlist列表中的每个元素，每个元素称为item。

- 代码第⑤行将item列表中的第一个元素（索引为0）赋值给fields字典的键Date。假设该元素是日期。

- 代码第⑥行中的fields['Open'] = item[1] ~ fields['Volume'] = item[7]将item列表中不同索引位置的元素，分别赋值给fields字典的相应键，例如，将第二个元素赋值给Open键，第三个元素赋值给Close键，以此类推。假设这些元素分别表示开盘价、收盘价、最低价、最高价和成交量。

- 代码第⑦行中的df = pd.DataFrame(data)将data列表转换为Pandas DataFrame对象，并将其赋值给df变量。

7.6 本章总结

本章介绍了MySQL数据库管理，包括安装和登录。使用PyMySQL库实现Python与MySQL交互，案例1演示数据访问，Pandas库用于MySQL读写，案例2和案例3演示数据导入和导出，强调注意事项。

在数据存储方面，探讨了Pandas读写Excel和CSV文件。案例4和案例5说明了数据处理流程。

最后，介绍JSON数据交换，案例8展示搜狐证券贵州茅台股票数据解码，为数据分析提供基础。

本章提供了MySQL、Excel、CSV和JSON工具的基本用法，为金融数据分析提供支持，以实现高效数据处理、分析和应用。

第8章

金融大数据可视化基础库：Matplotlib

金融大数据可视化将复杂的金融数据转化为直观、易懂的图形和图表，以帮助人们更好地理解和分析金融领域的数据，从而支持决策和洞察。

8.1 金融大数据可视化库

在金融大数据可视化中常见的金融大数据可视化基础库有以下几种。

（1）Matplotlib：它是一个常用的Python数据可视化库，提供广泛的绘图工具和函数，用于创建各种类型的图表和可视化。

（2）Seaborn：它是建立在Matplotlib之上的统计数据可视化库，它提供更高级的图表样式和绘图函数，能够快速创建各种统计图表，如分布图、核密度图、箱线图等。Seaborn的设计目标是让数据可视化变得更加简单和美观。

（3）Plotly：它是一个交互式数据可视化库，它提供丰富的图表类型和可交互性功能。Plotly支持创建动态、可缩放和可导出的图表，可以用于创建交互式的金融图表、地理空间可视化、时间序列分析等。

（4）Bokeh：它是一个交互式可视化库，它专注于提供高性能的交互式图表和可视化工具。Bokeh支持在浏览器中创建交互式图表，可以进行缩放、平移和悬停等操作，适合用于构建交互式的金融图表、动态数据可视化等。

这些库都提供丰富的图表类型和功能，大家可以根据需求选择适合的库进行金融大数据可视化。同时，这些库都有详细的文档和示例代码，可以帮助用户快速上手和使用。

本章我们先介绍Matplotlib库，因为它是基础库，提供丰富的功能，且具有灵活性，可以满足各种需求。

8.2 金融大数据可视化方法和图表类型

在金融大数据可视化中，有许多常用的方法和图表类型，可以用来呈现和分析金融数据。对于这些方法和图表类型，可以根据数据的特性和分析目的选择合适的方式进行可视化。下面是一些常见的金融大数据可视化的方法和图表类型：

（1）K线图（Candlestick Chart）：K线图是用于展示金融资产价格走势的常见图表类型。它通过展示每个时间周期内的开盘价、最高价、最低价和收盘价，帮助用户识别价格趋势和价格反转的信号。

（2）折线图（Line Chart）：折线图用于展示金融资产价格、指标或其他数据随时间变化的趋势。它可以用于绘制收盘价、移动平均线、指标数值等，以观察价格或指标的趋势和周期性。

（3）条形图（Bar Chart）：条形图常用于表示金融资产的交易量或其他离散数据。它可以用于比较不同时间段的交易量、市场成交额等信息。

（4）散点图（Scatter Plot）：散点图用于展示两个变量之间的关系。在量化交易中，可以使用散点图探索不同金融资产之间的相关性或组合策略的绩效等。

（5）热力图（Heatmap）：热力图用于以矩阵形式展示数据的相对大小或相关性。在量化交易中，可以使用热力图可视化不同金融资产之间的相关性矩阵或指标的历史变化。

（6）直方图（Histogram）：直方图用于展示数据的分布情况。在量化交易中，可以使用直方图观察金融资产价格或指标的分布情况，以及寻找潜在的价格区间或交易信号。

（7）饼图（Pie Chart）：饼图用于展示组成部分的相对比例。在量化交易中，可以使用饼图展示不同资产类别的投资组合分配比例。

8.3 使用Matplotlib绘制图表

8.3.1 安装Matplotlib

安装Matplotlib可以使用pip工具，安装指令如下。

```
pip install matplotlib
```

安装过程如图8-1所示。

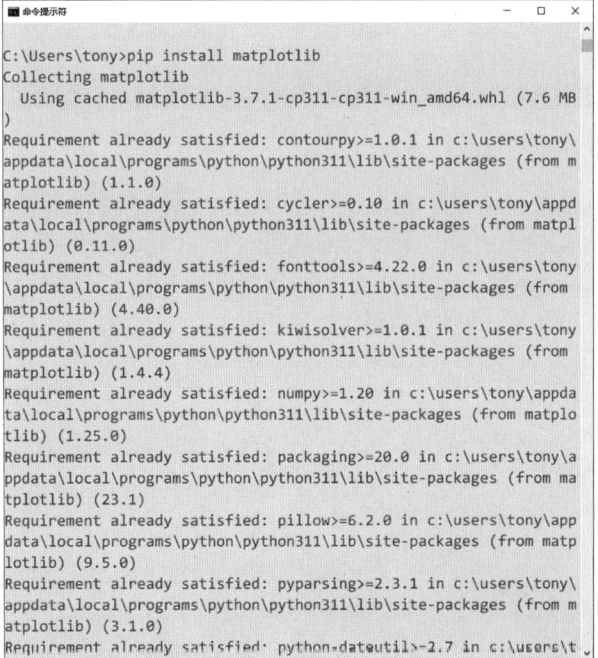

图8-1　安装过程

8.3.2 图表的基本构成要素

图8-2所示的是一个折线图表,其中有标题,以及x轴和y轴坐标,可以为x轴和y轴添加标题。x轴和y轴有默认刻度,可以根据需要改变刻度,还可以为刻度添加标题。图表中有类似的图形时,可以为其添加图例,用不同的颜色标识它们的区别。

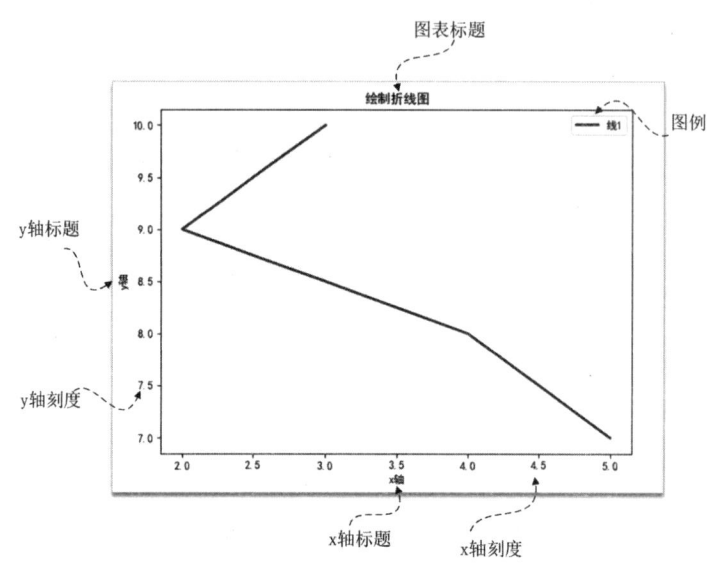

图8-2 折线图表

8.3.3 绘制折线图

下面通过一个常用图表介绍Matplotlib库的使用方法。折线图是由线构成的,是比较简单的图表。绘制折线图的示例代码如下。

```
import matplotlib.pyplot as plt
plt.rcParams['font.family'] = ['SimHei']          # 设置中文字体
plt.rcParams['axes.unicode_minus'] = False        # 设置负号显示
x = [-5, -4, 2, 1]   # x轴坐标数据                ①
y = [7, 8, 9, 10]    # y轴坐标数据                ②
# 绘制线段
plt.plot(x, y, 'b', label='线1', linewidth=2)     ③
plt.title('绘制折线图')   # 添加图表标题
plt.ylabel('y轴')    # 添加y轴标题
plt.xlabel('x轴')    # 添加x轴标题
plt.legend()   # 设置图例
# 以分辨率 72 来保存图片
plt.savefig('折线图', dpi=72)                     ④
```

```
plt.show()    # 显示图形                              ⑤
```

使用Jupyter Notebook工具运行上述代码，会生成图片，图片会嵌入页面，如图8-3所示。

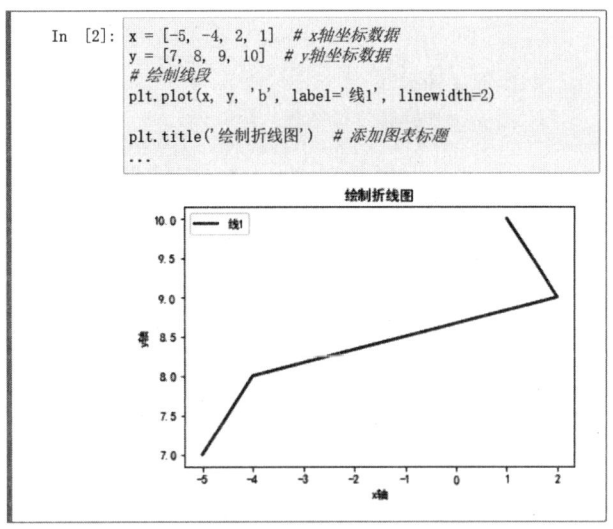

图 8-3　程序运行结果

代码解释如下。

- 代码第①行定义了x轴的坐标数据，即[-5,-4,2,1]。
- 代码第②行定义了y轴的坐标数据，即[7,8,9,10]。
- 代码第③行使用plot()函数绘制折线图。b表示蓝色线条，label用于指定图例标签，linewidth设置线条的宽度。
- 代码第④行保存图形为名为折线图的文件，保存的分辨率为72dpi。
- 代码第⑤行显示绘制的图形。

8.3.4　绘制柱状图

下面我们介绍如何使用Matplotlib绘制柱状图，示例代码如下。

```
import matplotlib.pyplot as plt
plt.rcParams['font.family'] = ['SimHei']       # 设置中文字体
plt.rcParams['axes.unicode_minus'] = False     # 设置负号显示


x1 = [1, 3, 5, 7, 9]      # x1轴坐标数据
y1 = [5, 2, 7, 8, 2]      # y1轴坐标数据


x2 = [2, 4, 6, 8, 10]     # x2轴坐标数据
y2 = [8, 6, 2, 5, 6]      # y2轴坐标数据
```

```python
# 绘制柱状图
plt.bar(x1, y1, label='柱状图1')         ①
plt.bar(x2, y2, label='柱状图2')         ②
plt.title('绘制柱状图')   # 添加图表标题

plt.ylabel('y轴')    # 添加y轴标题
plt.xlabel('x轴')    # 添加x轴标题

plt.legend()          # 设置图例
plt.show()
```

使用Jupyter Notebook工具运行上述代码，绘制的柱状图如图8-4所示。

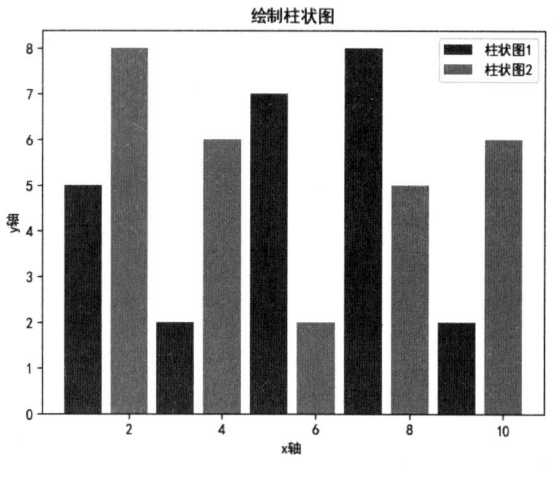

图8-4 绘制柱状图

上述代码绘制了具有两种不同图例的柱状图。代码第①行和第②行通过bar()函数绘制柱状图。

8.3.5 绘制饼状图

饼状图用来展示各分项在总和中的比例。饼状图有点特殊，它没有坐标。绘制饼状图的示例代码如下。

```python
import matplotlib.pyplot as plt
plt.rcParams['font.family'] = ['SimHei'] # 设置中文字体
# 股票投资组合数据
portfolio = {
    'AAPL': 30,    # 苹果公司占比30%
    'GOOGL': 20,   # 谷歌公司占比20%
    'AMZN': 25,    # 亚马逊公司占比25%
    'MSFT': 15,    # 微软公司占比15%
```

```
        'FB': 10   # Facebook公司占比10%
}

# 提取数据和标签
stocks = list(portfolio.keys())                    ①
weights = list(portfolio.values())                 ②

# 绘制饼状图
plt.pie(weights, labels=stocks, autopct='%1.1f%%') ③

# 设置图表标题
plt.title(' 股票投资组合 ')

# 显示图形
plt.show()
```

上述代码使用Matplotlib库绘制了一个饼状图，展示了股票投资组合中不同股票的比例关系。使用Jupyter Notebook工具运行上述代码，绘制的饼状图如图8-5所示。

代码解释如下。

- 代码第①行将股票投资组合字典中的键（股票名称）提取为一个列表，即list(portfolio.keys())。
- 代码第②行将股票投资组合字典中的值（占比）提取为一个列表，即list(portfolio.values())。
- 代码第③行使用plt.pie()函数绘制饼状图，传入占比数据（weights）和标签（stocks），并使用autopct参数设置百分比的显示格式，其中%1.1f%%是格式化字符串，第1个数字"1"表示输出的字符串

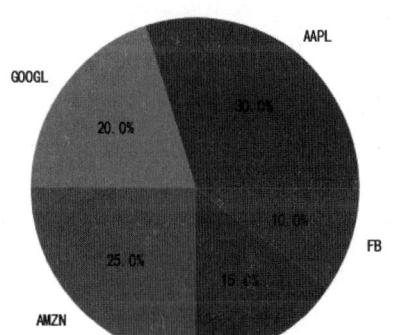

图 8-5　绘制饼状图

至少要占用1位字符的宽度，小数点.用来分隔整数部分和小数部分，第1个数字"1"表示小数部分保留1位小数，%%显示一个百分号"%"。

8.3.6　绘制散点图

绘制散点图是一种常用的数据可视化方法，用于展示两个变量之间的关系。在Matplotlib中，可以使用plt.scatter()函数绘制散点图。绘制散点图的示例代码如下。

```
import matplotlib.pyplot as plt
plt.rcParams['font.family'] = ['SimHei']       # 设置中文字体
plt.rcParams['axes.unicode_minus'] = False # 设置负号显示
```

```
# 股票数据
closing_prices = [100, 110, 120, 115, 105]   # 收盘价数据
volume = [1000, 1500, 2000, 1800, 1200]   # 成交量数据

# 绘制散点图
plt.scatter(closing_prices, volume)

# 设置图表标题和轴标签
plt.title('股票收盘价与成交量关系')
plt.xlabel('收盘价')
plt.ylabel('成交量')

# 显示图形
plt.show()
```

上述码定义了两个变量closing_prices和volume，分别表示股票的收盘价和成交量数据。然后，使用plt.scatter()函数绘制散点图，并传入收盘价和成交量的数据。接下来，使用函数plt.title()、plt.xlabel()和plt.ylabel()设置图表标题、x轴标签和y轴标签。最后，使用plt.show()显示图形。

使用Jupyter Notebook工具运行上述代码，绘制的散点图如图8-6所示。

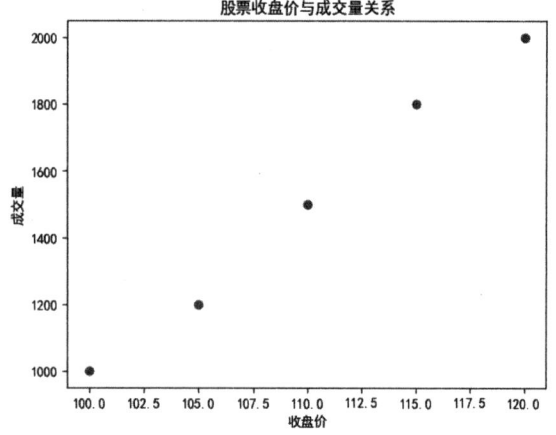

图 8-6　绘制散点图

8.3.7　绘制子图表

在一个画布中可以绘制多个子图表，设置子图表的位置函数是subplot()。subplot()函数语法如下。

```
subplot(nrows, ncols, index, **kwargs)
```

参数nrows是设置总行数；参数ncols是设置总列数；index是要绘制的子图的位置，index从1开始到nrows × ncols结束。

图8-7所示的是2行2列的子图表布局，subplot(2, 2,1)函数也可以表示为subplot(221)。

绘制子图表的示例代码如下。

(221)	(222)
(223)	(224)

图 8-7　子图表布局

```
import matplotlib.pyplot as plt
import numpy as np
```

```python
plt.rcParams['font.family'] = ['SimHei']  # 设置中文字体
plt.rcParams['axes.unicode_minus'] = False  # 设置负号显示

# 绘制柱状图
def drowsubbar():
    x1 = [1, 3, 5, 7, 9]       # x1轴坐标数据
    y1 = [5, 2, 7, 8, 2]       # y1轴坐标数据
    x2 = [2, 4, 6, 8, 10]      # x2轴坐标数据
    y2 = [8, 6, 2, 5, 6]       # y2轴坐标数据

    # 绘制柱状图
    plt.bar(x1, y1, label='柱状图1')
    plt.bar(x2, y2, label='柱状图2')
    plt.title('绘制柱状图')      # 添加图表标题
    plt.ylabel('y轴')            # 添加y轴标题
    plt.xlabel('x轴')            # 添加x轴标题

# 绘制饼状图
def drowsubpie():
    # 各种活动标题列表
    activies = ['工作', '睡', '吃', '玩']
    # 各种活动所占时间列表
    slices = [8, 7, 3, 6]
    # 各种活动在饼状图中的颜色列表
    cols = ['c', 'm', 'r', 'b']
    plt.pie(slices, labels=activies, colors=cols,
            shadow=True, explode=(0, 0.1, 0, 0), autopct='%.1f%%')
    plt.title('绘制饼状图')

# 绘制折线图
def drowsubline():
    x = [5, 4, 2, 1]   # x轴坐标数据
    y = [7, 8, 9, 10]  # y轴坐标数据

    # 绘制线段
    plt.plot(x, y, 'b', label='线1', linewidth=2)
    plt.title('绘制折线图')    # 添加图表标题
    plt.ylabel('y轴')          # 添加y轴标题
    plt.xlabel('x轴')          # 添加x轴标题
    plt.legend()    # 设置图例
```

```
# 绘制散点图
def drowssubscatter():
    n = 1024
    x = np.random.normal(0, 1, n)
    y = np.random.normal(0, 1, n)
    plt.scatter(x, y)
    plt.title('绘制散点图')

plt.subplot(2, 2, 1)   # 替换(221)          ①
drowsubbar()                                ②

plt.subplot(2, 2, 2)   # 替换(222)
drowsubpie()

plt.subplot(2, 2, 3)   # 替换(223)
drowsubline()

plt.subplot(2, 2, 4)   # 替换(224)
drowssubscatter()

plt.tight_layout()     # 调整布局           ③
plt.show()
```

使用Jupyter Notebook工具运行上述代码，绘制的子图表如图8-8所示。

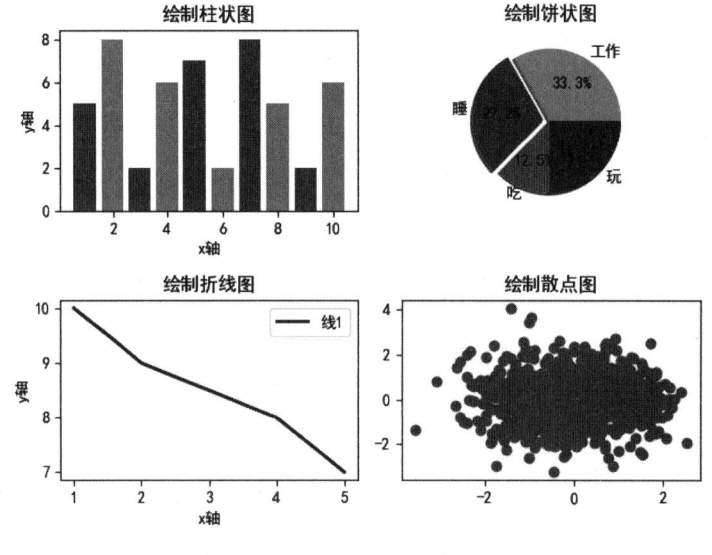

图8-8　绘制子图表

代码解释如下。

- 代码第①行调用 plt.subplot(2, 2, 1) 函数设置要绘制的子图表的位置。
- 代码第②行调用自定义函数 drowsubbar() 绘制柱状图。
- 代码第③行调整各个图表布局，使它们都能正常显示，否则会出现子图表之间部分重叠现象。

8.3.8 案例1：绘制贵州茅台股票历史成交量折线图

下面我们通过一个案例介绍一下如何使用 Matplotlib 绘制折线图。

案例背景

最近笔者研究贵州茅台股票数据，为此收集了贵州茅台股票历史成交量数据，数据保存在贵州茅台股票历史交易数据.csv 文件中，文件内容如图 8-9 所示。

	Date	Open	Close	High	Low	Volume
2	2023/3/31	2045.1	2009	2000	2046.02	37154
3	2023/3/30	2040	2056.05	2035.08	2086	32627
4	2023/3/29	2043.2	2034.1	2026.15	2096.35	56992
5	2023/3/26	1985	2013	1958	2022	50016
6	2023/3/25	1970.01	1971	1946.8	1988.88	31575
7	2023/3/24	1981	1989	1981	2013	29357
8	2023/3/23	1998.88	1996	1970	2008.8	27446
9	2023/3/22	2000.1	1989.99	1955.55	2026.09	36914
10	2023/3/19	2035	2010	1992.23	2043	35781
11	2023/3/18	2035	2069.7	2035	2086.36	33865
12	2023/3/17	2000	2030.36	1976.01	2050	31375
13	2023/3/16	1974.93	2010.5	1965	2019.99	34648
14	2023/3/15	2050	1975.45	1951.15	2069.8	62485
15	2023/3/12	2070	2026	2002.01	2077	40323
16	2023/3/11	1975	2048	1961.48	2079.99	56769
17	2023/3/10	1977	1970.01	1967	1999.87	51172
18	2023/3/9	1955	1936.99	1900.18	2000	82266
19	2023/3/8	2074.96	1960	1960	2085	63100
20	2023/3/5	2000	2060.11	1988	2095	63779
21	2023/3/4	2095	2033	2010.1	2096	65088
22	2023/3/3	2040	2140	2033	2149.77	54215
23	2023/3/2	2180	2058	2033	2180	70764
24	2023/3/1	2179	2158	2120	2179	44916

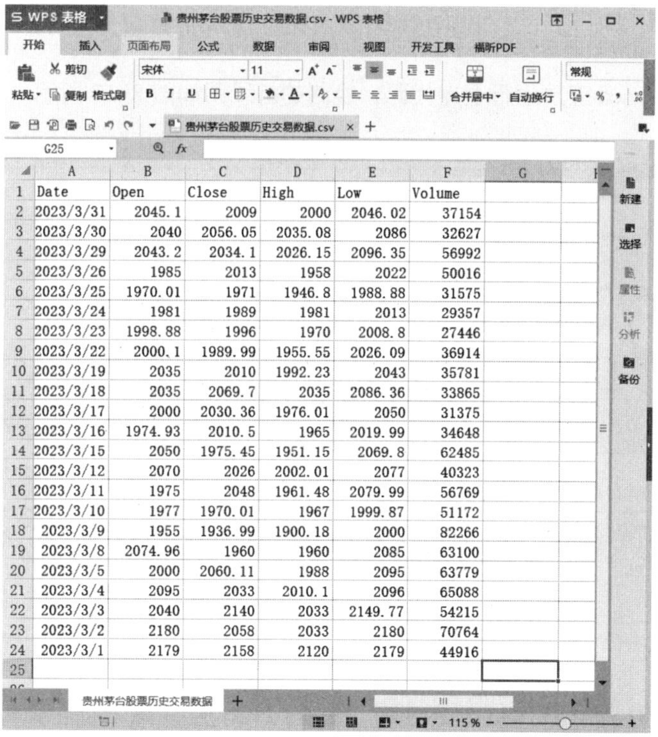

图 8-9　贵州茅台股票历史成交量 CSV 数据

案例实现代码如下。

```
import matplotlib.pyplot as plt
import pandas as pd

plt.rcParams['font.family'] = ['SimHei']           # 设置中文字体
plt.rcParams['axes.unicode_minus'] = False   # 设置负号显示
```

```python
# 设置图表大小
plt.figure(figsize=(15, 5))

f = r'data\贵州茅台股票历史交易数据.csv'
df = pd.read_csv(f, sep=',', encoding='gbk', header=0)    ①
df_sorted = df.sort_values(by='Date')                     ②
# 绘制线段
plt.plot(df_sorted['Date'], df_sorted['Volume'])          ③

plt.title('贵州茅台股票')        # 添加图表标题
plt.ylabel('成交量')             # 添加y轴标题
plt.xlabel('交易日期')           # 添加x轴标题
plt.xticks(rotation=40)                                    ④
plt.show()                       # 显示图形
```

使用Jupyter Notebook工具运行上述代码，绘制的折线图如图8-10所示。

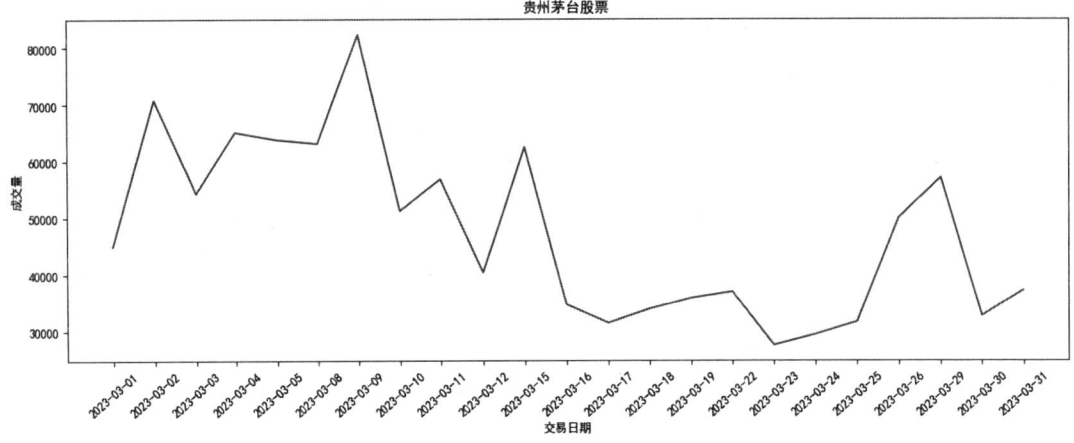

图8-10 贵州茅台股票历史成交量数据的折线图

代码解释如下。

- 代码第①行使用pd.read_csv()函数从一个CSV文件中读取数据，并将其存储在DataFrame df中。函数的参数包括文件路径 f，分隔符 sep（在此例中为逗号），字符编码 encoding（在此例中为GBK）和 header（在此例中为0，表示将文件中的第一行作为列标签）。

- 代码第②行使用 sort_values() 方法对 DataFrame df 进行排序。参数 by='Date' 表示按照Date列的值进行升序排序。排序后的结果存储在新的DataFrame df_sorted 中。

- 代码第③行使用 plt.plot() 函数绘制线段图。它通过传递参数 df_sorted['Date'] 和 df_sorted['Volume'] 绘制以 Date 列为 x 轴数据，以 Volume 列为 y 轴数据的线段图。

- 代码第④行使用 plt.xticks(rotation=40) 旋转 x 轴刻度标签，使其以40度的角度显示。这样可以避免刻度标签之间的重叠,提高可读性。

8.3.9 案例2:绘制贵州茅台股票OHLC折线图

股票的OHLC(开盘价、最高价、最低价、收盘价)线图是一种常见的图表类型,用于Open(展示股票的开盘价)、High(最高价)、Low(最低价)和Close(收盘价)的变化情况。下面是示例代码,展示如何使用Matplotlib库绘制股票的OHLC线图。

```python
import matplotlib.pyplot as plt
import pandas as pd

plt.rcParams['font.family'] = ['SimHei']    # 设置中文字体
plt.rcParams['axes.unicode_minus'] = False  # 设置负号显示

# 设置图表大小
plt.figure(figsize=(15, 5))

f = r'data\贵州茅台股票历史交易数据.csv'
df = pd.read_csv(f, sep=',', encoding='gbk', header=0)
df_sorted = df.sort_values(by='Date')

plt.title('贵州茅台股票OHLC折线图')  # 添加图表标题

plt.plot(df_sorted['Date'], df_sorted['Open'], label='开盘价')
plt.plot(df_sorted['Date'], df_sorted['High'], label='最高价')
plt.plot(df_sorted['Date'], df_sorted['Low'], label='最低价')
plt.plot(df_sorted['Date'], df_sorted['Close'], label='收盘价')

plt.title('贵州茅台股票OHLC折线图')  # 添加图表标题
plt.ylabel('成交量')  # 添加y轴标题
plt.xlabel('交易日期')  # 添加x轴标题
plt.xticks(rotation=40)
plt.legend()  # 设置图例

# 保存图片
plt.savefig('贵州茅台股票OHLC折线图', dpi=200)
plt.show()  # 显示图形
```

使用Jupyter Notebook工具运行上述代码,绘制的股票OHLC线图如图8-11所示。

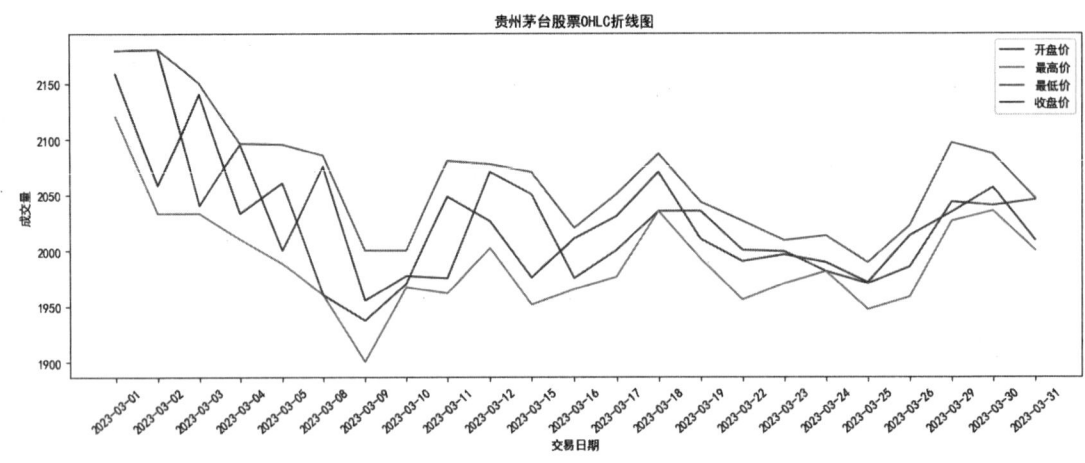

图 8-11 贵州茅台股票历史成交量数据OHLC线图

上述代码与案例1类似，这里不再赘述。

8.4 mplfinance库

mplfinance是一个基于Matplotlib的金融大数据可视化库。它提供简单易用的函数和方法，使绘制金融图表变得简单和高效。

mplfinance库的主要特点包括以下几个方面。

（1）支持绘制多种金融图表：mplfinance库支持绘制各种金融图表，包括K线图、OHLC图、成交量图、移动平均线图等。这些图表能够展示金融市场的价格走势、成交量情况等重要信息。

（2）灵活的图表配置选项：mplfinance库提供丰富的配置选项，可以调整图表的样式、颜色、标签等，以满足用户对图表外观的需求。

（3）支持多种数据格式：mplfinance库可以接受将多种数据格式作为输入，包括Pandas的DataFrame、NumPy的数组、Python的字典等。这使用户可以方便地将自己的数据导入并绘制相应的金融图表。

（4）交互式功能：mplfinance库支持交互式功能，用户可以通过缩放、平移等操作查看图表的不同部分，以便更详细地观察和分析金融数据。

mplfinance库为金融数据的可视化提供了方便和强大的工具，使用户可以更好地理解和分析金融市场的走势和趋势。无论是专业的金融分析师还是普通的投资者，都可以通过mplfinance库创建具有吸引力和信息丰富的金融图表。

8.4.1 K线图

K线（Candlestick Chart）又称"阴阳烛"图，它将OHLC信息绘制在一张图表上，宏观上可以反映价格走势，微观上可以看出每天的涨跌等信息。K线图广泛用于股票、期货、贵金属、数字货币等行情的技术分析，称为K线分析。

K线可分"阳线""阴线"和"中立线"三种，阳线代表收盘价大于开盘价；阴线代表开盘价大于收盘价；中立线则代表开盘价等于收盘价。如图8-12所示，K线中的阴阳线，在中国大陆、日本及韩国，阳线以红色表示，阴线以绿色表示，即红升绿跌。而在中国香港和欧美，习惯则正好相反，阴线以红色表示，阳线以绿色表示，即绿升红跌。

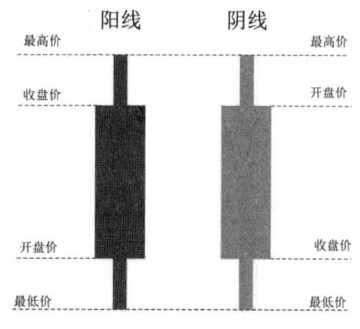

图8-12　K线中的阴阳线

8.4.2 绘制K线图

要绘制K线图，可以使用mplfinance库（Matplotlib Finance）。以下是使用mplfinance库绘制K线图的示例代码。

```
import pandas as pd
import mplfinance as mpf                                           ①
# 读取股票数据
data = pd.read_csv('stock_data.csv', parse_dates=True, index_col=0) ②
# 绘制 K 线图
mpf.plot(data, type='candle', mav=(10, 20), volume=True, show_
nontrading=True)    ③
```

解释代码如下。
- 代码第①行导入了必要的库：pandas用于数据处理，mplfinance用于绘制K线图。
- 代码第②行通过pd.read_csv()函数读取股票数据文件，并指定parse_dates=True参数以解析日期数据，index_col=0参数指定将第一列作为索引。
- 代码第③行使用mpf.plot()函数绘制K线图。参数type='candle'表示使用蜡烛图类型的K线图，mav=(10, 20)表示绘制10日和20日的移动平均线，volume=True表示绘制成交量图，show_nontrading=True表示显示非交易日的空白区域。

> **注意**
> 上述代码需要确保已安装mplfinance库，安装指令：pip install mplfinance。具体细节不再赘述。

8.4.3 案例3：绘制贵州茅台股票K线图

下面我们通过一个具体案例介绍一下如何绘制K线图。该案例是从贵州茅台股票历史交易数据.csv文件中读取数据，并使用mplfinance库绘制K线图。

具体案例代码如下。

```
import matplotlib.pyplot as plt
```

```
import pandas as pd
import mplfinance as mpf                                    ①

plt.rcParams['font.family'] = ['SimHei']        # 设置中文字体
plt.rcParams['axes.unicode_minus'] = False      # 设置负号显示

f = r'data\贵州茅台股票历史交易数据.csv'

# 读取股票数据
data = pd.read_csv(f, parse_dates=True, index_col=0)        ②
market_colors = mpf.make_marketcolors(up='red', down='green')  ③

my_style = mpf.make_mpf_style(marketcolors=market_colors)   ④
# 绘制K线图
mpf.plot(data, type='candle',                               ⑤
         mav=(10, 20),
         volume=True,
         show_nontrading=True,
         style=my_style)
```

使用Jupyter Notebook工具运行上述代码，绘制K线图，如图8-13所示。

8.5 绘制移动平均线图

移动平均线图是一种常用的技术分析工具，用于平滑股票价格的波动并展示价格趋势。它是根据一定时间段内的股票收盘价计算出的平均值，并以线的形式展示在价格图表上。

移动平均线图的主要目的是消除价

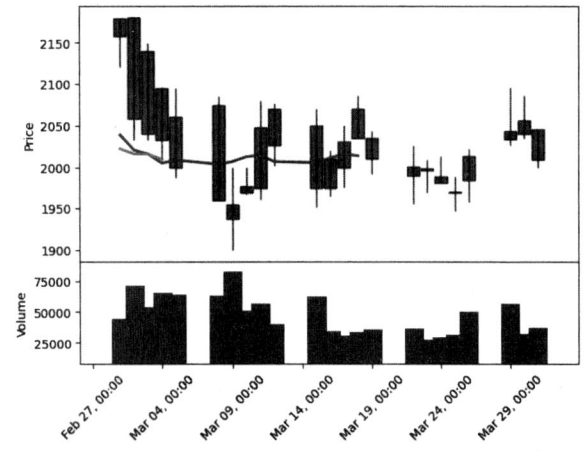

图8-13　贵州茅台股票历史成交量数据K线图

格波动的噪声，帮助识别价格的趋势。它可以展示价格的长期趋势和短期波动，以及支撑和阻力水平。

常见的移动平均线类型包括简单移动平均线（Simple Moving Average，SMA）和指数移动平均线（Exponential Moving Average，EMA）。简单移动平均线使用相同的权重对所有数据进行平均，而指数移动平均线则更加重视最近的数据。

移动平均线图通常会绘制在股票K线图或蜡烛形图的同一个坐标系内，以便与价格走势进行视觉上的比较。移动平均线图主要有以下两种绘制位置。

（1）在股票价格图表的正下方绘制移动平均线图：这种绘制位置可以让我们很容易看出，价格是否有突破或跌破移动平均线的现象。

（2）在股票价格图表的正上方绘制移动平均线图：这种绘制位置更便于观察移动平均线曲线是否在为价格曲线提供支持或形成压力。

总的来说，移动平均线图通过在价格图表的上下位置绘制，并拿价格与其比较，来达到分析和预测股价趋势的技术分析效果。

通过观察移动平均线的走势和与价格的关系，分析人员可以判断股票价格的趋势是否上涨、下跌或横盘。移动平均线图也常用于制定买入和卖出的交易策略，例如，当价格从下方穿过移动平均线时，产生买入信号；当价格从上方穿过移动平均线时，产生卖出信号。

移动平均线图在金融分析和交易决策中被广泛使用，可帮助投资者和交易员更好地理解价格趋势和市场行为。

下面的代码用来计算 5 日和 10 日移动平均线。

```
f = r'data\贵州茅台股票历史交易数据.csv'
# 读取股票数据
data = pd.read_csv(f, parse_dates=True)

# 计算移动平均线
data['MA5'] = data['Close'].rolling(window=5).mean()      ①
data['MA10'] = data['Close'].rolling(window=10).mean()    ②
```

代码解释如下。

- 代码第①行 data['MA5'] = data['Close'].rolling(window=5).mean()：计算 5 日移动平均线。data['Close'] 表示选取 DataFrame 中的 Close 列，即收盘价数据。.rolling(window=5) 表示对选定的数据进行滚动计算，窗口大小为 5。.mean() 表示对窗口内的数据取平均值。将计算得到的移动平均线数据存储在名为 MA5 的新列中。
- 代码第②行 data['MA10'] = data['Close'].rolling(window=10).mean()：计算 10 日移动平均线，同步骤①，将计算结果存储在名为 MA10 的新列中。

通过上述代码，我们可以得到贵州茅台股票历史交易数据的 5 日和 10 移动平均线数据，并将其添加到数据集中，方便后续使用和可视化。

8.5.1 案例4：绘制贵州茅台股票5日和10日移动平均线图

移动平均线图，事实上就是折线图，所以我们可以使用 8.3.3 小节的方法绘制移动平均线图，具体的实现代码如下。

```
import matplotlib.pyplot as plt
import pandas as pd
```

```
plt.rcParams['font.family'] = ['SimHei']   # 设置中文字体
plt.rcParams['axes.unicode_minus'] = False   # 设置负号显示

f = r'data\贵州茅台股票历史交易数据.csv'
# 读取股票数据
data = pd.read_csv(f, parse_dates=True)

# 计算移动平均线
data['MA5'] = data['Close'].rolling(window=5).mean()
data['MA10'] = data['Close'].rolling(window=10).mean()

# 绘制收盘价和移动平均线走势图
plt.figure(figsize=(10, 6))                                           ①
plt.plot(data['Date'], data['Close'], label='Close')                  ②
plt.plot(data['Date'], data['MA5'], label='5日移动平均线')              ③
plt.plot(data['Date'], data['MA10'], label='10日移动平均线')            ④
plt.xlabel('日期')
plt.ylabel('收盘价')
plt.title('贵州茅台股票收盘价和移动平均线走势图')
plt.xticks(rotation=45)
plt.legend()
plt.grid(True)                                                        ⑤
plt.show()
```

使用Jupyter Notebook工具运行上述代码，绘制5日和10日移动平均线图，如图8-14所示。

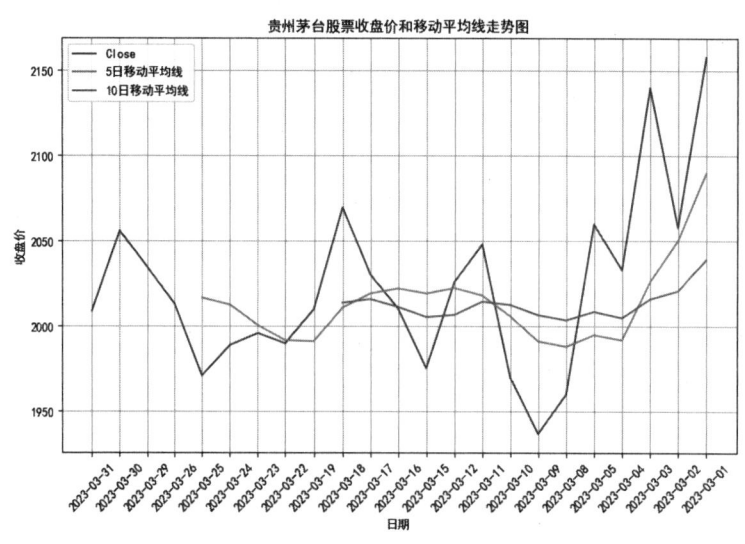

图8-14　5日和10日移动平均线图

代码解释如下。
- 代码第①行设置平均线图的大小为10×6英寸。这行代码用于创建一个新的绘图窗口,指定图形的大小,以便更好地显示绘制的图形。
- 代码第②行绘制收盘价的折线图。通过传入data['Date']将其作为横轴数据,将data['Close']作为纵轴数据,绘制收盘价的走势,并添加图例标签为Close。这行代码将收盘价的数据作为纵轴数据,以日期为横轴数据,绘制了收盘价的走势线。
- 代码第③行绘制5日移动平均线的折线图。通过传入data['Date']将其作为横轴数据,data['MA5']作为纵轴数据,绘制5日移动平均线的走势,并添加图例标签为5日移动平均线。这行代码将5日移动平均线的数据作为纵轴数据,以日期为横轴数据,绘制了5日移动平均线的走势线。
- 代码第④行绘制10日移动平均线的折线图。通过传入data['Date']将其作为横轴数据,将data['MA10']作为纵轴数据,绘制10日移动平均线的走势,并添加图例标签为10日移动平均线。这行代码将10日移动平均线的数据作为纵轴数据,以日期为横轴数据,绘制了10日移动平均线的走势线。
- 代码第⑤行 plt.grid(True):显示网格线。这行代码表示在绘图中显示网格线,增加图形的可读性和辅助分析。网格线有助于更清晰地观察数据的走势和趋势。

8.5.2 案例5:绘制K线图+移动平均线图

如果能同时将K线图和移动平均线绘制在一个图表上,那么可以提供更加直观全面的信息,为我们的技术分析和策略开发提供依据。在实际应用中,也经常会将二者结合使用。mplfinance库可以实现这个操作。

具体的实现代码如下。

```
import matplotlib.pyplot as plt
import mplfinance as mpf
import pandas as pd

plt.rcParams['font.family'] = ['SimHei']        # 设置中文字体
plt.rcParams['axes.unicode_minus'] = False      # 设置负号显示
f = r'data\贵州茅台股票历史交易数据.csv'

# 读取股票数据
df = pd.read_csv(f, index_col='Date', parse_dates=True)
ma5 = df['MA5'] = df['Close'].rolling(5,min_periods=1).mean()
ma20 = df['MA20'] = df['Close'].rolling(20,min_periods=1).mean()
# 添加移动平均线参数
ap0 = [
```

```
        mpf.make_addplot(ma5,color="b", width=1.5),          ①
        mpf.make_addplot(ma20,color="y", width=1.5),         ②
]
market_colors = mpf.make_marketcolors(up='red', down='green', )  ③
my_style = mpf.make_mpf_style(marketcolors=market_colors)        ④
# 绘制K线图
mpf.plot(df, type='candle',             ⑤
         figratio=(10,4),               ⑥
         mav=(10, 20),                  ⑦
         show_nontrading=True,          ⑧
         addplot = ap0,                 ⑨
         style=my_style)                ⑩
mpf.show()                              ⑪
```

使用Jupyter Notebook工具运行上述代码，绘制K线图+移动平均线图（5日和20日），如图8-15所示。

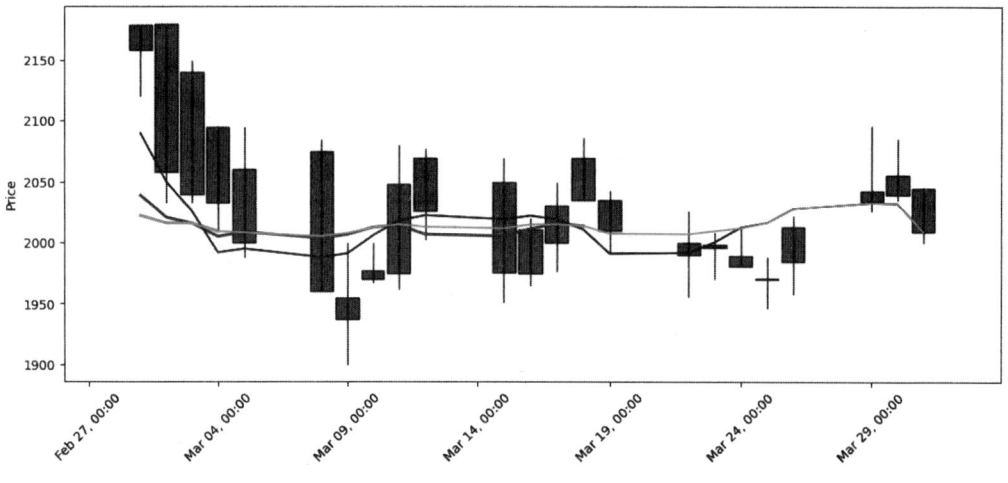

图8-15 K线图+移动平均线图（5日和20日）

代码解释如下。

- 代码第①行和第②行，创建了移动平均线的数据列ma5和ma20，分别表示5日移动平均线和20日移动平均线。这里使用rolling函数计算滚动平均值。

- 代码第③行定义了市场颜色，通过make_marketcolors函数创建了一个包含红色上涨和绿色下跌的颜色设置。

- 代码第④行使用make_mpf_style函数创建了一个自定义样式，其中包含定义的市场颜色设置。

- 代码第⑤行调用mpf.plot函数绘制K线图。type='candle'表示绘制蜡烛图，即K线图。其他参数包括图形比例、移动平均线参数、是否显示非交易日、附加绘图等。

- 代码第⑥行设置图形的宽高比。
- 代码第⑦行设置移动平均线的参数。
- 代码第⑧行设置是否显示非交易日的数据。
- 代码第⑨行添加了移动平均线图到K线图。
- 代码第⑩行使用自定义样式进行绘图。
- 代码第⑪调用mpf.show()函数显示图形。

8.6 本章总结

本章介绍了金融大数据可视化的方法，强调了可视化对理解趋势、支持决策的重要性；探讨了Matplotlib库绘制图表的步骤，包括折线图、柱状图等；介绍了mplfinance库用于K线图绘制的方法；最后，提到了移动平均线图的绘制方法。总之，本章为金融大数据可视化提供了基本技巧，提升了分析和应用的效果。

第9章

金融大数据可视化进阶库：Seaborn

第9章 金融大数据可视化进阶库：Seaborn

在金融大数据分析中，Seaborn库可以帮助我们快速可视化数据，探索数据的分布、关系和模式。

9.1 Seaborn库概述

Seaborn 是一个基于 Matplotlib 的 Python 数据可视化库，它提供一些高级接口和样式设置，使创建漂亮且具有吸引力的统计图形变得更加简单。

9.1.1 使用Seaborn图表的主要优点

Seaborn库在Matplotlib的基础上高度封装了绘图，它的优点主要表现在以下几个方面。

（1）绘图更加美观。Seaborn有预设的色系和样式，能自动制作更美观的图表。

（2）简洁的API。Seaborn与Pandas结合紧密，可以通过Pandas的DataFrame直接绘制图表，使用简单。

（3）有更多统一的接口。Seaborn有更多高级的、方便的绘图接口，如relplot()、catplot()等。

（4）有更多统计图表。Seaborn内置许多统计图表，如PairGrid（散点矩阵图）、FacetGrid（小多图）、Clustermap（热力图）等。

（5）更加灵活。Seaborn的图表可以方便调整样式，通过调整色系、坐标轴范围、图例位置等达到理想的效果。

所以，总结起来，相比于Matplotlib，Seaborn的优势在于以下几个方面。

（1）更漂亮的图形样式和预设色系。

（2）简单易用的API，特别适合和Pandas结合。

（3）内置更多高级统计图表。

（4）具有更高的灵活性和定制性。

这些都是Matplotlib相对欠缺的，所以Seaborn的出现弥补了Matplotlib在数据可视化方面的不足。

9.1.2 安装Seaborn库

在使用Seaborn库前，要确保已安装Seaborn库，如图9-1所示。安装指令：pip install Seaborn，具体细节不再赘述。

图9-1 安装Seaborn库

9.1.3 设置Seaborn的样式

在Seaborn中，我们可以设置图表的样式。Seaborn内置样式有darkgrid、whitegrid、dark、white和ticks共5种。示例代码如下。

```
import seaborn as sns                                              ①
import pandas as pd
import matplotlib.pyplot as plt
sns.set()  # 使用 Seaborn 库的默认设置来绘制图形                     ②
# 准备股票数据
data = pd.DataFrame({'日期': ['2023-01-01', '2023-01-02', '2023-01-03',
'2023-01-04', '2023-01-05'], '股价': [100, 105, 98, 102, 99]})
sns.set_style('darkgrid',{'font.sans-serif':['SimHei','Arial']})   ③

# 使用 Seaborn 绘制线图
sns.lineplot(x='日期', y='股价', data=data)
plt.title('股票价格走势')      # 添加图表标题
plt.ylabel('股价')             # 添加 y 轴标题
plt.xlabel('日期')             # 添加 x 轴标题
plt.xticks(rotation=45)        # 旋转 x 轴刻度标签，以避免重叠

plt.show()
```

使用Jupyter Notebook工具运行上述代码，会生成图表，如图9-2所示。代码解释如下。

- 代码第①行导入了Seaborn库，并将其命名为sns，以便在代码中使用Seaborn的函数和方法。
- 代码第②行sns.set()使绘图具有Seaborn特定的外观和风格。
- 代码第③行设置图表的样式为darkgrid，即深色背景并添加网格线。同时，还设置了字体的样式，使用了SimHei和Arial字体。这便于在绘制图表时使用中文字符。

下面我们分别介绍Seaborn库的一些常用图表。

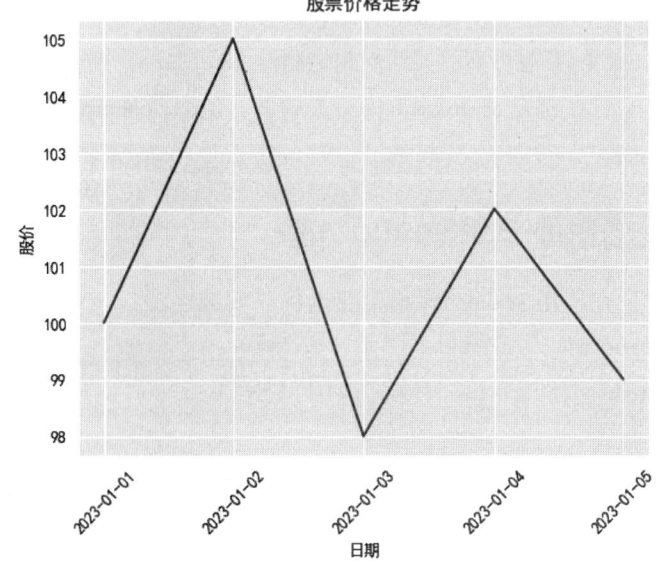

图9-2 程序运行结果

9.2 箱线图

分类图可以帮助分析和可视化不同类别的数据，从而提供更深入的洞察和决策支持。例如，在分析不同股票或资产的收益分布时，可以通过绘制箱线图或小提琴图，比较不同股票或资产的收益分布情况。这有助于了解不同类别资产的风险和收益特征，从而做出更明智的投资决策。

本节我们介绍箱线图。箱线图又称为盒须图、盒式图，是一种常用的统计图表，用于展示数据的分布情况和异常值，如图 9-3 所示。它展示一组数据的中位数、上下四分位数、最大值和最小值，并通过箱体和虚线的形式呈现。

- 上四分位数，又称"第一个四分位数"（Q1），等于该样本中所有数值由小到大排列后第 25% 的数字。
- 中位数，又称"第二个四分位数"（Q2），等于该样本中所有数值由小到大排列后第 50% 的数字。
- 下四分位数，又称"第三个四分位数"（Q3），等于该样本中所有数值由小到大排列后第 75% 的数字。

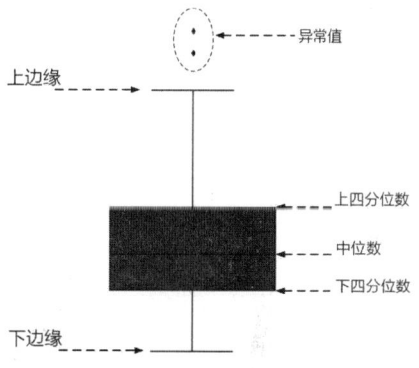

图 9-3 箱线图

Seaborn 中绘制箱线图的函数是 seaborn.boxplot，它的主要参数可以参考柱状图。

在绘制箱线图时，通常会沿着横轴放置分类变量，如日期、类别等，而纵轴则表示待分析的数值变量。

假设我们需要分析收集的股票数据是否存在异常值，下面是示例代码，展示如何使用 Python 的 Seaborn 库绘制箱线图。

```
import pandas as pd
import seaborn as sn
import matplotlib.pyplot as plt

# 设置中文显示
plt.rcParams['font.family'] = ['SimHei']
plt.rcParams['axes.unicode_minus'] = False
# 读取数据
data = pd.read_csv('data/stock_data.csv')
# 绘制箱线图
sns.boxplot(x='Day', y='Price', data=data)
# 设置图表标题和轴标签
plt.title('股票收盘价')
plt.xlabel('日期')
plt.ylabel('收盘价')
```

使用 Jupyter Notebook 工具运行上述代码，绘制股票收盘价箱线图，如图 9-4 所示。

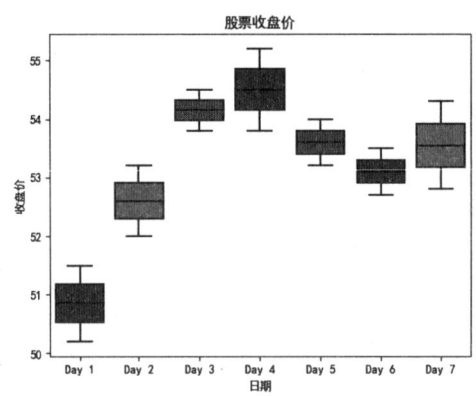

图 9-4 股票收盘价箱线图

9.3 小提琴图

小提琴图（Violin Plot）是一种常用的数据可视化图表，用于展示数值变量的分布情况和密度估计。它结合了箱线图和核密度图的特点，可以同时展示数据的中位数、四分位数、极值和密度估计。图 9-5 所示的是小提琴图。

绘制小提琴图的方法与绘制箱线图类似，可以使用 Seaborn 库中的 violinplot() 函数实现。

下面是示例代码，展示如何使用 Python 的 Seaborn 库绘制小提琴图。

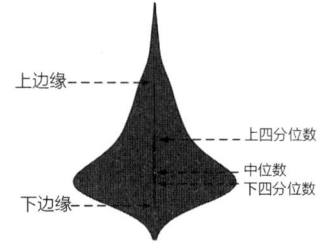

图 9-5 小提琴图

```
import pandas as pd
import seaborn as sns
import matplotlib.pyplot as plt

# 设置中文显示
plt.rcParams['font.family'] = ['SimHei']
plt.rcParams['axes.unicode_minus'] = False
# 读取数据
data = pd.read_csv('data/stock_data.csv')
# 绘制小提琴图
sns.violinplot(x='Day', y='Price', data=data)
# 设置图表标题和轴标签
plt.title('股票收盘价')
plt.xlabel('日期')
plt.ylabel('收盘价')
```

```
# 显示图形
plt.show()
```

使用Jupyter Notebook工具运行上述代码,绘制股票收盘价小提琴图,如图9-6所示。

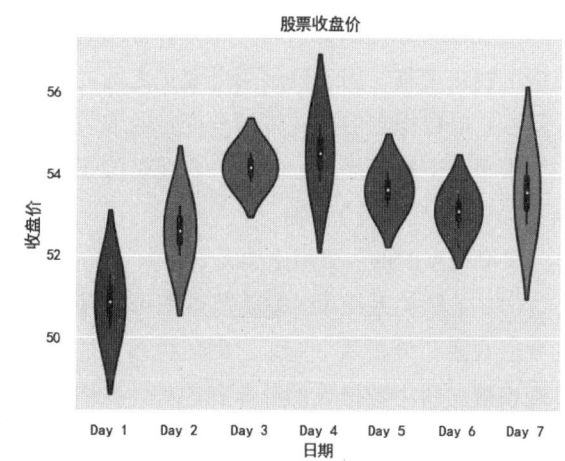

图 9-6　股票收盘价小提琴图

9.4　关联线图

关联线图(Connectivity Plot)是一种用于可视化两个连续变量之间关系的图表。它通过绘制数据点的散点图,并使用一条线将它们连接起来,展示它们之间的趋势和相关性。

下面是示例代码,用于绘制关联线图。

```
import pandas as pd
import seaborn as sns
import matplotlib.pyplot as plt

# 设置中文显示
plt.rcParams['font.family'] = ['SimHei']
plt.rcParams['axes.unicode_minus'] = False

# 读取数据
data = pd.read_csv('data/stock_data.csv')

# 绘制关联线图
sns.lineplot(x='Day', y='Price', data=data)

# 设置图表标题和轴标签
plt.title('股票收盘价趋势')
plt.xlabel('日期')
plt.ylabel('收盘价')

# 显示图形
plt.show()
```

使用Jupyter Notebook工具运行上述代码,绘制股票收盘价趋势图,如图9-7所示。

9.5 关联散点图

关联散点图（Scatter plot）是一种常用的数据可视化工具，用于展示两个变量之间的关系。它以数据点的形式将两个变量的取值在二维平面上进行展示，其中一个变量位于x轴，另一个变量位于y轴。

关联散点图的主要用途如下。

（1）变量关系探索：关联散点图可以帮助我们观察和分析两个变量之间的关系。通过观察散点图中数据点的分布和趋势，我们

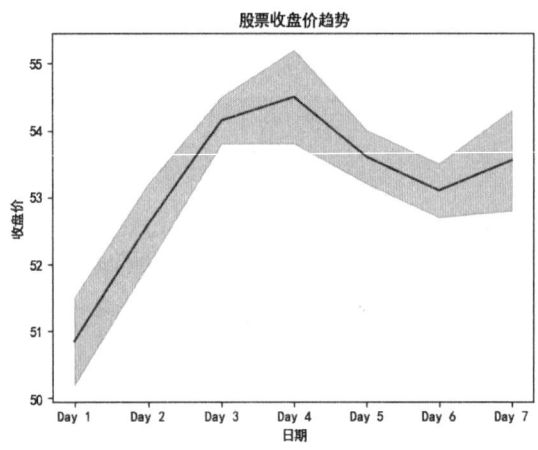

图9-7　股票收盘价趋势图

可以判断两个变量之间是否存在线性关系、非线性关系、正相关或负相关等。

（2）异常值检测：通过绘制关联散点图，我们可以发现在数据中是否存在异常值。异常值通常是在散点图中与其他数据点明显不同的点，可以引起我们的注意，便于对其进行进一步的分析和处理。

（3）群组或聚类分析：关联散点图可以帮助我们识别数据中的群组或聚类。当数据点在散点图上形成聚集或分布在不同的区域时，这可能暗示了数据中的子群体或聚类。

（4）变量趋势分析：通过观察关联散点图中数据点的分布情况，我们可以得到关于变量的趋势信息。例如，散点图中的数据点是否呈现上升或下降的趋势，或者存在周期性的变化。

总之，关联散点图是一种直观和有效的可视化工具，可帮助我们理解和分析两个变量之间的关系。它广泛应用于数据分析、探索性数据分析、机器学习和统计建模等领域。

Seaborn中关联散点图的函数是seaborn.scatterplot，它的主要参数如下。

```
seaborn.scatterplot (x=None, y=None, hue=None, style=None, size=None, data=None)
```

该函数的参数解释如下。

- x：指定散点图中x轴的数据。可以是一维的数组、Series或DataFrame的列名。
- y：指定散点图中y轴的数据。可以是一维的数组、Series或DataFrame的列名。
- hue：可选参数，用于按照某个变量对数据进行分组，并使用不同颜色表示不同组。可以是一维的数组、Series或DataFrame的列名。
- style：可选参数，用于按照某个变量对数据进行分组，并使用不同的标记样式表示不同组。可以是一维的数组、Series或DataFrame的列名。
- size：可选参数，用于按照某个变量对数据进行分组，并使用不同大小的点表示不同组。可以是一维的数组、Series或DataFrame的列名。
- data：指定要使用的数据集，可以是一个DataFrame对象。

这些参数允许用户根据不同的变量对数据进行分组和可视化，便于用户更好地观察数据之间的

关系和趋势。

示例代码如下。

```python
import seaborn as sns
import pandas as pd
import matplotlib.pyplot as plt

# 设置中文显示
plt.rcParams['font.family'] = ['SimHei']
plt.rcParams['axes.unicode_minus'] = False

# 准备数据
data = pd.DataFrame({'股票A收益率': [0.02, 0.05, -0.03, 0.01, 0.03],
                     '股票B收益率': [0.03, 0.06, -0.02, 0.02, 0.04]})

# 设置图表样式
sns.set_style('darkgrid',{'font.sans-serif':['SimHei','Arial']})

# 绘制关联散点图
sns.scatterplot(x='股票A收益率', y='股票B收益率', data=data)

# 添加图表标题和轴标签
plt.title('股票收益率相关性')
plt.xlabel('股票A收益率')
plt.ylabel('股票B收益率')

# 显示图形
plt.show()
```

使用Jupyter Notebook工具运行上述代码，绘制股票收益率相关性散点图，如图9-8所示。

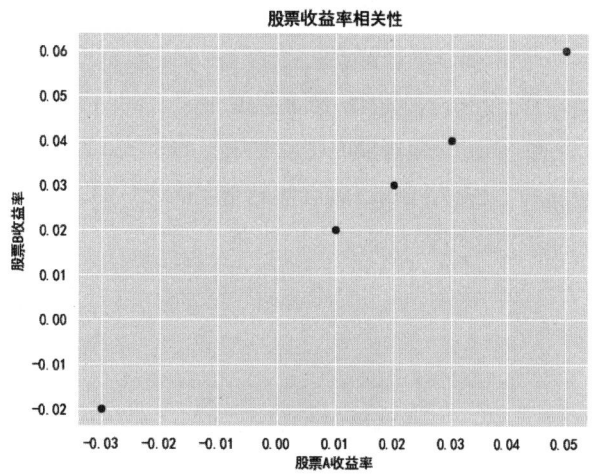

图9-8 股票收益率相关性散点图

9.6 密度图

密度图是一种用于可视化连续变量数据分布的图表。它通过在数据的横轴上绘制变量值，在纵轴上绘制相应值的频率或概率密度，从而展示数据的整体分布情况。密度图通常是通过在数据点附近绘制光滑曲线来实现可视化的，从而更好地描述数据的分布特征。

密度图在数据分析和可视化中有多种用途，具体如下。

（1）数据分布可视化：密度图可以帮助我们直观地了解数据的分布情况。通过观察密度图的形状、峰值和尾部，我们可以推测数据是集中在某个区域还是分散在多个区域，以及数据的偏态和峰度等特征。

（2）直方图替代：密度图可以作为直方图的替代，特别适用于展示连续变量的数据。相比于直方图，密度图可以提供更平滑的曲线表示数据分布，更好地捕捉数据的细节和模式。

（3）分组对比：通过在密度图中使用不同的颜色或线型表示不同组的数据，我们可以直观地比较不同组之间的数据分布情况。这对于探索不同组之间的差异和相似性非常有用。

（4）离群值检测：密度图可以帮助我们识别数据中的离群值。通常情况下，离群值在密度图中表现为较低的密度区域或孤立的峰值，相对于数据的主要分布明显不同。

（5）概率估计：密度图可以用于估计连续变量的概率密度函数。我们可以利用密度图推测某个特定值出现的概率，或者计算特定范围内的概率值。

综上所述，密度图是一种非常有用的数据可视化工具，可以帮助我们更好地理解数据的分布特征和模式，进行数据分析和推断。

Seaborn中关联密度图的函数是seaborn.kdeplot，它的主要参数如下。

```
seaborn.kdeplot(data, data2=None, shade=False)
```

该函数的参数解释如下。

- data：要绘制密度图的数据。可以是一维数组、Pandas Series 或 DataFrame，或者是类似数组的数据结构。
- data2：可选参数，用于绘制双变量密度图的第二个数据集。如果提供了 data2，则会绘制一个联合密度图，展示两个变量之间的关系。
- shade：是否填充密度曲线下的区域。默认为 False，即只绘制密度曲线，不填充区域。如果设置为 True，则会填充密度曲线下的区域，使图形更加饱满。

示例代码如下。

```
import seaborn as sns
import pandas as pd
import matplotlib.pyplot as plt

# 设置中文显示
```

```
plt.rcParams['font.family'] = ['SimHei']
plt.rcParams['axes.unicode_minus'] = False

# 准备数据
data = pd.DataFrame({
    '股票A收益率': [0.02, 0.05, -0.03, 0.01, 0.03],
    '股票B收益率': [0.03, 0.06, -0.02, 0.02, 0.04]
})

# 设置图表样式
sns.set_style('darkgrid', {'font.sans-serif': ['SimHei', 'Arial']})

# 绘制股票A收益率的密度图
sns.kdeplot(data['股票A收益率'], label='股票A')

# 绘制股票B收益率的密度图
sns.kdeplot(data['股票B收益率'], label='股票B')

# 添加图表标题和轴标签
plt.title('股票收益率分布')
plt.xlabel('收益率')
plt.ylabel('密度')

# 显示图形
plt.show()
```

使用Jupyter Notebook工具运行上述代码，绘制股票收益率分布密度图，如图9-9所示。

9.7 Dist图

Dist图（分布图）是一种用于可视化单变量数据分布的图表类型。它将数据的分布情况表示为直方图和核密度估计曲线的组合，以展示数据的集中趋势、离散程度和整体分布形状。

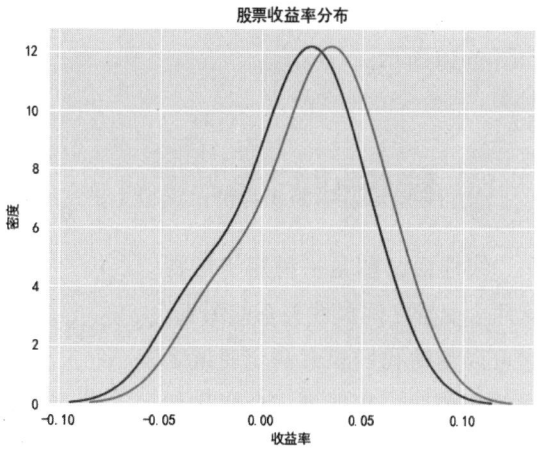

图9-9 股票收益率分布密度图

在金融领域，Dist图可以用于分析和展示股票收益率、指数涨跌幅、交易量等金融数据的分布情况。通过绘制Dist图，可以观察数据的峰度、偏度、尖峰或平坦程度等特征，便于投资者理解数据的概率分布和风险特征。

下面是示例代码。

```python
import pandas as pd
import seaborn as sns
import matplotlib.pyplot as plt

# 设置中文显示
plt.rcParams['font.family'] = ['SimHei']
plt.rcParams['axes.unicode_minus'] = False

# 读取数据
data = pd.read_csv('data/stock_data.csv')

# 绘制 Dist 图
sns.histplot(data=data, x='Price', kde=True)

# 设置图表标题和轴标签
plt.title('收盘价分布')
plt.xlabel('收盘价')
plt.ylabel('频数')

# 显示图形
plt.show()
```

使用Jupyter Notebook工具运行上述代码,绘制收盘价分布图,如图9-10所示。

线性回归图

线性回归图是一种用于可视化两个变量之间线性关系的图表。它可以帮助我们观察两个变量之间的相关性,并预测一个变量如何随着另一个变量的变化而变化。

下面是示例代码,用于绘制线性回归图。

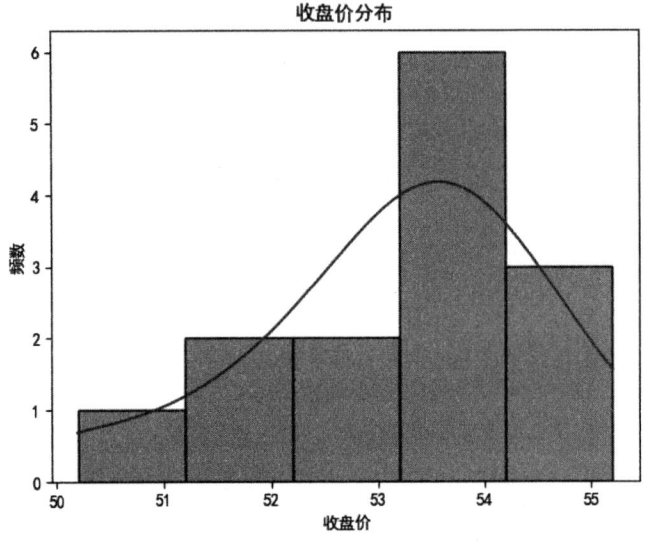

图9-10 收盘价分布

```python
import pandas as pd
import seaborn as sns
import matplotlib.pyplot as plt

# 设置中文显示
plt.rcParams['font.family'] = ['SimHei']
plt.rcParams['axes.unicode_minus'] = False

# 读取数据
data = pd.read_csv('data/stock_data（4 测试绘制线性回归图）.csv')

# 绘制线性回归图
sns.regplot(data=data, x='成交量', y='收盘价')

# 设置图表标题和轴标签
plt.title('成交量与收盘价的线性关系')
plt.xlabel('成交量')
plt.ylabel('收盘价')

# 显示图形
plt.show()
```

使用 Jupyter Notebook 工具运行上述代码，绘制成交量与收盘价的线性回归图如图 9-11 所示。

9.9 热力图

热力图是一种用来可视化矩阵数据的图表，通过使用颜色编码表示不同元素之间的数值大小。热力图在数据分析和可视化中有多种用途，包括以下几个方面。

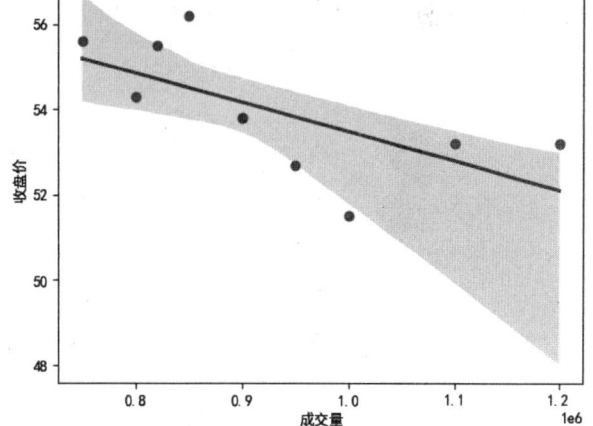

图 9-11　成交量与收盘价的线性回归图

（1）相关性分析：热力图可以用来展示不同变量之间的相关性。通过热力图，可以快速地识别出变量之间的正相关、负相关或无关的关系。这对于发现变量之间的关联关系、确定变量的重要性及构建预测模型都非常有用。

（2）数据聚类：热力图可以用来进行数据聚类分析。通过绘制热力图，可以将相似的数据项聚集在一起，并形成可视化的簇。这有助于发现数据集中的模式、群组和聚类结构。

（3）异常检测：热力图可以用来检测数据中的异常值。通过观察热力图中颜色较深或较浅的区域，可以发现数据中与其他数据项有较大差异的异常值。

总之，热力图是一种直观、易于理解的数据可视化工具，能够帮助我们快速洞察数据集中的模式、趋势和关系。它在数据分析、数据挖掘、统计学和空间分析等领域都得到广泛应用。

绘制热力图的示例代码如下。

```python
import pandas as pd
import seaborn as sns
import matplotlib.pyplot as plt

# 设置中文显示
plt.rcParams['font.family'] = ['SimHei']
plt.rcParams['axes.unicode_minus'] = False

# 创建测试数据
data = pd.DataFrame({
    '股票1': [10, 12, 8, 15, 9],
    '股票2': [20, 18, 25, 22, 24],
    '股票3': [7, 9, 6, 8, 10],
    '股票4': [13, 11, 14, 10, 12]
})

# 提取多个股票的收盘价数据列
股票_prices = data[['股票1', '股票2', '股票3', '股票4']]

# 计算收盘价之间的相关性
correlation_matrix = 股票_prices.corr()    ①

# 绘制热力图
plt.figure(figsize=(10, 8))    # 设置图形大小
sns.heatmap(correlation_matrix, annot=True, cmap='coolwarm')    ②

# 设置图形标题
plt.title('股票 Prices Correlation')

# 显示图形
plt.show()
```

使用Jupyter Notebook工具运行上述代码，绘制热力图，如图9-12所示。

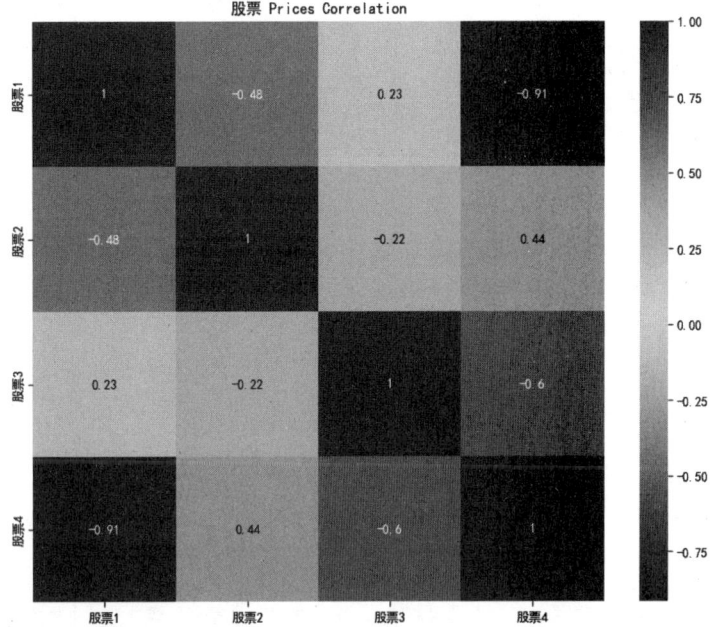

图 9-12 热力图

代码解释如下。

- 代码第①行使用股票_prices.corr()计算了收盘价之间的相关性矩阵,并赋值给correlation_matrix变量。
- 代码第②行使用sns.heatmap绘制热力图,其中correlation_matrix为输入的相关性矩阵,annot=True表示在热力图中显示数值,cmap='coolwarm'指定了颜色映射方案。

9.10 本章总结

本章介绍了Seaborn库在数据可视化中的应用。首先,概述了Seaborn库的特点和分类,它是在Matplotlib基础上的高级库,提供多样的统计图表和颜色主题,使数据呈现更美观易懂。接着,详细介绍了多种Seaborn图表的绘制方法,通过示例和代码演示,展示了如何创建这些图表并调整参数和样式。最后,提及了Seaborn库的样式设置,包括调整颜色主题、坐标轴样式、图表背景等,以获得更美观和符合需求的图表效果。

第 10 章
金融大数据分析

金融大数据分析是指在金融领域应用大数据技术和分析方法,处理、挖掘和分析大规模的金融数据,以获取有价值的信息,从而支持金融机构的决策制定和业务发展。

金融领域产生的数据量庞大且多样化,包括市场行情数据、交易数据、客户数据、财务数据等。这些数据有各种来源,例如交易所、金融机构的交易系统、社交媒体、传感器等。金融大数据分析通过利用大数据技术和分析工具,对这些数据进行收集、清洗、存储、处理和分析,以发现隐藏在数据背后的模式、趋势和规律。

金融大数据分析主要涉及以下方面。

(1)交易数据分析:分析市场交易数据,如股票价格变动、交易量变化等,挖掘市场趋势变化。

(2)客户数据分析:分析客户属性数据,如客户年龄、收入、交易行为等,构建客户画像,设计个性化产品和营销活动。

(3)利润和损失数据分析:分析金融机构的总收入、各项费用等数据,优化业务流程和费用结构以提高盈利能力。

(4)风险控制数据分析:分析可能产生风险的指标,如违约率、逾期率等,以更好地掌握和控制风险。

(5)合规性控制数据分析:分析各项监管指标,如资本充足率、借贷余额等,以满足监管要求和保持合规运营。

金融大数据分析的发展不仅可以提升金融机构的竞争力和运营效率,还可以改善风险管理和决策制定的准确性和效果。然而,同时也需要关注数据隐私和安全等问题,确保数据的合法性和保护用户的隐私及权益。

10.1 ChatGPT辅助金融大数据分析

在金融大数据分析中,ChatGPT可以发挥辅助的作用,提供以下方面的帮助。

(1)数据清洗和预处理:金融数据往往庞大而复杂,包含大量的缺失值、异常值和噪声。ChatGPT可以辅助进行数据清洗和预处理,帮助识别和处理缺失值、异常值,进行数据转换和标准化等操作。

(2)特征工程:在金融数据分析中,选择合适的特征对模型的性能和准确性至关重要。ChatGPT可以提供有关特征工程的建议,根据数据的特点和业务需求,提供变量选择、衍生特征构建和降维等方面的建议。

(3)数据可视化:数据可视化是金融数据分析的重要环节,可以通过图表和可视化工具展示数据的趋势、关联性和分布。ChatGPT可以辅助选择合适的图表类型、解读和解释图表结果,帮助用户更好地理解数据。

(4)数据分析方法和模型选择:金融大数据分析涉及多种统计分析方法和机器学习模型。ChatGPT可以提供针对具体问题和数据的建议,推荐适合的分析方法和模型,并解释它们的优缺点,帮助用户做出合理的选择。

（5）数据解释和报告撰写：在金融大数据分析过程中，对分析结果的解释和报告撰写是必不可少的环节。ChatGPT可以协助用户解释分析结果，提供合适的表达方式和报告结构，使分析结果更易于理解和传达。

总的来说，ChatGPT可以作为一个智能助手，为金融大数据分析提供支持和辅助，帮助用户处理数据、选择合适的方法和模型、解释和报告分析结果，提高分析的效率和准确性。

10.2 数据的统计分析方法

数据的统计分析是指对收集的数据进行整理、汇总和分析，以获得关于数据特征和趋势的信息和结论。数据的统计分析可以帮助我们了解数据的分布情况、中心趋势、变异程度及可能存在的关联关系。以下是一些常用的数据统计分析方法。

（1）描述统计分析（Descriptive Statistics）：它是对数据的基本特征进行总结和描述的方法。常用的描述统计指标包括平均值、中位数、众数、标准差、范围、百分位数等，它们能够提供数据的集中趋势、分散程度和分布形态等信息。

（2）频数分析（Frequency Analysis）：它用于统计和展示数据中不同取值的出现频率。通过绘制频数分布表和直方图，我们可以直观地观察数据的分布情况，了解数据集中在哪些取值上较为集中或分散。

（3）相关分析（Correlation Analysis）：它用于探索数据之间的相关性。通过计算相关系数（如皮尔逊相关系数），我们可以判断两个变量之间的线性关系强弱和方向。相关分析可以帮助我们了解变量之间的关联程度，为后续的预测和建模提供依据。

（4）假设检验（Hypothesis Testing）：它用于验证关于数据总体的假设。通过设置一个原假设和备择假设，并基于样本数据进行统计推断，我们可以判断原假设是否可接受或拒绝。假设检验可以帮助我们进行数据的推断和决策，例如判断两组数据是否存在显著差异。

（5）方差分析（Analysis of Variance，ANOVA）：它用于比较三个或更多组之间的均值差异是否显著。方差分析常用于比较不同处理组之间的效果差异，例如在实验设计和市场研究中的应用。

（6）时间序列分析（Time Series Analysis）：它用于研究时间上连续观测数据的特征和趋势。对时间序列数据进行平稳性检验、趋势分析、季节性分解等，可以揭示数据中的周期性、趋势性和季节性规律。

以上是一些常见的数据统计分析方法，大家可以根据具体的数据类型和分析目的选择适合的方法。数据的统计分析可以帮助我们更好地理解数据，发现数据中的规律和趋势，为决策提供依据和支持。

10.3 描述统计分析

描述统计分析是指对数据进行总结和描述的统计方法，用于揭示数据的基本特征、分布情况和关系。它提供对数据集中值的汇总统计，包括中心趋势、离散程度和数据分布等方面的信息。

在描述统计分析中，常用的方法包括以下几种。

1. 中心趋势度量

（1）平均值（Mean）：表示数据的平均水平，是各数据值的总和除以观测数。

（2）中位数（Median）：表示数据的中间值，将数据按大小排序后的中间值，对于偏态分布的数据有较好的代表性。

（3）众数（Mode）：表示数据中出现频率最高的值，对于分类数据或具有明显峰值的连续数据有意义。

2. 离散程度度量

（1）标准差（Standard Deviation）：衡量数据值与平均值的离散程度，标准差越大，数据越分散。

（2）方差（Variance）：标准差的平方，用于衡量数据的离散程度。

（3）范围（Range）：表示数据的最大值和最小值之间的差异，用于衡量数据的波动性。

3. 数据分布

（1）频数统计（Frequency Count）：计算数据中每个取值的出现次数。

（2）百分位数（Percentiles）：将数据按大小排序后，确定某个特定百分比的位置，用于描述数据的分布情况。

（3）偏度（Skewness）：衡量数据分布的偏斜程度，正偏斜表示数据右偏，负偏斜表示数据左偏。

（4）峰度（Kurtosis）：衡量数据分布的尖峰程度，正峰度表示数据分布更集中，负峰度表示数据分布更平坦。

描述统计分析可以帮助我们了解数据的基本特征，包括中心趋势、离散程度和数据分布等方面，从而对数据进行初步的探索和解读。它是数据分析的重要工具，在各个领域中都有广泛的应用。

10.3.1 在Pandas中常用的描述统计方法

Pandas是一个强大的数据分析库，提供丰富的描述统计分析方法，可以方便地对数据进行统计计算和摘要。

在Pandas中，常用的描述统计方法包括以下几种。

- count()：计算非缺失值的数量。
- mean()：计算平均值。
- median()：计算中位数。
- min()：计算最小值。
- max()：计算最大值。
- std()：计算标准差。
- var()：计算方差。
- sum()：计算总和。

这些方法可以直接应用于Pandas的Series对象或DataFrame对象，以对整列或整个数据集进行统计计算。此外，还可以通过指定axis参数沿指定轴进行计算，例如，axis=0表示沿列计算；axis=1表示沿行计算；默认axis=0，即沿行进行计算。

示例代码如下。

```
import pandas as pd
data = pd.DataFrame({'A': [1, 2, 3, 4, 5],
                     'B': [5, 6, 7, 8, 9]})
# 汇总统计
print(data.mean())      # 计算平均值
print(data.median())    # 计算中位数
print(data.max())       # 计算最大值
print(data.min())       # 计算最小值
print(data.std())       # 计算标准差
print(data.sum())       # 计算总和
```

运行上述代码，输出结果如下。

```
A    3.0
B    7.0
dtype: float64
A    3.0
B    7.0
dtype: float64
A    5
B    9
dtype: int64
A    1
B    5
dtype: int64
A    1.581139
B    1.581139
dtype: float64
A    15
B    35
dtype: int64
```

这是沿着行进行统计计算，如果按照列进行计算，需要设置axis=1，具体代码如下。

```
import pandas as pd
data = pd.DataFrame({'A': [1, 2, 3, 4, 5],
                     'B': [5, 6, 7, 8, 9]})
```

```
# 沿着列进行汇总统计
print(data.mean(axis=1))      # 计算平均值
print(data.median(axis=1))    # 计算中位数
print(data.max(axis=1))       # 计算最大值
print(data.min(axis=1))       # 计算最小值
print(data.std(axis=1))       # 计算标准差
print(data.sum(axis=1))       # 计算总和
```

运行上述代码，输出结果如下。

```
0    3.0
1    4.0
2    5.0
3    6.0
4    7.0
dtype: float64
0    3.0
1    4.0
2    5.0
3    6.0
4    7.0
dtype: float64
0    5
1    6
2    7
3    8
4    9
dtype: int64
0    1
1    2
2    3
3    4
4    5
dtype: int64
0    2.828427
1    2.828427
2    2.828427
3    2.828427
4    2.828427
dtype: float64
0    6
1    8
```

```
2    10
3    12
4    14
dtype: int64
```

在Pandas中，可以使用describe()方法对数据进行汇总统计，它会计算数据的基本统计信息，包括计数、均值、标准差、最小值、25%分位数、50%分位数（中位数）、75%分位数和最大值。

示例代码如下。

```
import pandas as pd

data = pd.DataFrame({'A': [1, 2, 3, 4, 5],
                     'B': [2, 4, 6, 8, 10],
                     'C': [10, 20, 30, 40, 50]})

summary = data.describe()
# 打印统计摘要
summary
```

运行上述代码，输出结果如图 10-1 所示。

	A	B	C
count	5.000000	5.000000	5.000000
mean	3.000000	6.000000	30.000000
std	1.581139	3.162278	15.811388
min	1.000000	2.000000	10.000000
25%	2.000000	4.000000	20.000000
50%	3.000000	6.000000	30.000000
75%	4.000000	8.000000	40.000000
max	5.000000	10.000000	50.000000

图 10-1　汇总统计输出结果

10.3.2　案例1：使用描述统计方法分析贵州茅台股票数据

下面我们通过一个具体案例介绍一下如何使用描述统计方法分析股票数据。

案例背景

贵州茅台是中国一家知名的白酒生产企业，其股票在金融市场上备受关注。我们在第 3 章曾经从搜狐证券网爬取了贵州茅台股票数据，并将数据保存为贵州茅台股票历史交易数据.csv文件，文件内容如图 10-2 所示。

在这个案例中，我们使用描述统计方法对贵州茅台股票数据进行分析，以了解股票价格的趋势和变化。

- 数据准备：贵州茅台的股票历史交易数据已经整理为一个CSV文件，文件名为贵州茅台股票历史交易数据.csv。数据包括以下几个字段。

Date：日期

Open：开盘价

Close：收盘价

High：最高价

Low：最低价

Volume：交易量

我们使用Pandas库读取和处理CSV文件中的数据，并利用描述统计方法分析贵州茅台股票的价格和交易量情况。

- 分析目标：我们的目标是通过描述统计方法分析贵州茅台股票数据，获得以下信息。

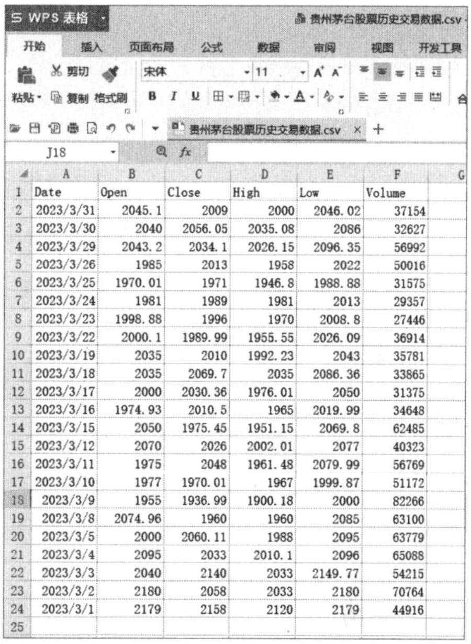

	A	B	C	D	E	F
1	Date	Open	Close	High	Low	Volume
2	2023/3/31	2045.1	2009	2000	2046.02	37154
3	2023/3/30	2040	2056.05	2035.08	2086	32627
4	2023/3/29	2043.2	2034.1	2026.15	2096.35	56992
5	2023/3/26	1985	2013	1958	2022	50016
6	2023/3/25	1970.01	1971	1946.8	1988.88	31575
7	2023/3/24	1981	1989	1981	2013	29357
8	2023/3/23	1998.88	1996	1970	2008.8	27446
9	2023/3/22	2000.1	1989.99	1955.55	2026.09	36914
10	2023/3/19	2035	2010	1992.23	2043	35781
11	2023/3/18	2035	2069.7	2035	2086.36	33865
12	2023/3/17	2000	2030.36	1976.01	2050	31375
13	2023/3/16	1974.93	2010.5	1965	2019.99	34648
14	2023/3/15	2050	1975.45	1951.15	2069.8	62485
15	2023/3/12	2070	2026	2002.01	2077	40323
16	2023/3/11	1975	2048	1961.48	2079.99	56769
17	2023/3/10	1977	1970.01	1967	1999.87	51172
18	2023/3/9	1955	1936.99	1900.18	2000	82266
19	2023/3/8	2074.96	1960	1960	2085	63100
20	2023/3/5	2000	2060.11	1988	2095	63779
21	2023/3/4	2095	2033	2010.1	2096	65088
22	2023/3/3	2040	2140	2033	2149.77	54215
23	2023/3/2	2180	2058	2033	2180	70764
24	2023/3/1	2179	2158	2120	2179	44916
25						

图 10-2　贵州茅台股票历史交易数据.csv文件内容

（1）股票价格的中心趋势：包括平均值、中位数等指标，以了解股票的价格水平。

（2）股票价格的变异程度：包括标准差、方差等指标，以了解股票价格的波动情况。

（3）交易量的分布情况：包括最大值、最小值、分位数等指标，以了解交易量的分布范围和集中程度。

以上的统计指标将帮助我们更好地理解贵州茅台股票的历史交易情况，并提供一些基本的数据分析结果。

1. 案例实现

具体代码如下。

```
import pandas as pd

# 读取数据文件
data = pd.read_csv("data/ 贵州茅台股票历史交易数据 .csv")

# 计算股票价格的中心趋势
price_mean = data["Close"].mean()            # 平均值
price_median = data["Close"].median()        # 中位数

# 计算股票价格的变异程度
price_std = data["Close"].std()              # 标准差
```

```python
price_var = data["Close"].var()                    # 方差

# 计算交易量的分布情况
volume_max = data["Volume"].max()    # 最大值
volume_min = data["Volume"].min()    # 最小值
volume_quantile = data["Volume"].quantile([0.25, 0.5, 0.75])   # 分位数

# 输出结果
print("股票价格的中心趋势:")
print("平均值:", price_mean)
print("中位数:", price_median)
print("\n股票价格的变异程度:")
print("标准差:", price_std)
print("方差:", price_var)
print("\n交易量的分布情况:")
print("最大值:", volume_max)
print("最小值:", volume_min)
print("分位数:")
print(volume_quantile)
```

运行上述代码,输出结果如下。

```
股票价格的中心趋势:
平均值: 2023.6634782608696
中位数: 2013.0

股票价格的变异程度:
标准差: 52.84031360521276
方差: 2792.098741897233

交易量的分布情况:
最大值: 82266
最小值: 27446
分位数:
0.25    34256.5
0.50    44916.0
0.75    59738.5
Name: Volume, dtype: float64
```

2. 分析结果可视化

从程序运行的结果可见,虽然可以进行研究分析,但是不够直观,因此我们需要对分析结果进行可视化。

具体实现代码如下。

```python
import pandas as pd
import seaborn as sns
import matplotlib.pyplot as plt

plt.rcParams['font.family'] = ['SimHei']
plt.rcParams['axes.unicode_minus'] = False

# 读取数据文件
data = pd.read_csv("data/贵州茅台股票历史交易数据.csv")

# 计算股票价格的中心趋势
price_mean = data["Close"].mean()          # 平均值
price_median = data["Close"].median()      # 中位数

# 计算股票价格的变异程度
price_std = data["Close"].std()            # 标准差
price_var = data["Close"].var()            # 方差

# 计算交易量的分布情况
volume_max = data["Volume"].max()          # 最大值
volume_min = data["Volume"].min()          # 最小值
volume_quantile = data["Volume"].quantile([0.25, 0.5, 0.75])   # 分位数
# 可视化股票价格数据的分布
plt.figure(figsize=(10, 6))
sns.histplot(data["Close"], kde=True)
plt.xlabel("股票价格")
plt.ylabel("频数")
plt.title("贵州茅台股票价格分布")
plt.show()

# 可视化交易量数据的分布
plt.figure(figsize=(10, 6))
sns.histplot(data["Volume"], kde=True)
plt.xlabel("交易量")
plt.ylabel("频数")
plt.title("贵州茅台交易量分布")
plt.show()
```

使用Jupyter Notebook工具运行上述代码，输出如图10-3所示的贵州茅台股票价格分布图和如图10-4所示的贵州茅台交易量分布图。

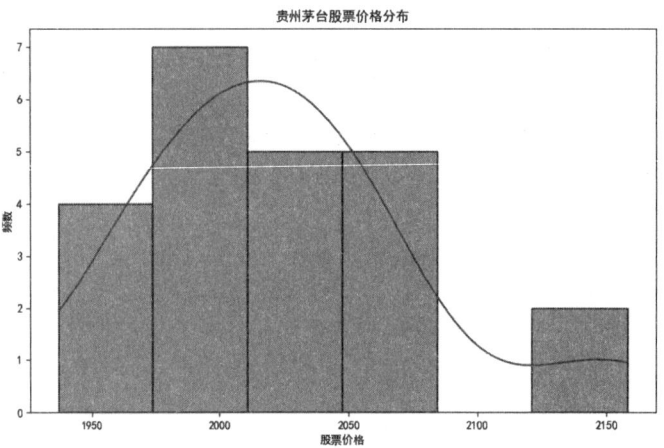

图 10-3 贵州茅台股票价格分布图

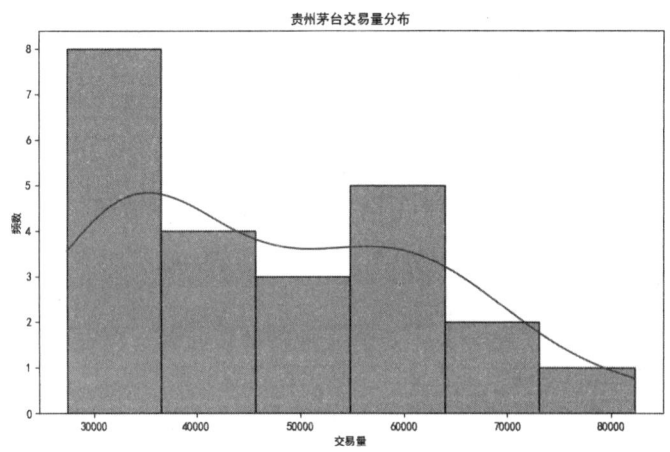

图 10-4 贵州茅台交易量分布图

上述代码添加了对股票价格和交易量数据的分布进行可视化的部分。我们使用 Seaborn 的 histplot() 函数绘制了股票价格和交易量的直方图,并加入了核密度估计曲线(KDE)来更好地展示数据的分布情况。同时,我们还添加了标签和标题,使图形更具可读性。

运行上述代码后,将看到绘制的两个直方图,分别展示贵州茅台股票价格和交易量的分布情况。通过这两个直方图,我们可以更直观地了解贵州茅台股票数据的价格水平和交易量的分布范围。

3. 使用 ChatGPT 对结果进行解读

在统计分析的结果中,存在很多专业术语,对于非专业人士而言,要想解读分析结果是比较困难的。事实上,我们可以借助 ChatGPT 对结果进行解读。具体步骤如下。

> **我们向 ChatGPT 发送如下请求消息。**
>
> 程序的分析结果如下,帮我分析一下。
>
> 股票价格的中心趋势:平均值:2023.6634782608696 中位数:2013.0

股票价格的变异程度：标准差：52.84031360521276 方差：2792.098741897233
交易量的分布情况：最大值：82266 最小值：27446 分位数：0.25 34256.5 0.50 44916.0 0.75 59738.5

ChatGPT的回答如下。

根据给出的分析结果，我们可以对贵州茅台股票数据进行如下解读：

1. 股票价格的中心趋势：根据平均值和中位数的数据，可以看出贵州茅台股票的平均价格约为 2023.66，中位数为 2013.0。这意味着股票的价格大致集中在这个范围内，可以作为价格的参考点。

2. 股票价格的变异程度：标准差和方差的数据显示股票价格的波动性较高。标准差为 52.84，方差为 2792.10。这表明股票价格的波动幅度较大，投资者需要考虑股票的风险。

3. 交易量的分布情况：最大值和最小值展示了贵州茅台股票的交易量范围，最大交易量为 82266，最小交易量为 27446。分位数的数据展示了交易量的分布情况。例如，25% 的交易量低于或等于 34256.5，50% 的交易量低于或等于 44916.0，75% 的交易量低于或等于 59738.5。这些数据反映了交易量的分布范围和集中程度，有助于了解股票的流动性和市场参与程度。

综上所述，根据分析结果，贵州茅台股票的价格有一定的中心趋势，但波动性较高，同时交易量也有一定的分布范围和集中程度。这些信息可以为投资者提供对股票的价格和交易量的认识，以便更好地进行投资决策。

10.4 频数分析

频数分析（Frequency Analysis）是一种统计方法，用于计算和展示数据集中各个取值的出现频率。通过频数分析，我们可以了解数据集中不同取值的分布情况，进而对数据集的特征和趋势有更深入的理解。

频数分析通常包括以下步骤。

（1）计算频数：对于给定的数据集，我们可以计算每个取值出现的频数，即该取值在数据集中出现的次数。

（2）绘制频数分布表：将取值和其对应的频数列成表格形式，称为频数分布表。频数分布表可以清晰地展示每个取值的出现频率，从而帮助我们观察数据的分布情况。

（3）绘制直方图：直方图是频数分析的常用可视化工具。它将取值绘制在横轴上，将频数绘制在纵轴上，使用不同高度的矩形表示每个取值的频数。直方图可以直观地展示数据的分布形态，帮助我们观察数据集的集中度和分散度。

通过频数分析，我们可以了解数据集中哪些取值出现的频率较高，哪些取值出现的频率较低。频数分布表和直方图可以帮助我们发现数据的特殊模式、异常值和离群点，为后续的数据分析和决策提供有益的参考。

在金融领域中，频数分析可以应用于许多方面，例如分析股票价格的变动情况、统计客户交易量的分布、观察信用评级的分布情况等。通过频数分析，我们可以更好地理解金融数据的特征和规律，从而做出更准确的决策。

10.4.1 案例2：分析信用卡交易金额的频数分布

下面我们通过一个具体案例介绍一下如何使用频数分析方法。

案例背景

在金融领域，分析信用卡交易金额的频数分布是一项重要的任务。信用卡交易数据包含每笔交易的金额信息，对这些数据进行频数分析，可以帮助金融机构和商家了解客户的消费行为、掌握交易金额的分布情况，并基于此进行业务决策和风险管理。

假设我们有一份名为信用卡交易数据.csv的数据文件，其中包含客户的信用卡交易记录。每条记录包括交易日期、交易金额等信息。我们使用频数分析方法探索交易金额的分布情况，以了解客户的消费习惯和交易金额的集中程度。

具体代码如下。

```
import pandas as pd
import seaborn as sns
import matplotlib.pyplot as plt

plt.rcParams['font.family'] = ['SimHei']
plt.rcParams['axes.unicode_minus'] = False
# 从 CSV 文件中读取信用卡交易数据

data = pd.read_csv('data/信用卡交易数据.csv')
# 提取数据中的 "Amount" 列

transaction_amounts = data['金额']
# 计算每个交易金额的频率

amount_frequency = transaction_amounts.value_counts().reset_index()
amount_frequency.columns = ['金额', '频数']
# 按金额排序数据框，以便更好地可视化

amount_frequency = amount_frequency.sort_values(by='金额')
```

```
# 打印频数表
print(amount_frequency)
# 绘制频数分布图
sns.barplot(x='金额', y='频数', data=amount_frequency)
plt.xlabel('金额')
plt.ylabel('频数')
plt.title('信用卡交易金额的频数分布')
plt.show()
```

使用Jupyter Notebook工具运行上述代码，输出如图10-5所示的信用卡交易金额频数分布图。

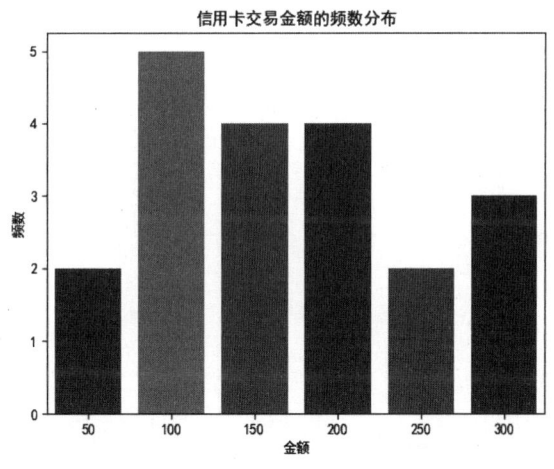

图10-5　信用卡交易金额频数分布

10.4.2 案例3：分析贵州茅台股票交易量频数分布

下面我们再介绍一个具体案例，该案例是分析贵州茅台股票交易量频数分布。频数分布可以通过绘制直方图或其他可视化图表展示，使我们能够更直观地观察和分析贵州茅台股票交易量的分布特征。这种分析对于投资者、分析师和其他市场参与者来说，是非常有价值的，可以为他们提供有关股票交易活动的重要信息和洞察。

具体案例代码如下。

```
import pandas as pd
import matplotlib.pyplot as plt
plt.rcParams['font.family'] = ['SimHei']   # 设置中文字体
plt.rcParams['axes.unicode_minus'] = False   # 设置负号显示
# 读取数据文件
df = pd.read_csv('data/贵州茅台股票历史交易数据.csv')
```

```
# 绘制直方图和核密度估计曲线
plt.figure(figsize=(10, 6))
sns.histplot(data=df, x='Volume', bins=20, kde=True, color='skyblue')
plt.xlabel('交易量')
plt.ylabel('频数')
plt.title('交易量的直方图与核密度估计曲线')
plt.grid(True)
plt.show()
```

使用Jupyter Notebook工具运行上述代码，输出如图10-6所示的交易量的直方图与核密度估计曲线。

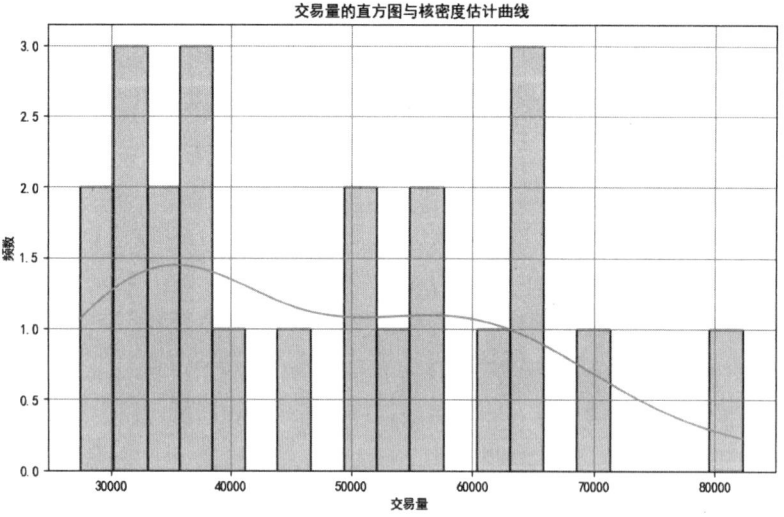

图10-6　交易量的直方图与核密度估计曲线

10.5 相关性分析

相关性分析是一种统计分析方法，用于衡量两个变量之间的线性相关程度。它可以帮助我们了解变量之间的关系，并揭示它们之间的相互影响。

在进行相关性分析之前，我们需要确保变量是数值型的。对于类别型变量，需要进行适当的编码或转换。以下是进行相关性分析的一般步骤。

（1）准备数据：确保数据集中包含要分析的变量。如果有缺失值或异常值，需要进行适当的处理。

（2）计算相关系数：常用的相关系数是Pearson相关系数，它衡量两个变量之间的线性关系强度和方向。可以使用相关系数公式计算Pearson相关系数。

（3）理解相关系数：Pearson相关系数的取值范围为-1到1。取值接近1表示正相关，取值接近-1表示负相关，取值接近0表示无相关性。通过观察相关系数的大小和符号，可以判断变量之间的关系。

（4）统计显著性检验：为了确定相关系数是否具有统计显著性，可以进行假设检验。常用的方法是计算相关系数的置信区间，如果置信区间不包含0，则相关系数是显著的。

（5）可视化结果：可以使用散点图、热力图等图表可视化变量之间的相关关系，进一步帮助理解和解释结果。

Pearson指的是皮尔逊相关系数（Pearson Correlation Coefficient）。它是最常用的二元相关分析方法，用于衡量两个变量之间的线性相关性。皮尔逊相关系数的取值范围是-1到1，其中：

- 取值为1时，表示两个变量呈完全正相关，即一个变量增加，另一个变量也增加；
- 取值为-1时，表示两个变量呈完全负相关，即一个变量增加，另一个变量减少；
- 取值为0时，表示两个变量无相关，即一个变量的变化不会影响另一个变量。

皮尔逊相关系数的计算公式如下。

$$r = cov(X, Y)/(sx \times sy)$$

其中：

- r为皮尔逊相关系数；
- cov(X,Y)为X和Y的协方差；
- sx和sy分别为X和Y的标准差。

皮尔逊相关系数主要用于判断定量数据之间是否存在线性相关性关系。但是，它对非线性相关性的检测能力有限，如果两个变量之间存在非线性相关关系，皮尔逊相关系数可能接近0。它只反映变量间的线性关系，不能完全代表变量间的因果关系。相关性分析只是探究变量间是否存在某种统计关联，不能完全判断原因和结果。

所以，皮尔逊相关系数是一个有限但很有用的统计分析方法。人工判断和其他知识对最终解释变量间的关系也很关键。

10.5.1 案例4：股票行业相关性分析

下面通过一个案例介绍一下如何进行相关性分析。

案例背景

当进行量化交易时，相关性分析是一项重要的工具，用于了解不同金融资产之间的关联性。通过分析资产之间的相关性，可以发现它们之间的价格走势是否存在一定的相似性或相反性。

Tom是一位量化交易员，对股票市场感兴趣。Tom关注的是两只股票：股票A和股票B。Tom想要确定这两只股票之间的相关性，并尝试利用这种相关性制定交易策略。

图10-7所示的是2023年1月1日到2023年1月5日期间的股票A和股票B的价格数据，该数据保存在股票数据.csv文件中。

Date	Stock_A	Stock_B
2023/1/1	100	200
2023/1/2	105	210
2023/1/3	110	190
2023/1/4	115	205
2023/1/5	120	215

图10-7 股票数据

案例具体代码如下。

```python
import pandas as pd
import numpy as np

# 从 CSV 文件读取数据
df = pd.read_csv('data/股票数据.csv')                              ①
# 转换日期列为日期类型
df['Date'] = pd.to_datetime(df['Date'])                            ②
# 将日期列设为索引
df.set_index('Date', inplace=True)                                 ③
# 计算相关系数
correlation_matrix = np.corrcoef(df['Stock_A'], df['Stock_B'])     ④
# 提取相关系数
correlation = correlation_matrix[0, 1]                             ⑤
print('皮尔逊相关系数: ', correlation)
```

上述示例代码的运行结果如下。

```
皮尔逊相关系数: 0.41099746826339323
```

代码解释如下。

- 代码第①行 df = pd.read_csv('data/股票数据.csv')：通过 pd.read_csv() 函数从名为 stock_data（相关性）.csv 的 CSV 文件中读取数据，并将其存储在一个名为 df 的 Pandas DataFrame 中。
- 代码第②行 df['Date'] = pd.to_datetime(df['Date'])：将 df 中的 Date 列转换为日期类型，使用 pd.to_datetime() 函数将该列中的字符串日期转换为日期对象。
- 代码第③行 df.set_index('Date', inplace=True)：将 Date 列设置为 DataFrame 的索引，使用 set_index() 函数实现。inplace=True 表示在原始 DataFrame 上进行操作，而不是返回一个新的 DataFrame。
- 代码第④行 correlation_matrix = np.corrcoef(df['Stock_A'], df['Stock_B'])：使用 np.corrcoef() 函数计算 Stock_A 列和 Stock_B 列的皮尔逊相关系数。该函数接受将两个数组作为输入，并返回一个相关系数矩阵。相关系数矩阵的对角线上的元素是各个变量的相关系数，这里我们只关注 correlation_matrix[0, 1]，即第一行第二列的相关系数。
- 代码第⑤行 correlation = correlation_matrix[0, 1]：从相关系数矩阵中提取出 correlation_matrix[0, 1]，即股票 A 和股票 B 的皮尔逊相关系数，并将其赋值给变量 correlation。

10.5.2 案例5：使用ChatGPT辅助分析皮尔逊相关系数

皮尔逊相关系数是一个比较专业的系数，交易员 Tom 想使用 ChatGPT 辅助分析皮尔逊相关系数。

> **Tom 向 ChatGPT 发送如下请求消息。**
>
> 股票A和股票B的皮尔逊相关系是0.41099746826339323，帮我分析一下它们的相关性。

> **ChatGPT 的回答如下。**
>
> 根据给出的皮尔逊相关系数为 0.41099746826339323，可以得出股票A和股票B之间存在一定程度的正相关关系。这意味着股票A和股票B的价格变动倾向于同时朝着同一个方向发展，但并不代表绝对的上涨或下跌。当皮尔逊相关系数接近1时，表示相关性更强，股票A和股票B的价格变动更趋向于同时上涨；当系数接近-1时，表示相关性也较强，但股票A和股票B的价格变动更趋向于同时下跌。

因此，根据给定的皮尔逊相关系数 0.41099746826339323，可以推断股票A和股票B的价格变动有一定的正相关性，但不能确定其具体的趋势（上涨或下跌）。要更准确地了解股票A和股票B之间的相关性及趋势，需要进一步分析和考察其他因素。

10.6 时间序列分析

时间序列分析是一种用于分析时间相关数据的方法，其中数据按照时间顺序排列。它可以帮助我们揭示数据中的趋势、季节性、周期性和随机性等特征，以及预测未来的趋势和行为。

常见的时间序列分析方法，包括以下几种。

（1）移动平均模型（MA）：移动平均模型是一种基本的时间序列模型，它假设当前观测值与前期观测值的线性组合相关。移动平均模型通常用MA(q)表示，其中q表示滞后阶数，表示当前观测值与过去q期观测值的相关性。

（2）自回归模型（AR）：自回归模型是一种假设当前观测值与过去观测值的线性组合相关的模型。自回归模型通常用AR(p)表示，其中p表示自回归阶数，表示当前观测值与过去p期观测值的相关性。

（3）自回归移动平均模型（ARMA）：自回归移动平均模型是自回归模型和移动平均模型的结合。ARMA模型通常用ARMA(p, q)表示，其中p表示自回归阶数，q表示移动平均阶数，表示当前观测值与过去p期观测值和过去q期观测值的相关性。

（4）自回归积分移动平均模型（ARIMA）：自回归积分移动平均模型是ARMA模型的扩展，它引入了差分操作来处理非平稳时间序列。ARIMA模型通常用ARIMA(p, d, q)表示，其中p表示自回归阶数，d表示差分阶数，q表示移动平均阶数。

（5）季节性自回归积分移动平均模型（SARIMA）：季节性自回归积分移动平均模型是ARIMA模型的季节性扩展，用于处理具有季节性变动的时间序列数据。SARIMA模型通常用SARIMA(p, d, q)(P, D, Q, s)表示，其中p、d、q表示非季节性部分的阶数，P、D、Q表示季节性部分的阶数，s表示季节性周期。

除了上述常见的几种时间序列分析方法，还有一些其他扩展或变体的模型，如指数平滑模型（Exponential Smoothing）、GARCH模型等，可用于处理不同类型和特征的时间序列数据。

如何选择合适的时间序列模型取决于数据的特征、模型的适用性和性能评估等因素。根据实际情况，可以使用单个模型或组合多个模型进行分析和预测。

10.6.1 案例6：采用MA分析贵州茅台股票的价格走势

下面我们通过一个具体案例介绍一下如何使用时间序列的MA方法分析贵州茅台股票的价格走势。

案例实现步骤如下。

1. 绘制贵州茅台股票收盘价及滚动统计图

通过绘制收盘价的折线图，我们可以观察贵州茅台股票价格的波动情况，包括长期趋势、短期波动等。滚动平均值的线图可以帮助平滑价格数据，让我们更容易辨认价格的趋势。滚动标准差的线图可以提供价格波动的信息，让我们了解价格的波动程度。

绘制统计图能够为后续的分析提供基础，帮助我们更好地理解贵州茅台股票价格的特点和规律。同时，它也可以用来验证模型的适用性，比较模型预测结果与实际观测值的一致性。

具体代码如下。

```
import pandas as pd
import matplotlib.pyplot as plt
import statsmodels.api as sm
plt.rcParams['font.family'] = ['SimHei']     # 设置中文字体
plt.rcParams['axes.unicode_minus'] = False    # 设置负号显示

# 读取数据集
data = pd.read_csv('data/贵州茅台股票历史交易数据.csv', parse_dates=['Date'],
index_col='Date')

# 计算收盘价的滚动平均值和滚动标准差
rolling_mean = data['Close'].rolling(window=30, min_periods=1).mean()    ①
rolling_std = data['Close'].rolling(window=30, min_periods=1).std()      ②

# 绘制收盘价的折线图及滚动平均值和滚动标准差的线图
plt.figure(figsize=(10, 6))
plt.plot(data['Close'], label='Close')
plt.plot(rolling_mean, label='滚动平均值', color='red')
plt.fill_between(rolling_std.index, rolling_mean - 2 * rolling_std, rolling_
mean + 2 * rolling_std, color='pink', alpha=0.5, label='滚动标准差')    ③
plt.xlabel('日期')
```

```
plt.ylabel(' 价格 ')
plt.title(' 贵州茅台股票收盘价及滚动统计图 ')
plt.legend()
plt.show()
```

使用Jupyter Notebook工具运行上述代码，绘制结果如图10-8所示。

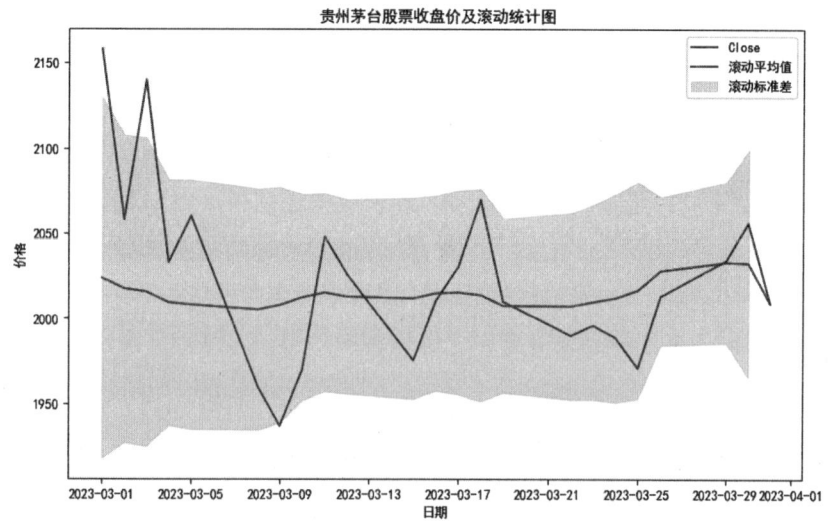

图10-8　贵州茅台股票收盘价及滚动统计图

代码解释如下。

- 代码第①行计算了收盘价的滚动平均值。使用.rolling()函数指定了窗口大小为30，min_periods=1表示即使在窗口期内的数据不足30个，也会计算平均值。
- 代码第②行计算了收盘价的滚动标准差，使用的参数与上一行代码类似。
- 代码第③行绘制了收盘价的折线图及滚动平均值和滚动标准差的线图。plt.fill_between()函数用于绘制滚动标准差的填充区域，rolling_mean － 2 * rolling_std表示填充的下边界，rolling_mean + 2 * rolling_std表示填充的上边界，color参数设置填充的颜色，alpha参数设置填充的透明度。

2. 进行MA模型分析

MA模型是一种基于时间序列数据的移动平均模型，它假设当前观测值与过去若干时刻的观测值之间存在线性组合的关系。MA模型通常用MA(q)表示，其中q表示模型的滞后阶数，表示当前观测值与过去q个观测值的相关性。

具体代码如下。

```
# 设置滞后阶数 q，并使用移动平均模型进行分析
q = 3  # 设置滞后阶数
model = sm.tsa.ARIMA(data['Close'], order=(0, 0, q))  ①
```

```
results = model.fit()                                    ②
# 打印模型结果
print(results.summary())                                 ③
```

上述代码的目的是使用移动平均模型对数据进行拟合，并获得模型的拟合结果。通过打印模型结果的总结信息，我们可以了解模型的参数估计情况和模型的适应程度。

运行上述代码，输出结果如下。

```
                               SARIMAX Results
==============================================================================
Dep. Variable:                  Close   No. Observations:
23
Model:                   ARIMA(0, 0, 3)  Log Likelihood
-117.871
Date:                 Fri, 07 Jul 2023   AIC
245.743
Time:                         07:01:52   BIC
251.420
Sample:                              0   HQIC
247.171
                                  - 23
Covariance Type:                   opg
==============================================================================
                 coef    std err          z      P>|z|      [0.025
0.975]
------------------------------------------------------------------------------
const       2023.1925     17.221    117.484      0.000    1989.440
2056.945
ma.L1          0.5380      1.367      0.393      0.694      -2.142
3.218
ma.L2          0.7642      3.173      0.241      0.810      -5.454
6.982
ma.L3         -0.2751      1.206     -0.228      0.820      -2.638
2.088
sigma2      1356.0976   4903.890      0.277      0.782   -8255.351
1.1e+04
===================================================================================
Ljung-Box (L1) (Q):                   0.02   Jarque-Bera (JB):
1.57
Prob(Q):                              0.88   Prob(JB):
```

```
0.46
Heteroskedasticity (H):                    6.33    Skew:
0.62
Prob(H) (two-sided):                       0.02    Kurtosis:
3.29
================================================================================
```

代码解释如下。

- 代码第①行中，我们设置了滞后阶数q为3。这意味着我们将在移动平均模型中考虑当前观测值与过去3期观测值的相关性。sm.tsa.ARIMA是Statsmodels库中用于拟合ARIMA模型的函数。通过指定order=(0, 0, q)，我们设置了模型的阶数为(0, 0, 3)，即我们只考虑移动平均部分，而不考虑自回归部分。
- 代码第②行中，我们使用拟合函数model.fit()对模型进行拟合，将拟合结果保存在results变量中。
- 代码第③行使用summary()可以方便地查看ARIMA、SARIMAX等模型的拟合结果。打印的总结信息通常包括模型的系数（coefficient）、标准误差（standard error）、t值（t-value）、显著性水平（p-value）和置信区间（confidence interval）等。

> **提示**
>
> Statsmodels是一个用于进行统计分析和建模的Python库。它提供多种统计模型、统计测试和统计数据探索的功能，使用户能够进行统计分析、推断和预测。
>
> Statsmodels库包含许多统计模型，包括线性回归、广义线性模型、时间序列分析、时间序列建模、非参数方法、生存分析等。它还提供一些统计测试，如假设检验、方差分析和相关性分析等。
>
> Statsmodels库的主要特点包括以下几个方面。
>
> （1）支持多种统计模型：包括线性回归模型、广义线性模型、时间序列模型、稳健线性模型等。
>
> （2）提供丰富的统计分析工具：包括假设检验、参数估计、置信区间计算、模型诊断和拟合等。
>
> （3）高度可定制性：用户可以根据自己的需求对模型进行定制和扩展。
>
> （4）集成于Python科学计算生态系统：Statsmodels可以与NumPy、Pandas和Matplotlib等库无缝集成，方便进行数据处理、可视化和模型评估。
>
> 总之，Statsmodels是一个功能强大且广泛使用的统计分析库，适用于各种统计建模和分析任务。它为用户提供丰富的功能和灵活的工具，使其能够进行统计模型的构建、分析和解释。
>
> 另外，使用Statsmodels库之前需要安装，安装指令：pip install Statsmodels。

3. 利用ChatGPT分析拟合结果

上述代码运行的结果似乎很乱，如果是非专业人士，可能看不懂。因此，我们可以让ChatGPT帮助分析模型的拟合结果。

我们向ChatGPT发送如下请求消息。

有如下拟合结果，帮我分析一下并给出具体的指导意见。

```
                               SARIMAX Results
==============================================================================
Dep. Variable:                  Close   No. Observations:                   23
Model:                   ARIMA(0, 0, 3)  Log Likelihood                -117.871
Date:                 Fri, 07 Jul 2023   AIC                            245.743
Time:                         09:15:25   BIC                            251.420
Sample:                              0   HQIC                           247.171
                                  - 23
Covariance Type:                   opg
==============================================================================
                 coef    std err          z      P>|z|      [0.025      0.975]
------------------------------------------------------------------------------
const       2023.1925     17.221    117.484      0.000    1989.440    2056.945
ma.L1          0.5380      1.367      0.393      0.694      -2.142       3.218
ma.L2          0.7642      3.173      0.241      0.810      -5.454       6.982
ma.L3         -0.2751      1.206     -0.228      0.820      -2.638       2.088
sigma2      1356.0976   4903.890      0.277      0.782   -8255.351     1.1e+04
===================================================================================
Ljung-Box (L1) (Q):                   0.02   Jarque-Bera (JB):                 1.57
Prob(Q):                              0.88   Prob(JB):                         0.46
Heteroskedasticity (H):               6.33   Skew:                             0.62
Prob(H) (two-sided):                  0.02   Kurtosis:                         3.29
===================================================================================
```

ChatGPT的回答如下。

根据给出的拟合结果，可以给出如下分析和指导意见：

1. 模型拟合程度：根据Log Likelihood值和AIC（赤池信息准则）的结果，模型对观测数据的拟合程度一般。较高的Log Likelihood值和较低的AIC值表示模型对数据的拟合较好，但在这个案例中，Log Likelihood值为-117.871，AIC值为245.743，可以尝试进一步提高模型的拟合性能。

2. 参数估计：根据模型的参数估计结果，系数的p-value（P>|z|）用于检验参数的显著性。在这个模型中，ma.L1、ma.L2和ma.L3的p-value值较高，大于0.05，说明这些参数可能不显著，需要对模型进行进一步调整或考虑其他模型。

3. 残差诊断：模型的残差是指观测值与模型预测值之间的差异，残差的特性可以反映模型的拟合质量。可以通过检验Ljung-Box和Jarque-Bera的p-value评估模型的残差是否具有随机性和正态性。在这个模型中，Ljung-Box的p-value为0.88，Jarque-Bera的p-value为0.46，说明模型的残差可能具有一定的随机性和正态性。

基于以上分析，可以提出以下具体的指导意见：

1. 考虑尝试其他模型：由于当前的MA模型对观测数据的拟合程度一般，并且部分参数不显著，可以尝试其他时间序列模型，如ARIMA模型，寻找更好的拟合结果。

2. 参数调整：如果继续使用MA模型，可以尝试调整滞后阶数和参数值，以改善模型的拟合性能。可以通过模型诊断和评估指标选择合适的参数。

3. 残差诊断：对模型的残差进行进一步的诊断和分析，查看是否存在系统性的模式或异常值，并根据诊断结果对模型进行改进。

考虑其他影响因素：如果可能，可以考虑引入其他与股票价格相关的外部因素，如市场指数、行业数据等，以提高模型的预测准确性。

综上所述，通过进一步的调整和分析，可以提高模型的预测能力和解释性，并根据模型结果进行更准确的预测和决策。

4. 使用模型进行价格预测

模型拟合好之后，就可以使用模型进行价格预测。具体实现代码如下。

```
# 定义预测的时间范围
start_date = '2023-03-11'
end_date = '2023-03-21'
forecast_dates = pd.date_range(start=start_date, end=end_date)        ①

# 使用模型进行价格预测
forecast_values = results.predict(start=len(data), end=len(data) + 
len(forecast_dates) - 1)                                              ②

print("2023-03-11~2023-03-21的价格预测值：")
print(forecast_values)
```

上述代码的作用是使用已经训练好的模型对指定的时间范围内的价格进行预测，并打印预测结果。通过分析这些预测值，我们可以对未来的价格走势有一定的了解，并作为参考用于决策和计划。

运行上述代码，输出结果如下。

```
2023-03-11~2023-03-21的价格预测值：
23    2034.563653
24    2047.174264
25    2012.365189
26    2023.192454
27    2023.192454
```

```
28    2023.192454
29    2023.192454
30    2023.192454
31    2023.192454
32    2023.192454
33    2023.192454
Name: predicted_mean, dtype: float64
```

代码解释如下。

- 代码第①行定义预测的时间范围：通过指定起始日期（start_date）和结束日期（end_date），使用pd.date_range函数创建一个日期范围，用于表示要预测的时间段。
- 代码第②行使用模型进行价格预测：通过调用结果对象（results）的predict方法，传入预测起始和结束的索引值，得到预测的价格值。这里的预测起始索引是历史数据的长度（len(data)），预测结束索引是历史数据长度加上预测时间范围的长度减1（len(data) + len(forecast_dates) - 1）。

5. 可视化预测结果

将实际观测值和预测值进行可视化，以便比较和分析。可以使用图表库（如Matplotlib）绘制折线图或其他合适的图形，将实际观测值和预测值在同一图表中展示。

具体实现代码如下。

```
import matplotlib.pyplot as plt

# 实际观测值
actual_values = data['Close']

# 未来价格预测值
future_predictions = forecast_values
plt.figure(figsize=(10, 6))
# 绘制实际观测值和未来价格预测值的折线图
plt.plot(actual_values.index, actual_values, label='实际观测值')
plt.plot(forecast_dates, future_predictions, label='未来价格预测值')
plt.xlabel('时间')
plt.ylabel('价格')
plt.title('实际观测值和未来价格预测值的折线图')
plt.legend()
plt.show()
```

使用Jupyter Notebook工具运行上述代码，绘制结果如图10-9所示。

图 10-9　实际观测值和未来价格预测值的折线图

6. 利用 ChatGPT 解释可视化预测结果

虽然，我们已经成功绘制了实际观测值和未来价格预测值的折线图，但是还需要对结果解释。我们可以借助 ChatGPT 解释上述可视化预测结果。

> **我们向 ChatGPT 发送如下请求消息。**
>
> 如何分析实际观测值和未来价格预测值的折线图？

ChatGPT 的回答如下。

分析实际观测值和未来价格预测值的折线图可以帮助您比较两者之间的趋势和差异。以下是一些常见的分析方法：

1. 绘制折线图：将实际观测值和未来价格预测值绘制在同一张图上，横轴为时间，纵轴为价格。

2. 观察趋势：通过观察折线图，注意实际观测值和预测值的整体趋势。比较两条线的走势是否一致或接近，可以判断模型的预测能力。

3. 比较差异：关注实际观测值和预测值之间的差异，观察它们之间的间隔或重叠情况。较小的差异可能意味着模型的准确性较高，而较大的差异可能意味着需要进一步改进模型。

4. 评估预测精度：计算预测误差指标，如均方根误差（RMSE）或平均绝对误差（MAE），以评估模型的预测精度。较小的误差值表示模型的预测能力更好。

请注意，分析实际观测值和未来价格预测值的折线图时，需要综合考虑数据的特点、模型的准确性和实际应用的需求。这样可以更全面地评估模型的性能和预测的可靠性。

10.6.2 案例7：采用AR分析贵州茅台股票的价格走势

从图 10-9 所示的实际观测值和未来价格预测值的折线图可见，采用MA方法分析贵州茅台股票的价格走势，效果并不理想。那么，本小节我们采用自回归模型（AR）时间序列分析方法，分析贵州茅台股票的价格走势。

案例实现步骤如下。

1. 绘制贵州茅台股票收盘价及滚动统计图

这个步骤与案例 6 一致，这里不再赘述。

2. 进行 AR 模型分析

AR 模型是一种基于时间序列数据的自回归模型，它假设当前观测值与过去若干时刻的观测值之间存在线性关系。AR 模型通常用 AR(p) 表示，其中 p 表示模型的滞后阶数，表示当前观测值与过去 p 个观测值的相关性。

具体代码如下。

```
# 设置滞后阶数 q，并使用移动平均模型进行分析
p = 3  # 设置滞后阶数
model = sm.tsa.ARIMA(data['Close'], order=(p, 0, 0))    ①
results = model.fit()                                    ②
# 打印模型结果
print(results.summary())
```

运行上述代码，输出结果如下。

```
                           SARIMAX Results
==============================================================================
Dep. Variable:                  Close   No. Observations:                   23
Model:                   ARIMA(3, 0, 0)  Log Likelihood                -119.433
Date:                Fri, 07 Jul 2023   AIC                            248.867
Time:                        10:54:31   BIC                            254.544
Sample:                             0   HQIC                           250.295
                                 - 23
Covariance Type:                  opg
==============================================================================
                 coef    std err          z      P>|z|      [0.025      0.975]
```

```
------------------------------------------------------------------------
const         2021.5422    19.545     103.432    0.000    1983.235
2059.849
ar.L1            0.3449     0.353       0.978    0.328      -0.346
1.036
ar.L2            0.3598     0.255       1.412    0.158      -0.140
0.859
ar.L3           -0.4593     0.366      -1.256    0.209      -1.176
0.257
sigma2        1820.0239   641.053       2.839    0.005     563.583
3076.465
========================================================================
Ljung-Box (L1) (Q):                   0.23   Jarque-Bera (JB):
0.28
Prob(Q):                              0.63   Prob(JB):
0.87
Heteroskedasticity (H):               6.35   Skew:
0.18
Prob(H) (two-sided):                  0.02   Kurtosis:
2.61
========================================================================
```

代码解释如下。

- 代码第①行中，使用了 sm.tsa.ARIMA 函数创建 ARIMA 模型。该函数的参数 order 用于指定 ARIMA 模型的阶数，其中 (p, d, q) 表示自回归阶数、差分阶数和移动平均阶数。
- 代码第②行中，使用拟合函数 model.fit() 对模型进行拟合，将拟合结果保存在 results 变量中。

3. 利用 ChatGPT 分析拟合结果

上述代码运行的结果，我们可以让 ChatGPT 帮助分析模型的拟合结果。

> **我们向 ChatGPT 发送如下请求消息。**
>
> 有如下拟合结果，帮我分析一下并给出具体的指导意见。
>
> ```
>                              SARIMAX Results
> ==================================================
> Dep. Variable:            Close   No. Observations:           23
> Model:             ARIMA(3, 0, 0)  Log Likelihood         -119.433
> Date:            Fri, 07 Jul 2023  AIC                     248.867
> Time:                  10:58:26   BIC                     254.544
> Sample:                       0   HQIC                    250.295
>                             - 23
> ```

```
Covariance Type:                opg
==============================================================================
                 coef    std err          z      P>|z|      [0.025      0.975]
------------------------------------------------------------------------------
const       2021.5422     19.545    103.432      0.000    1983.235    2059.849
ar.L1          0.3449      0.353      0.978      0.328      -0.346       1.036
ar.L2          0.3598      0.255      1.412      0.158      -0.140       0.859
ar.L3         -0.4593      0.366     -1.256      0.209      -1.176       0.257
sigma2      1820.0239    641.053      2.839      0.005     563.583    3076.465
===================================================================================
Ljung-Box (L1) (Q):                   0.23   Jarque-Bera (JB):         0.28
Prob(Q):                              0.63   Prob(JB):                 0.87
Heteroskedasticity (H):               6.35   Skew:                     0.18
Prob(H) (two-sided):                  0.02   Kurtosis:                 2.61
```

ChatGPT的回答如下。

根据给出的SARIMAX模型的拟合结果，我们可以给出以下分析和指导意见：

Log Likelihood: 在这个案例中，Log Likelihood的值为-119.433。Log Likelihood是衡量模型对观测数据拟合程度的指标，数值越大表示模型对数据的拟合程度越好。

AIC (Akaike Information Criterion): AIC的值为248.867。AIC是一种模型选择准则，它考虑了模型对数据的拟合程度和模型的复杂度，越小表示模型越好。

1. Coefficients: 模型的系数表示模型中各个特征的权重。在这个模型中，常数项(const)为2021.5422，ar系数分别为0.3449、0.3598和-0.4593。

2. P-values: P值用于评估模型中各个系数的显著性。在这个模型中，P>|z|列显示了各个系数的P值。一般来说，如果P值小于0.05，可以认为系数是显著的。在这个模型中，常数项和ar系数的P值都小于0.05，可以认为它们是显著的。

3. Ljung-Box和Jarque-Bera: Ljung-Box和Jarque-Bera是用于检验模型的残差序列是否符合随机性假设的统计检验。在这个模型中，Ljung-Box的Q值为0.23，对应的P值为0.63，Jarque-Bera的JB值为0.28，对应的P值为0.87。这些结果表明残差序列可能符合随机性假设。

基于上述分析，我们可以得出以下指导意见：

1. 模型拟合程度较好：根据Log Likelihood和AIC的值，可以认为该SARIMAX模型对观测数据的拟合程度较好。

2. 系数解释：根据模型的系数，常数项表示基准价格，ar系数表示过去价格的权重。可以进一步分析各个系数的具体影响，了解模型对价格走势的解释能力。

3. 系数显著性：常数项和ar系数的P值小于0.05，说明它们在统计上是显著的，即对价格预测有一定的贡献。

4. **残差检验**：Ljung-Box和Jarque-Bera的结果表明残差序列可能符合随机性假设，即模型没有遗漏的重要信息。

综上所述，该SARIMAX模型在一定程度上可以用于分析贵州茅台股票的价格走势，但仍需进一步验证和优化。在实际应用中，建议结合其他指标和方法，进行综合分析和预测。

4. 使用模型进行价格预测

模型拟合好之后，就可以使用模型进行价格预测。具体实现代码如下。

```
# 定义预测的时间范围
start_date = '2023-03-11'
end_date = '2023-03-21'
forecast_dates = pd.date_range(start=start_date, end=end_date)          ①

# 使用模型进行价格预测
forecast_values = results.predict(start=len(data), end=len(data) +
len(forecast_dates) - 1)                                                ②

print("2023-03-11~2023-03-21 的价格预测值:")
print(forecast_values)
```

运行上述代码，输出结果如下。

```
2023-03-11~2023-03-21 的价格预测值：
23    2027.316196
24    2055.884804
25    1972.786555
26    2014.429457
27    1985.772254
28    2029.039908
29    2014.525462
30    2038.249661
31    2021.336463
32    2030.705471
33    2016.954597
Name: predicted_mean, dtype: float64
```

5. 可视化预测结果

将实际观测值和预测值进行可视化，具体实现代码如下。

```
import matplotlib.pyplot as plt
```

```
# 实际观测值
actual_values = data['Close']

# 未来价格预测值
future_predictions = forecast_values
plt.figure(figsize=(10, 6))
# 绘制实际观测值和未来价格预测值的折线图
plt.plot(actual_values.index, actual_values, label='实际观测值')
plt.plot(forecast_dates, future_predictions, label='未来价格预测值')
plt.xlabel('时间')
plt.ylabel('价格')
plt.title('实际观测值和未来价格预测值的折线图')
plt.legend()
plt.show()
```

使用Jupyter Notebook工具运行上述代码,绘制结果如图10-10所示。

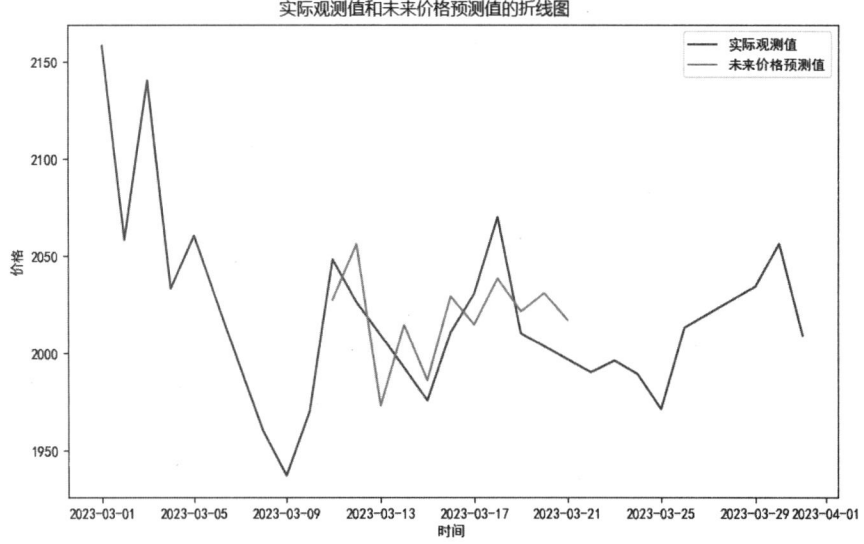

图10-10 实际观测值和未来价格预测值的折线图

从图10-10中可以观察到,实际观测值和未来价格预测值比较接近,说明模型对未来价格的预测具有一定的准确性。这种接近性可以表示模型捕捉到一定的价格趋势和模式,并能够在一定程度上预测未来的价格走势。这对于投资决策和风险管理是有益的,可以提供一定的参考和指导。

然而,需要注意的是,预测结果仍然存在一定的不确定性。股票价格受到许多因素的影响,包括市场情绪、宏观经济变化、公司业绩等,这些因素难以完全捕捉和预测。因此,预测结果仅作为参考,投资者还应该结合其他信息和分析方法,进行综合判断和决策。

此外,为了更准确地评估模型的预测能力,建议使用更长时间的历史数据并进行交叉验证。这可以帮助验证模型的稳定性和一致性，并提供更可靠的预测结果。

总之，通过观察实际观测值和未来价格预测值的比较，可以初步评估模型的预测准确性。然而，预测结果仍然需要谨慎判断，并结合其他信息和方法进行综合分析和决策。

10.7 本章总结

本节简要介绍了金融数据分析的核心方法和技术，以及如何借助ChatGPT进行辅助分析。描述了统计分析的基本概念，以案例展示了如何运用Pandas库计算统计量并可视化数据。解释了频数分析和相关性分析，通过案例演示了计算频数分布和相关系数的方法。最后，提及了时间序列分析的基本模型，以股票价格走势案例说明如何应用这些模型。总之，通过本节内容，读者能够掌握金融数据分析的基本技能，并了解ChatGPT在辅助分析方面的潜力。

第 11 章

机器学习与金融大数据预测建模

金融大数据预测建模是指使用机器学习和统计方法构建模型，通过对金融大数据进行分析和学习，预测未来的金融变量或事件。这些模型可以应用于金融领域的各种场景，如股票市场预测、汇率预测、财务指标预测等。以下是金融大数据预测建模的一般步骤。

（1）定义预测目标：明确需要预测的金融变量或事件，比如股票价格、市场指数、货币汇率等。

（2）数据收集和准备：收集相关的金融数据，包括历史市场数据、财务数据、宏观经济数据等。对数据进行清洗、整理和预处理，包括去除异常值、处理缺失值、数据平滑等。

（3）特征工程：根据金融领域知识和数据分析，提取有意义的特征。可能需要进行特征选择、特征构造、特征变换等操作，以提高模型的预测能力。

（4）数据集划分：将数据集划分为训练集、验证集和测试集。训练集用于模型训练，验证集用于调优模型和选择最佳模型，测试集用于评估模型的泛化能力。

（5）模型选择和训练：选择适合的预测模型，如线性回归、决策树、支持向量机、深度学习等。使用训练集进行模型训练，并调整模型的超参数以提高性能。

（6）模型评估和优化：使用验证集对训练好的模型进行评估和优化。考虑模型的性能指标，如均方误差（MSE）、平均绝对误差（MAE）、准确率等。根据评估结果进行模型的调整和改进。

（7）模型预测和应用：使用优化后的模型对测试集或新数据进行预测。评估预测结果的准确性和稳定性，根据预测结果做出相应的决策或行动。

（8）模型监控和更新：定期监控模型的性能，跟踪模型的预测准确性。随着新数据的获取，可以对模型进行更新和改进。

需要注意的是，金融大数据预测建模具有一定的挑战性。金融市场的复杂性、数据的噪声和不确定性、市场的非线性关系等因素都可能影响预测结果的准确性。因此，在建模过程中，需要综合考虑领域知识、数据特点和模型选择，灵活调整和优化模型，以提高预测的准确性和鲁棒性。此外，合理的风险控制和模型解释性也是金融大数据预测建模中需要关注的重要问题。

11.1 机器学习策略

机器学习策略是指在使用机器学习算法和技术解决问题时所采用的方法、流程和决策。在金融领域，机器学习策略可以包括问题定义、数据收集与准备、特征工程、模型选择与训练、模型评估与调优等步骤。其目标是通过机器学习的方法提高金融数据分析和预测的准确性和效果。

11.1.1 机器学习策略分类

机器学习模策略可以分为以下几类。

（1）分类策略。利用机器学习分类算法，比如Logistic回归、决策树、SVM等，建立分类模型预测股票价格是上涨还是下跌，根据分类结果制定交易决策。这种策略直接利用分类结果来买卖，交易信号明显。

（2）回归策略。利用线性回归、岭回归等回归模型，建立股票价格与影响因素之间的映射关系。利用预测的股票价格制定交易策略。回归策略预测的是具体的股票价格，但准确度一般要低于分类策略。

（3）文本分析策略。利用自然语言处理手段分析相关文字信息，比如从新闻报道、社交媒体等，提取有价值的信号和信息，辅助制定股票交易策略。

（4）聚类策略。利用K-means聚类等算法，将股票分为不同的群组。根据群组特征制定相应的交易策略。

（5）集成策略。综合利用上述多种机器学习策略，构建一个整体的交易决策系统。利用多个模型相互监督、补充不足，提高整体的准确性和鲁棒性。

以上概括了机器学习在股票交易领域广泛应用的几种策略类型。每种策略各有其优劣势，运用时结合人工智能是比较有效的方式。

11.1.2 Python机器学习库

在Python中，有很多常用的机器学习库可供使用。以下是一些常见的机器学习库。

（1）Scikit-learn：它是一个被广泛使用的机器学习库，提供各种常用的机器学习算法和工具，包括分类、回归、聚类、降维、模型选择和评估等功能。

（2）TensorFlow：它是一个开源的深度学习库，广泛应用于构建和训练神经网络模型。它提供丰富的工具和API，使开发人员可以轻松地构建各种深度学习模型。

（3）Keras：它是一个高级神经网络库，建立在TensorFlow之上。它提供简洁的API，使构建和训练神经网络模型变得更加容易。

（4）PyTorch：它是另一个常用的深度学习库，具有动态计算图的特性，使模型的构建和调试更加灵活和直观。

（5）XGBoost：它是一个梯度提升库，可用于解决分类、回归和排序等问题。它具有高效、准确和可扩展的特点，在Kaggle等数据竞赛中得到了广泛应用。

（6）LightGBM：它是另一个梯度提升库，具有较高的训练速度和内存利用率。它在处理大规模数据集时表现出色，并支持分类、回归和排名等任务。

（7）CatBoost：它是一个基于梯度提升的机器学习库，专注于处理分类任务。它具有自适应学习率和处理类别特征的能力，同时支持GPU加速。

这只是一小部分常用的机器学习库，我们可以根据具体的需求和问题，选择适合的库进行开发和实验。

下面我们重点介绍Scikit-learn库的使用。

首先，我们要安装Scikit-learn库，可以使用pip指令进行安装，如图11-1所示。

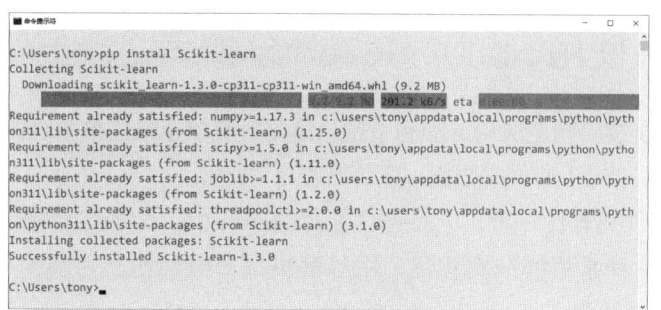

图 11-1　安装 Scikit-learn 库

11.1.3 机器学习策略的实施过程

使用机器学习策略预测股票走势的实施过程，主要包括以下几个步骤。

（1）收集数据：收集股票的历史交易数据，包括每日的开盘价、收盘价、最高价、最低价、成交量等信息。可以从财经网站、数据供应商或金融API获取这些数据。

（2）数据预处理：对收集的原始数据进行预处理，包括缺失值处理、异常值处理、特征选择等。确保数据的质量和完整性。

（3）特征工程：该阶段就是根据股票市场的特性和专业知识，挑选一些能够反映股票走势的特征。比如，我们可以考虑加入一些技术指标（比如移动平均线、相对强弱指标等）、基本面数据（比如公司的财务状况、所处行业的数据等），还有其他市场相关的数据（比如宏观经济指标、市场情绪指标等）。

（4）划分训练集和测试集：将数据集划分为训练集和测试集，用于模型的训练和评估。通常可以采用时间序列划分方法，将较早的数据作为训练集，将较新的数据作为测试集。

（5）选择模型：根据问题的需求和数据的特点，选择适合的机器学习模型。常见的模型包括线性回归、逻辑回归、支持向量机、决策树、随机森林、梯度提升树等。

（6）模型训练：使用训练集对选定的模型进行训练。根据模型的类型，可以使用相应的优化算法和训练策略进行模型参数的调整和优化。

（7）模型评估：使用测试集对训练好的模型进行评估，计算模型的预测准确率、精确率、召回率、F1值等指标，评估模型的性能。

（8）模型调优：根据评估结果，对模型进行调优，例如调整模型的超参数、改进特征工程方法、采用集成学习方法等。

（9）预测股票走势：使用训练好的模型对未来的股票走势进行预测。根据模型的输出结果，可以进行买入、卖出或持仓等交易决策。

（10）回测和优化：对预测结果进行回测和优化，评估策略的实际效果。可以根据实际交易情况进行调整和改进，进一步提升策略的盈利能力。

以上是实施机器学习策略的一般过程，具体的实施步骤和方法可能因项目而异。在实际应用中，还需要考虑风险管理、资金管理、交易成本等因素，并不断优化和改进策略，以实现更好的投资回报。

11.2 案例1：使用Scikit-learn分类策略预测苹果股票走势

分类策略利用分类模型预测股价上涨和下跌，这是最直接也最简单的机器学习策略，只需要收集涉及股票因素的特征数据（如价格数据、量价数据等）即可。

Logistic回归是分类策略的一种，下面我们通过Logistic回归策略预测苹果股票走势。

Logistic回归是一种常用的分类算法，用于解决二分类问题。它基于Logistic函数（也称为Sigmoid函数）进行分类预测。

具体实施过程如下。

1. 模型训练

准备好数据后，我们就可以训练模型了，具体代码如下。

```python
import pandas as pd
from sklearn.model_selection import train_test_split
from sklearn.preprocessing import StandardScaler
from sklearn.linear_model import LogisticRegression
from sklearn.pipeline import Pipeline
from sklearn.impute import SimpleImputer
from sklearn.metrics import accuracy_score
import joblib

# 数据准备和处理
data = pd.read_csv('data/AAPL.csv')
data['Close'] = data['Close'].str.replace('$', '').astype(float)
data['Open'] = data['Open'].str.replace('$', '').astype(float)
data['High'] = data['High'].str.replace('$', '').astype(float)
data['Low'] = data['Low'].str.replace('$', '').astype(float)

# 创建标签列
data['Label'] = data['Close'].diff().gt(0).astype(int)      ①

# 提取特征和目标变量
X = data[['Volume', 'Open', 'High', 'Low']]                 ②
y = data['Label']                                            ③

# 划分训练集测试集
X_train, X_test, y_train, y_test = train_test_split(X, y, test_size=0.3,
random_state=1)                                              ④

# 构建 Pipeline
```

```
pipe = Pipeline([                                              ⑤
    ('imputer', SimpleImputer(strategy='mean')),
    ('scaler', StandardScaler()),
    ('model', LogisticRegression())
])

# 模型训练
pipe.fit(X_train, y_train)                                     ⑥

# 保存模型
joblib.dump(pipe, 'model.pkl')                                 ⑦

# 测试集预测
y_pred = pipe.predict(X_test)                                  ⑧

# 准确率
accuracy = accuracy_score(y_test, y_pred)                      ⑨
print(f"准确率：{accuracy}")
```

上述代码运行结果如下。

准确率：0.783410138248848

另外，代码运行后，会在当前目录下生成模型文件model.pkl，这是我们训练模型的结果，它会在时间预测时使用。

上述代码的解释如下。

- 代码第①行在原始数据中，通过计算Close列的差分，将结果是否大于0转换为布尔类型，并将其转换为整数类型。这样创建了一个名为Label的新列，用于表示股票价格上涨（1）或下跌（0）。
- 代码第②行从处理后的数据中，选择包含特征的列，即Volume、Open、High和Low列，将其存储在变量X中。
- 代码第③行从处理后的数据中，选择Label列，将其存储在变量y中，作为目标变量。
- 代码第④行使用train_test_split函数将特征变量X和目标变量y划分为训练集和测试集，其中测试集占总数据的30%。划分的结果存储在变量X_train、X_test、y_train和y_test中。
- 代码第⑤行使用Pipeline构建一个流水线，其中包含数据填补（SimpleImputer）、特征标准化（StandardScaler）和逻辑回归模型（LogisticRegression）这三个步骤。每个步骤都有一个名称，分别为imputer、scaler和model。
- 代码第⑥行使用流水线的fit方法对训练集进行拟合，即对数据进行填补、标准化，并使用逻辑回归模型进行训练。

- 代码第⑦行使用 joblib.dump 将训练好的流水线模型保存到文件 model.pkl 中。
- 代码第⑧行使用训练好的模型对测试集 X_test 进行预测,得到预测结果 y_pred。
- 代码第⑨行使用 accuracy_score 函数计算预测结果 y_pred 与真实标签 y_test 之间的准确率,并将准确率存储在变量 accuracy 中。最后使用 print 函数打印准确率的结果。

> **提示**
>
> 训练模型的数据集文件是 AAPL.csv,如图 11-2 所示,该文件应该具有如下特点。
>
> 1. **样本数据**:数据集应包含足够数量的样本数据。更多的样本数据可以帮助模型更好地学习数据的模式和关系,从而提高模型的性能和泛化能力。
>
> 2. **特征变量**:数据集应包含用于训练模型的特征变量。特征变量是描述样本的属性或特征,用于预测目标变量。特征变量可以是数值型、类别型或其他类型的数据。
>
> 3. **目标变量**:数据集应包含用于训练模型的目标变量(也称为标签或输出变量)。目标变量是要预测或分类的变量。它可以是二元分类、多类分类或连续值。
>
> 4. **数据质量**:数据集应经过清洗和预处理,以确保数据质量和一致性。这包括处理缺失值、异常值、重复值等数据问题。
>
> 5. **数据平衡**:对于分类问题,数据集中的类别分布应尽量平衡,避免某个类别过多或过少导致模型偏向于某个类别。

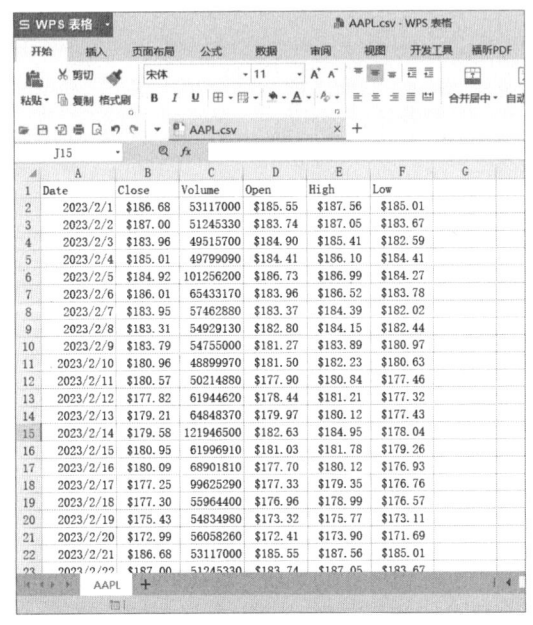

图 11-2 训练模型的数据集文件

2. 模型评估

从运行结果可见,模型准确率:0.783410138248848,是不错的结果。我们可以借助 ChatGPT 进行分析。

> **我们向 ChatGPT 发送如下请求消息。**
>
> 我们的训练结果如下,帮我们分析一下:
> 准确率:0.783410138248848。

> **ChatGPT 的回答如下。**
>
> 根据给出的准确率结果为 0.783410138248848,可以得出模型在测试集上的分类准确率为约 78.34%。准确率是评估分类模型性能的一种常用指标,它表示模型预测正确的样本比例。这个准确率值可以用来评估模型的整体性能。然而,准确率本身并不能完整地描述模型的表现,

因为它没有考虑不同类别之间的分布和重要性。在某些情况下，准确率可能会被其他评估指标如精确度、召回率和F1分数所补充。

如果有其他的性能评估指标或更多的上下文信息，我可以提供更详细的分析和解释。

3. 预测股票走势

下面就可以进行预测了。我们准备了新的数据集合"HistoricalData_1687681340565.csv"文件，预测代码如下。

```
import pandas as pd
import joblib

# 加载模型
loaded_model = joblib.load('model.pkl')                                    ①
# 新数据准备
new_data = pd.read_csv('data/HistoricalData_1687681340565.csv')             ②
new_data['Close'] = new_data['Close'].str.replace('$', '').astype(float)    ③
new_data['Open'] = new_data['Open'].str.replace('$', '').astype(float)
new_data['High'] = new_data['High'].str.replace('$', '').astype(float)
new_data['Low'] = new_data['Low'].str.replace('$', '').astype(float)        ④

# 删除 Close 和 Date 特征列
new_data.drop('Close', axis=1, inplace=True)                                ⑤
new_data.drop('Date', axis=1, inplace=True)                                 ⑥

# 预测结果
predicted_labels = loaded_model.predict(new_data)                           ⑦

# 输出预测结果
for i, label in enumerate(predicted_labels):                                ⑧
    print(f"样本 {i+1} 的预测结果: {label}")
```

代码运行结果如下。

```
样本 1 的预测结果: 1
样本 2 的预测结果: 1
样本 3 的预测结果: 1
样本 4 的预测结果: 1
样本 5 的预测结果: 0
样本 6 的预测结果: 1
样本 7 的预测结果: 0
样本 8 的预测结果: 0
```

样本 9 的预测结果：1
样本 10 的预测结果：0
样本 11 的预测结果：0
样本 12 的预测结果：0
样本 13 的预测结果：0
样本 14 的预测结果：1
样本 15 的预测结果：0
样本 16 的预测结果：0
样本 17 的预测结果：0
样本 18 的预测结果：0
样本 19 的预测结果：0
样本 20 的预测结果：0

代码解释如下。

- 代码第①行加载之前保存的模型文件 model.pkl。使用 joblib.load() 函数从文件中加载模型，将加载的模型存储在 loaded_model 变量中。
- 代码第②行读取名为 HistoricalData_1687681340565.csv 的新数据文件，并将数据存储在 new_data 变量中。pd.read_csv() 函数用于从 CSV 文件中读取数据。
- 代码第③和④行用于对 new_data 数据集中的 Close、Open、High 和 Low 列进行数据处理。str.replace('$', '') 将字符串中的美元符号 $ 替换为空字符串，.astype(float) 将处理后的字符串转换为浮点数类型。
- 代码第⑤和⑥行从 new_data 数据集中删除了 Close 和 Date 两列。drop() 函数用于删除指定列，axis=1 表示按列删除，inplace=True 表示直接在原数据集上进行修改。
- 代码第⑦行使用加载的模型 loaded_model 对 new_data 进行预测。predict() 方法用于对给定的输入数据进行预测，将预测结果存储在 predicted_labels 变量中。
- 代码第⑧行循环遍历预测结果列表 predicted_labels。使用 enumerate() 函数同时获取元素的索引和值，i 表示索引，label 表示值。在每次迭代中，代码打印样本的预测结果。f"样本 {i+1} 的预测结果 {label}，使用格式化字符串的方式输出样本索引和对应的预测结果。i+1 将索引从 0-based 转换为 1-based，以更符合常规的样本编号方式。

4. 分析结果

对于预测程序的输出结果，我们可以借助 ChatGPT 进行分析。

> 🗨 **我们向 ChatGPT 发送如下请求消息。**
>
> 我们有如下分类策略预测结果，不要考虑其他的原因，就如下结果帮我们分析一下：
>
> 样本 1 的预测结果：1
>
> 样本 2 的预测结果：1
>
> 样本 3 的预测结果：1

样本 4 的预测结果：1
样本 5 的预测结果：0
样本 6 的预测结果：1
样本 7 的预测结果：0
样本 8 的预测结果：0
样本 9 的预测结果：1
样本 10 的预测结果：0
样本 11 的预测结果：0
样本 12 的预测结果：0
样本 13 的预测结果：0
样本 14 的预测结果：1
样本 15 的预测结果：0
样本 16 的预测结果：0
样本 17 的预测结果：0
样本 18 的预测结果：0
样本 19 的预测结果：0
样本 20 的预测结果：0

ChatGPT 的回答如下。

从结果我们可以看到：

（1）大部分样本的预测结果为 0，0 的占比大约为 65%（13 个 0，7 个 1）

（2）出现 1 的预测结果相对较多，共 7 个样本，占 35%

整体预测倾向于结果 0，但 1 的概率较之前的分析提高。

以上分析仅基于提供的预测结果，由于 0 表示"未动"或"跌"，1 表示"涨"，所以结果倾向于"跌"。

整体预测倾向于结果 0，0 的概率较 1 大。

以上分析仅基于提供的预测结果，由于 0 表示"未动"或"跌"，1 表示"涨"，所以结果倾向于"跌"。

11.3 案例2：使用Scikit-learn回归策略预测苹果股票走势

线性回归是一种常用的回归算法，它用于建立自变量（特征）和因变量（目标）之间的线性关系，并用于预测连续型变量的值。

线性回归的目标是找到最佳拟合直线（或超平面），使预测值与真实值之间的差异最小化。这种回归算法基于以下假设：
- 自变量和因变量之间存在线性关系；
- 预测误差服从正态分布；
- 自变量之间相互独立。

具体实施过程如下。

1. 模型训练

准备好数据后，我们就可以训练模型了，具体代码如下。

```
import pandas as pd
from sklearn.model_selection import train_test_split
from sklearn.linear_model import LinearRegression
from sklearn.metrics import mean_squared_error
import joblib

# 1. 数据准备和处理
data = pd.read_csv('data/AAPL.csv')
data['Close'] = data['Close'].str.replace('$', '').astype(float)
data['Open'] = data['Open'].str.replace('$', '').astype(float)
data['High'] = data['High'].str.replace('$', '').astype(float)
data['Low'] = data['Low'].str.replace('$', '').astype(float)

# 提取特征和目标变量
X = data[['Volume', 'Open', 'High', 'Low']]        ①
y = data['Close']                                   ②

# 划分训练集测试集
X_train, X_test, y_train, y_test = train_test_split(X, y, test_size=0.3,
random_state=1)                                     ③

# 2. 模型训练
model = LinearRegression()                          ④
model.fit(X_train, y_train)                         ⑤
# 3. 测试集预测
y_pred = model.predict(X_test)                      ⑥
# 4. 模型评估
mse = mean_squared_error(y_test, y_pred)            ⑦
print(f"均方误差 (MSE): {mse}")                      ⑧

# 保存模型数据
joblib.dump(model, 'model.pkl')                     ⑨
```

上述代码运行结果如下。

均方误差（MSE）：0.553726274089948

另外，代码运行后，会在当前目录下生成模型文件model.pkl，这是我们训练模型的结果，它会在时间预测时使用。

> **提示**
>
> 均方误差（Mean Squared Error，MSE）是一种常用的回归模型评估指标，用于衡量预测值与真实值之间的平均差异程度。
>
> MSE计算的步骤如下。
>
> （1）对于每个样本，计算预测值与真实值之间的差异（残差）。
>
> （2）将每个残差平方。
>
> （3）对所有样本的平方差求平均值。
>
> MSE越小，表示模型的预测值与真实值之间的差异越小，预测性能越好。MSE的值始终为非负数，越接近0表示模型的拟合程度越好。
>
> 由于MSE计算残差的平方，它对较大的误差值更加敏感，即较大的误差对MSE的贡献更大。这使MSE在存在离群值（异常值）的数据集中可能会受到影响。
>
> 除了MSE，还有其他常用的回归模型评估指标，如均绝对误差（Mean Absolute Error，MAE）、决定系数（Coefficient of Determination，R-squared）等，可以根据具体需求选择合适的评估指标评估回归模型的性能。

上述代码的解释如下。

- 代码第①行中，使用data[['Volume', 'Open', 'High', 'Low']]选择data DataFrame中的列Volume、Open、High、Low，并将结果存储在变量X中。这些列将作为特征变量用于训练模型。
- 代码第②行中的data['Close']选择了data DataFrame中的Close列，并将结果存储在变量y中。该列是目标变量，模型将试图预测它。
- 代码第③行train_test_split函数将特征变量X和目标变量y划分为训练集和测试集。test_size=0.3表示测试集占总数据集的30%，而训练集占70%。random_state=1是一个随机种子，用于确保每次运行时划分结果的一致性。将划分后的训练集特征变量、测试集特征变量、训练集目标变量、测试集目标变量分别存储在X_train、X_test、y_train、y_test变量中。
- 代码第④行创建了一个LinearRegression线性回归模型对象，并将其存储在变量model中。
- 代码第⑤行model.fit(X_train, y_train)用于训练（拟合）线性回归模型。它接受训练集的特征变量X_train和目标变量y_train，将其作为输入，并调整模型的参数以适应给定的训练数据。
- 代码第⑥行使用训练好的模型model对测试集的特征变量X_test进行预测，并将预测结果存储在变量y_pred中。
- 代码第⑦行mean_squared_error(y_test, y_pred)用于计算测试集目标变量y_test和预测结果y_pred之间的均方误差（MSE）。MSE是一种衡量回归模型预测性能的指标，它表示预测值与真实值之间的差异程度。

- 代码第⑧行打印均方误差（MSE）值。
- 代码第⑨行使用 joblib.dump(model, 'model.pkl') 将训练好的线性回归模型对象 model 保存到名为 model.pkl 的文件中，以便后续可以加载该模型并进行预测。

2. 模型评估

从运行结果可见，均方误差（MSE）为 0.553726274089948，是不错的结果，我们可以借助 ChatGPT 进行分析。

> 🗨 **我们向 ChatGPT 发送如下请求消息。**
>
> 我们的训练结果如下，帮我们分析一下：
> 均方误差 (MSE): 0.553726274089948。

> ⑤ **ChatGPT 的回答如下。**
>
> 根据您提供的训练结果，均方误差（MSE）为 0.55372627408994。这个数值表示线性回归模型的预测结果与真实值之间的平均差异程度。
>
> MSE 的值为非负数，越接近 0 表示模型的拟合程度越好。在您的情况下，0.55372627408994 是一个相对较小的 MSE 值，说明您的线性回归模型对于苹果股票走势的预测效果相对较好。
>
> 然而，要综合评估模型的性能，建议与其他指标一起考虑。例如，可以使用决定系数（R-squared）衡量模型对目标变量变异性的解释程度，使用平均绝对误差（MAE）衡量模型的绝对预测误差。
>
> 另外，还需要注意的是，对于特定问题和应用场景，合理的 MSE 值的判断标准可能会有所不同。因此，建议综合考虑其他因素，如领域知识、业务需求等，评估模型的实际表现和适用性。

3. 预测股票走势

下面就可以进行预测了。我们准备了新的数据集合"HistoricalData_1687681340565.csv"文件，预测代码如下。

```
import pandas as pd
import joblib

# 加载模型
loaded_model = joblib.load('model.pkl')                                         ①
# 新数据准备
new_data = pd.read_csv('data/HistoricalData_1687681340565.csv')                 ②
new_data['Close'] = new_data['Close'].str.replace('$', '').astype(float)        ③
```

```
new_data['Open'] = new_data['Open'].str.replace('$', '').astype(float)
new_data['High'] = new_data['High'].str.replace('$', '').astype(float)
new_data['Low'] = new_data['Low'].str.replace('$', '').astype(float)          ④

# 删除 Close 和 Date 特征列
new_data.drop('Close', axis=1, inplace=True)                                   ⑤
new_data.drop('Date', axis=1, inplace=True)                                    ⑥

# 预测结果
predicted_labels = loaded_model.predict(new_data)                              ⑦

# 输出预测结果
for i, label in enumerate(predicted_labels):                                   ⑧
    print(f"样本 {i+1} 的预测结果: {label}")
```

代码运行结果如下。

```
预测结果: 186.8574072889791
预测结果: 186.257860664635
预测结果: 184.10770494393964
预测结果: 185.93719141281886
预测结果: 184.57037449339362
预测结果: 185.60661648948147
预测结果: 183.3857326924576
预测结果: 183.75000533180457
预测结果: 183.10016909961496
预测结果: 181.8261013581762
预测结果: 179.94003987015927
预测结果: 179.66272055047042
预测结果: 178.45223991648865
预测结果: 179.95636123056215
预测结果: 180.48631322458314
预测结果: 178.77667060084391
预测结果: 177.62040380763523
预测结果: 178.3089116835725
预测结果: 175.0859834552677
预测结果: 173.17338879527563
```

上述代码与案例 1 类似,这里不再赘述。

4. 分析结果

对于预测程序的输出结果,我们可以借助 ChatGPT 进行分析。

> 我们向ChatGPT发送如下请求消息。

我们有如下分类策略预测结果，不要考虑其他的原因，就如下结果帮我们分析一下：
预测结果：186.8574072889791
预测结果：186.257860664635
预测结果：184.10770494393964
预测结果：185.93719141281886
预测结果：184.57037449339362
预测结果：185.60661648948147
预测结果：183.3857326924576
预测结果：183.75000533180457
预测结果：183.10016909961496
预测结果：181.8261013581762
预测结果：179.94003987015927
预测结果：179.66272055047042
预测结果：178.45223991648865
预测结果：179.95636123056215
预测结果：180.48631322458314
预测结果：178.77667060084391
预测结果：177.62040380763523
预测结果：178.3089116835725
预测结果：175.0859834552677
预测结果：173.17338879527563

> ChatGPT的回答如下。

根据您提供的预测结果，这些值看起来是针对某种指标或目标进行的预测。以下是对这些预测结果的简要分析：

预测结果的范围：根据给出的结果，预测值在大约 173.17 到 186.86 之间变化，涉及某个数值指标的预测。

趋势变化：在这些预测结果中，可以观察数值上的波动和变化，预测值在不同样本中有所不同。

模型评估：由于没有提供实际观测值或真实标签，我们无法准确评估这些预测结果的准确性或性能。因此，无法判断模型的预测能力。

请注意，这些预测结果的分析仅基于提供的数值本身，并且没有考虑背景信息、特征工程、模型选择等其他因素。要全面评估模型的效果和预测能力，需要考虑更多的上下文信息和模型评估指标。

5. 可视化分析

预测结果都是数字,为了能够更加形象地呈现结果,我们可以绘制图表,例如小提琴图表,直观呈现数据的分布情况。

示例代码如下。

```
import seaborn as sns

# 预测结果数据
predictions = [186.8574072889791, 186.257860664635, 184.10770494393964,
185.93719141281886, 184.57037449339362,
        185.60661648948147, 183.3857326924576, 183.75000533180457,
183.10016909961496, 181.8261013581762,
        179.94003987015927, 179.66272055047042, 178.45223991648865,
179.95636123056215, 180.48631322458314,
        178.77667060084391, 177.62040380763523, 178.3089116835725,
175.0859834552677, 173.1733887952756]

# 绘制小提琴图
sns.violinplot(y=predictions)
```

使用 Jupyter Notebook 工具运行上述代码,输出 df 数据。图 11-3 所示的是使用 Seaborn 库绘制的小提琴图,从图中可见数据的分布情况。

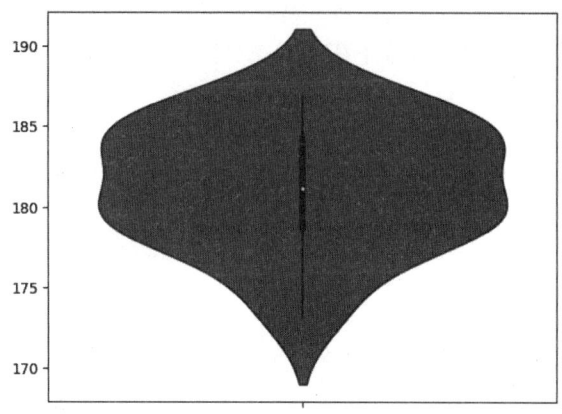

图 11-3 小提琴图

直方图也非常适合分析这种数据,Seaborn 的 Dist 图是一种用于可视化单个变量分布的图表,它是直方图和密度图的结合。具体实现代码如下。

```
import seaborn as sns
import matplotlib.pyplot as plt
# 设置中文显示
```

```python
plt.rcParams['font.family'] = ['SimHei']
plt.rcParams['axes.unicode_minus'] = False
# 预测结果数据
predictions = [186.8574072889791, 186.257860664635, 184.10770494393964,
185.93719141281886, 184.57037449339362,
               185.60661648948147, 183.3857326924576, 183.75000533180457,
183.10016909961496, 181.8261013581762,
               179.94003987015927, 179.66272055047042, 178.45223991648865,
179.95636123056215, 180.48631322458314,
               178.77667060084391, 177.62040380763523, 178.3089116835725,
175.0859834552677, 173.1733887952756]

# 绘制 Dist 图（密度图）
sns.histplot(data=predictions, kde=True)

# 设置图表标题和轴标签
plt.title('收盘价分布')
plt.xlabel('收盘价')
plt.ylabel('频数')

# 显示图表
plt.show()
```

使用Jupyter Notebook工具运行上述代码，输出df数据。图11-4所示的是使用Seaborn库绘制的Dist图，从图中可见，预测价格主要集中在180左右。

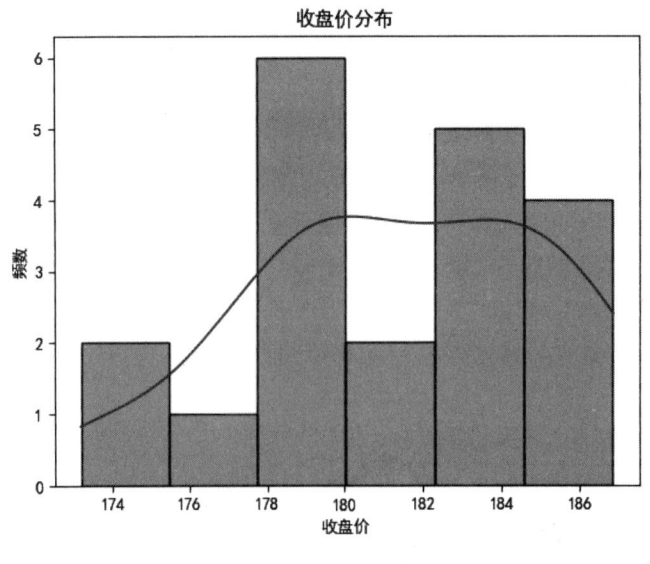

图11-4 Dist图

11.4 案例3：使用Keras深度学习库预测苹果股票走势

Keras是一个高级神经网络API，它作为一个深度学习库，提供一种简单而直观的方式来构建和训练深度学习模型。

Keras具有简洁易用、灵活可扩展和与TensorFlow集成等优势，使它成为深度学习领域一个受欢迎的选择。它适用于各种深度学习任务，包括图像识别、自然语言处理、推荐系统等，对于初学者和熟练的深度学习工程师都是一种方便和高效的工具。

> **提示**
>
> 为了使用Keras库，首先需要安装，安装指令如下：
> ```
> pip install tensorflow
> pip install keras
> ```

案例具体实施过程如下。

1. 模型训练

准备好数据后，我们就可以训练模型了。具体代码如下。

```python
import numpy as np
import pandas as pd
from sklearn.preprocessing import MinMaxScaler
from tensorflow.keras.layers import LSTM, Dense
from tensorflow.keras.models import Sequential

# 数据准备和处理
data = pd.read_csv('data/AAPL.csv')
data['Close'] = data['Close'].str.replace('$', '').astype(float)
data['Open'] = data['Open'].str.replace('$', '').astype(float)
data['High'] = data['High'].str.replace('$', '').astype(float)
data['Low'] = data['Low'].str.replace('$', '').astype(float)
# 提取收盘价数据
closing_prices = data['Close'].values.reshape(-1, 1)

# 数据预处理
scaler = MinMaxScaler(feature_range=(0, 1))                    ①
scaled_prices = scaler.fit_transform(closing_prices)           ②

# 划分训练集和测试集
train_size = int(len(scaled_prices) * 0.8)                     ③
train_data = scaled_prices[:train_size]                        ④
```

```python
test_data = scaled_prices[train_size:]                                    ⑤

# 构建训练集和测试集
def create_dataset(data, time_steps=1):                                   ⑥
    X, Y = [], []
    for i in range(len(data) - time_steps):                               ⑦
X.append(data[i:(i + time_steps), 0])                                     ⑧
Y.append(data[i + time_steps, 0])                                         ⑨
    return np.array(X), np.array(Y)

time_steps = 10  # 时间步长
X_train, y_train = create_dataset(train_data, time_steps)                 ⑩
X_test, y_test = create_dataset(test_data, time_steps)                    ⑪
# 调整输入数据形状
X_train = np.reshape(X_train, (X_train.shape[0], X_train.shape[1], 1))    ⑫
X_test = np.reshape(X_test, (X_test.shape[0], X_test.shape[1], 1))        ⑬

# 构建LSTM模型
model = Sequential()                                                      ⑭
model.add(LSTM(units=50, return_sequences=True, input_shape=(X_train.
shape[1], 1)))                                                            ⑮
model.add(LSTM(units=50))                                                 ⑯
model.add(Dense(units=1))                                                 ⑰
model.compile(optimizer='adam', loss='mean_squared_error')                ⑱

# 训练模型
model.fit(X_train, y_train, epochs=10, batch_size=32)                     ⑲

# 保存模型
model.save("stock_prediction_model.keras")                                ⑳
print("模型已保存为 stock_prediction_model.keras")
```

上述代码运行结果如下。

```
Epoch 1/10 18/18 [==============================] - 3s 4ms/step - loss:
0.2056 Epoch 2/10 18/18 [==============================] - 0s 4ms/step -
loss: 0.0934 Epoch 3/10 18/18 [==============================] - 0s 4ms/
step - loss: 0.0853 Epoch 4/10 18/18 [==============================] - 0s
4ms/step - loss: 0.0803 Epoch 5/10 18/18 [==============================] -
0s 4ms/step - loss: 0.0761 Epoch 6/10 18/18 [==============================]
- 0s 4ms/step - loss: 0.0726 Epoch 7/10 18/18 [=============================
==] - 0s 5ms/step - loss: 0.0641 Epoch 8/10 18/18 [=========================
```

```
======] - 0s 4ms/step - loss: 0.0559 Epoch 9/10 18/18 [====================
==========] - 0s 4ms/step - loss: 0.0505 Epoch 10/10 18/18 [==============
================] - 0s 4ms/step - loss: 0.0535 模型已保存为 stock_prediction_
model.keras
```

另外,程序运行后,会在当前目录下生成模型文件stock_prediction_model.keras,这是我们训练模型的结果,它会在时间预测时使用。

在输出结果中,Epoch和loss表示训练过程中的两个重要概念。

(1) Epoch(迭代轮数):训练过程中的一个Epoch,表示将所有训练样本都用于模型的一次前向传播和反向传播更新参数的过程。在每个Epoch中,模型通过对训练样本进行迭代学习,逐步优化模型的性能。通常情况下,训练过程会进行多个Epoch,每个Epoch会进行一次前向传播和反向传播。

(2) Loss(损失函数):损失函数用于衡量模型预测值与真实值之间的差异程度。在训练过程中,模型通过最小化损失函数的值优化自身的参数。训练过程中的Loss值,表示当前Epoch上模型对训练数据的拟合程度,即模型预测值与训练集真实值之间的差异程度。随着训练的进行,希望Loss值逐渐减小,表示模型对训练数据的拟合效果越来越好。

总之,Epoch表示训练的迭代轮数,而Loss表示当前Epoch上模型对训练数据的拟合程度。通过多次Epoch的训练,模型可以逐渐优化,使Loss值减小,从而提高模型的性能。

上述代码的解释如下。

- 代码第①行创建一个MinMaxScaler对象,用于将数据缩放到指定的范围(0到1之间)。
- 代码第②行使用MinMaxScaler对象对收盘价数据进行归一化处理。对数据进行归一化处理,是为了将数据缩放到一个统一的范围,使数据在训练神经网络模型时更易于处理和比较。归一化可以确保数据的值都在0到1之间,避免数值差异过大对模型训练造成的影响。
- 代码第③行定义训练集的大小,将其设置为总数据量的80%。
- 代码第④行将归一化后的数据划分为训练集,取前80%的数据。
- 代码第⑤行将归一化后的数据划分为测试集,取剩余的20%的数据。
- 代码第⑥行定义一个用于创建训练集和测试集的函数,其中time_steps表示时间步长。
- 代码第⑦行遍历数据集,根据时间步长将数据划分为输入序列和对应的输出值。
- 代码第⑧行将输入序列添加到X列表中。
- 代码第⑨行将对应的输出值添加到Y列表中。
- 代码第⑩行调用create_dataset函数创建训练集,其中X_train表示训练集的输入数据,y_train表示训练集的输出数据。
- 代码第⑪行调用create_dataset函数创建测试集,其中X_test表示测试集的输入数据,y_test表示测试集的输出数据。
- 代码第⑫行将训练集的输入数据形状调整为适合LSTM模型的三维形状。
- 代码第⑬行将测试集的输入数据形状调整为适合LSTM模型的三维形状。
- 代码第⑭行创建一个Sequential模型,用于构建神经网络模型。

- 代码第⑮行向模型中添加第一个LSTM层，设置单元数为50，返回完整的序列，指定输入形状。
- 代码第⑯行向模型中添加第二个LSTM层，设置单元数为50。
- 代码第⑰行向模型中添加一个全连接层，输出单元数为1。
- 代码第⑱行编译模型，设置优化器为Adam，损失函数为均方误差。
- 代码第⑲行使用训练集进行模型训练，设置训练的轮数为10，批量大小为32。
- 代码第⑳行保存训练好的模型为stock_prediction_model.keras。

> **提示**
> LSTM（Long Short-Term Memory）是一种循环神经网络（Recurrent Neural Network，RNN）的变体，用于处理具有时间序列结构的数据。LSTM模型特别适用于处理具有长期依赖关系的序列数据，如自然语言处理、语音识别和时间序列预测等任务。

2. 模型评估

当评估模型性能时，我们可以将测试集上的损失函数值作为一个指标。

损失函数值是在机器学习中用来衡量模型预测结果与实际结果之间差异的指标。

评估模型的示例代码如下。

```
# 2. 模型评估
# 使用模型对测试集进行预测
predicted_prices = model.predict(X_test)

# 计算测试集上的损失函数值
test_loss = model.evaluate(X_test, y_test)

print("测试集上的损失函数值：", test_loss)
```

上述代码运行结果如下。

```
5/5 [==============================] - 0s 2ms/step
5/5 [==============================] - 0s 2ms/step - loss: 0.0484
测试集上的损失函数值： 0.04836134985089302
```

从运行结果可见，测试集上的损失函数值为0.04836134985089302，是不错的结果。我们可以借助ChatGPT进行分析。

> 🗨 **我们向ChatGPT发送如下请求消息。**
>
> 我们的训练结果如下，帮我们分析一下：
> 测试集上的损失函数值：0.04836134985089302

第11章 机器学习与金融大数据预测建模

⑤ ChatGPT的回答如下。

测试集上的损失函数值为0.04836134985089302，这个值表示模型在测试数据集上的预测结果与真实值之间的差异程度。损失函数值越小，表示模型对测试数据的拟合程度越好。

在你的训练结果中，损失函数值为0.04836134985089302，这个值相对较小，说明模型在测试数据集上的预测效果较好。这意味着模型能够较准确地预测测试数据集中的苹果股票走势。

然而，单独的损失函数值并不能完全评估模型的性能。建议你进一步考虑其他评估指标，如平均绝对误差（MAE）、均方根误差（RMSE）或可视化比较预测结果与真实值，以获得更全面的模型性能评估。

3. 预测股票走势

下面就可以进行预测了。我们准备了新的数据集合HistoricalData_1687681340565.csv文件，预测代码如下。

```
import numpy as np
import pandas as pd
from sklearn.preprocessing import MinMaxScaler
from tensorflow.keras.models import load_model

# 读取测试数据
test_data = pd.read_csv('data/HistoricalData_1687681340565.csv')

test_data['Close'] = test_data['Close'].str.replace('$', '').astype(float)
test_data['Open'] = test_data['Open'].str.replace('$', '').astype(float)
test_data['High'] = test_data['High'].str.replace('$', '').astype(float)
test_data['Low'] = test_data['Low'].str.replace('$', '').astype(float)

# 提取需要预测的特征数据
# 假设需要预测的特征是'Close'
closing_prices = test_data['Close'].values.reshape(-1, 1)     ①

# 数据预处理
scaler = MinMaxScaler(feature_range=(0, 1))                   ②
scaled_prices = scaler.fit_transform(closing_prices)          ③

# 构建测试集
def create_dataset(data, time_steps=1):                       ④
    X = []
    tor i in range(len(data) - time_steps + 1):
```

```
    X.append(data[i:(i + time_steps), 0])
    return np.array(X)

time_steps = 10  # 时间步长
X_test = create_dataset(scaled_prices, time_steps)
X_test = np.reshape(X_test, (X_test.shape[0], X_test.shape[1], 1))

# 加载模型
model = load_model('stock_prediction_model.keras')                        ⑤

# 使用模型进行预测
predicted_prices = model.predict(X_test)                                  ⑥
predicted_prices = scaler.inverse_transform(predicted_prices)             ⑦
# 打印预测结果
print(predicted_prices)
```

代码运行结果如下。

```
1/1 [==============================] - 0s 467ms/step
[[178.61566]
 [178.56287]
 [178.45978]
 [178.16238]
 [178.31128]
 [178.82529]
 [179.6931 ]
 [180.0767 ]
 [180.40886]
 [180.76233]
 [180.469  ]]
```

上述代码的解释如下。
- 代码第①行提取测试数据中的收盘价数据，并将其形状重新调整为二维数组，其中每个元素是一个收盘价值。
- 代码第②行使用MinMaxScaler对收盘价数据进行归一化处理，将其缩放到指定的特征范围（0到1之间）。
- 代码第③行将归一化处理后的收盘价数据保存在scaled_prices中。
- 代码第④行定义一个函数create_dataset，用于构建测试集。该函数接受数据和时间步长，将其作为输入，根据时间步长将数据划分为输入序列。在这种情况下，函数会根据时间步长从归一化处理后的收盘价数据中提取特征序列X。

- 代码第⑤行使用load_model函数加载之前保存的模型文件stock_prediction_model.keras。
- 代码第⑥行使用加载的模型对测试集X_test进行预测，得到预测结果predicted_prices。
- 代码第⑦行对预测结果进行逆归一化处理，将其还原为原始的收盘价数值。

4. 分析结果

对于预测程序的输出结果，我们可以借助ChatGPT进行分析。

> **我们向ChatGPT发送如下请求消息。**
>
> 我们有如下分类策略预测结果，不要考虑其他的原因，就如下结果帮我们分析一下：
> 预测结果：186.8574072889791
> 预测结果：186.257860664635
> 预测结果：184.10770494393964
> 预测结果：185.93719141281886
> 预测结果：184.57037449339362
> 预测结果：185.60661648948147
> 预测结果：183.3857326924576
> 预测结果：183.75000533180457
> 预测结果：183.10016909961496
> 预测结果：181.8261013581762
> 预测结果：179.94003987015927
> 预测结果：179.66272055047042
> 预测结果：178.45223991648865
> 预测结果：179.95636123056215
> 预测结果：180.48631322458314
> 预测结果：178.77667060084391
> 预测结果：177.62040380763523
> 预测结果：178.3089116835725
> 预测结果：175.0859834552677
> 预测结果：173.17338879527563

> **ChatGPT的回答如下。**
>
> 根据给出的预测结果，我们可以看到模型对未来苹果股票的收盘价进行了预测。每个预测值都是一个单独的时间步，从最近的时间步开始往未来递进。
>
> 根据预测结果，可以观察到收盘价的变化趋势。根据所给的结果，可以看出预测的收盘价在一定范围内有微小的波动，但整体趋势相对稳定。请注意，这只是模型的预测结果，可能会

受到多种因素的影响，例如市场情况、宏观经济因素等，因此仅凭预测结果做出决策可能不够准确。

要更准确地评估模型的性能和预测结果的准确性，通常需要使用更多的评估指标，例如均方误差（MSE）、平均绝对误差（MAE）等。这些指标可以帮助评估模型的预测精度和准确性，以便更好地了解模型的性能和可靠性。

5. 可视化分析

预测结果都是数字，为了能够更加形象地呈现结果，我们可以绘制图表，例如小提琴图表，可以直观呈现数据的分布情况。

示例代码如下。

```python
# 设置中文显示
plt.rcParams['font.family'] = ['SimHei']

import matplotlib.pyplot as plt

# 预测结果
predicted_results = [186.8574072889791, 186.257860664635,
184.10770494393964, 185.93719141281886, 184.57037449339362,
            185.60661648948147, 183.3857326924576,
183.75000533180457, 183.10016909961496, 181.8261013581762,
            179.94003987015927, 179.66272055047042,
178.45223991648865, 179.95636123056215, 180.48631322458314,
            178.77667060084391, 177.62040380763523,
178.3089116835725, 175.0859834552677, 173.17338879527563]

# 绘制小提琴图
plt.violinplot(predicted_results)

# 添加标题和标签
plt.title('预测结果的小提琴图')
plt.xlabel('预测值')
plt.ylabel('密度')

# 显示图形
plt.show()
```

使用 Jupyter Notebook 工具运行上述代码，输出 df 数据。图 11-5 所示的是使用 Seaborn 库绘制的小提琴图，从图中可见数据的分布情况。

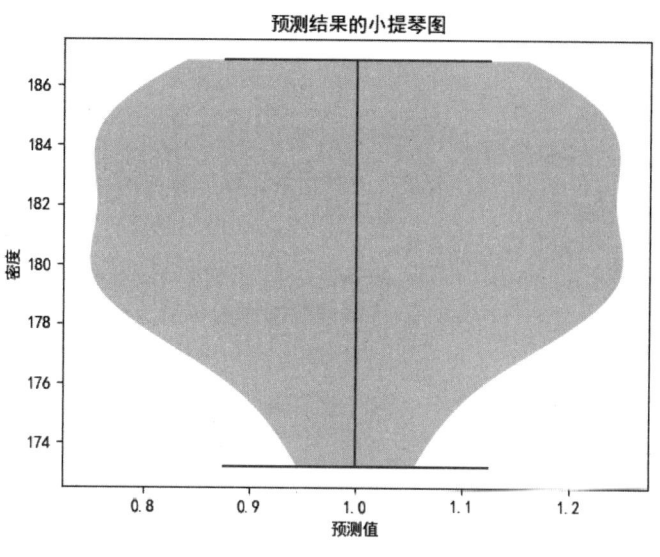

图 11-5 小提琴图

直方图也非常适合分析这种数据，Seaborn 的 Dist 图是一种用于可视化单个变量分布的图表，它是直方图和密度图的结合，具体实现代码如下。

```
import seaborn as sns
import matplotlib.pyplot as plt
# 设置中文显示
plt.rcParams['font.family'] = ['SimHei']
plt.rcParams['axes.unicode_minus'] = False

# 预测结果
predicted_results = [186.8574072889791, 186.257860664635,
184.10770494393964, 185.93719141281886, 184.57037449339362,
                    185.60661648948147, 183.3857326924576,
183.75000533180457, 183.10016909961496, 181.8261013581762,
                    179.94003987015927, 179.66272055047042,
178.45223991648865, 179.95636123056215, 180.48631322458314,
                    178.77667060084391, 177.62040380763523,
178.3089116835725, 175.0859834552677, 173.17338879527563]

# 绘制密度图
sns.displot(predicted_results, kde=True)

# 添加标题和标签
plt.title('预测结果的密度图')
plt.xlabel('预测值')
```

```
plt.ylabel('密度')

# 显示图形
plt.show()
```

使用Jupyter Notebook工具运行上述代码，输出df数据。图11-6所示的是使用Seaborn库绘制的Dist图，从图中可见，预测价格主要集中在180左右。

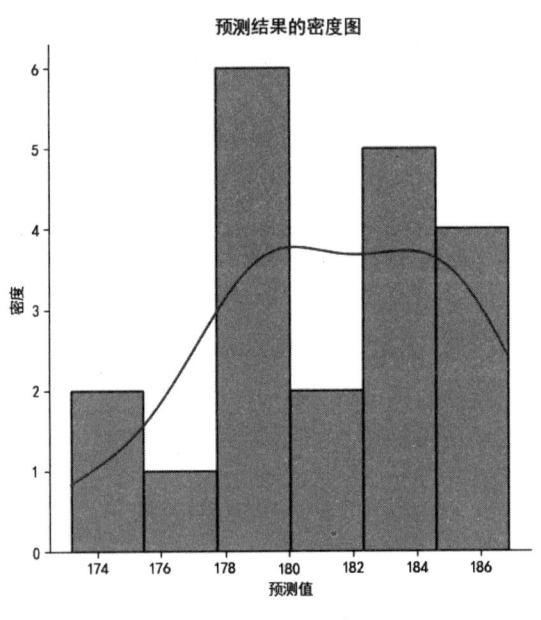

图11-6　Dist图

11.5　本章总结

本章介绍了机器学习策略在金融大数据分析中的应用。我们首先介绍了机器学习策略的分类和Python机器学习库的选择。然后，详细阐述了机器学习策略的实施过程，包括数据收集、数据预处理、特征工程、训练集和测试集划分、模型选择、模型训练、模型评估、模型调优、股票走势预测及回测和优化等步骤。

本章探讨了在金融大数据分析中应用机器学习策略，涵盖了策略分类、Python库选择，以及实施步骤：数据处理、特征工程、模型训练等。

第12章

ChatGPT在金融大数据分析中的应用与优势

随着金融行业数据的爆炸性增长和技术的不断发展，金融大数据分析成为实现有效决策和洞察商机的关键。在这一背景下，ChatGPT作为一种强大的语言模型，在金融大数据分析中得到广泛应用，并展现出巨大潜力。本章将介绍ChatGPT在金融领域中的具体应用案例，旨在深入探讨ChatGPT在金融大数据分析中的应用与优势，为金融从业者和决策者提供有价值的启示。

ChatGPT在金融大数据分析中可以有以下方面的应用。

（1）客户服务和智能助理：ChatGPT可以用于金融机构的客户服务和智能助理。它可以回答客户的常见问题，提供账户信息和交易历史查询，解释金融概念和产品，甚至进行基本的投资建议和规划。

（2）情感分析和舆情监测：ChatGPT可以帮助金融机构监测社交媒体、新闻报道和用户评论等大量文本数据，进行情感分析和舆情监测。它可以帮助金融机构了解公众对特定公司、产品或市场的情绪，从而支持决策制定和风险管理。

（3）金融文档处理：金融领域存在大量的文档和报告，如公司财务报表、研究报告、合同文件等。ChatGPT可以应用自然语言处理和文本挖掘技术，自动提取关键信息、生成摘要、进行分类和标签，从而提高文档处理的效率和准确性。

这些应用场景展示了ChatGPT在金融大数据分析中的潜力和多样性。它可以作为一个智能工具，与金融专业人士和分析师合作，提供有价值的洞察和决策支持。

12.1 ChatGPT在金融领域中的自动化客户服务与智能助理方面的应用

ChatGPT作为一种强大的语言模型，展现出巨大的潜力。本节介绍ChatGPT在金融领域中的自动化客户服务和智能助理的具体应用案例，并探讨其在提升客户服务质量和提供智能化支持方面的优势。

12.1.1 案例1：ChatGPT应用于金融领域中的智能问答和问题解决

在金融领域，ChatGPT被广泛应用于智能问答和问题解决，为客户提供即时且准确的答案，帮助他们解决疑问和问题。以下是一个具体案例。

案例背景

某金融机构引入ChatGPT，将其作为在线客户服务的智能助理，用于处理客户的常见问题和提供相关帮助。客户可以通过金融机构的网站或移动应用程序与ChatGPT进行实时对话，并获取所需的信息和支持。

案例过程

客户A向ChatGPT发送如下请求消息。
我想了解如何申请信用卡。

ChatGPT的回答如下。
非常高兴为您提供帮助!您可以通过我们的官方网站或移动应用程序申请信用卡。请访问我们的官方网站或下载移动应用程序,填写相关信息并提交申请。您还可以在申请过程中了解信用卡的特点和优惠。

客户A向ChatGPT发送如下请求消息。
信用卡有哪些常见的费用?

ChatGPT的回答如下。
信用卡通常包括年费、利息、逾期费和外汇交易费等常见费用。具体费用和政策可能因不同的信用卡类型和金融机构而有所不同。建议您在选择信用卡前详细了解相关费用和条款。

客户A向ChatGPT发送如下请求消息。
我丢失了我的银行卡,应该怎么办?

ChatGPT的回答如下。
如果您的银行卡丢失或被盗,请立即联系银行客服部门报告丢失,并请求冻结您的账户以防止被不当使用。银行将为您重新办理一张新的卡,并帮助您恢复账户的安全。

客户A向ChatGPT发送如下请求消息。
我想了解最近的贷款利率有何变化。

ChatGPT的回答如下。
最近的贷款利率变化可以通过我们的官方网站或移动应用程序查看。您可以浏览相关页面或联系我们的客服部门,了解最新的贷款利率和相关政策。

12.1.2 案例2：ChatGPT应用于金融领域中的个性化建议和推荐

在金融领域，ChatGPT被广泛应用于个性化建议和推荐，为客户提供基于其需求和偏好的定制化建议和推荐。以下是一个具体案例。

案例背景

某金融机构利用ChatGPT提供个性化的金融产品建议和推荐服务。客户可以通过金融机构的网站或移动应用程序与ChatGPT进行实时对话，提供自己的需求和偏好，以获取针对个人情况的金融建议和推荐。

案例过程

客户A向ChatGPT发送如下请求消息。

我希望在短期内投资一些闲置资金，有什么适合的金融产品推荐吗？

ChatGPT的回答如下。

非常感谢您的咨询。根据您的需求，我可以为您推荐以下几种金融产品：1. 短期理财产品：提供相对低风险和较高流动性的投资选择；2. 债券基金：通过投资债券市场获得稳定回报；3. 货币基金：提供相对较低风险和较高收益的短期投资选择。您可以根据自己的风险承受能力和收益期望进行选择。

客户A向ChatGPT发送如下请求消息。

我对房地产投资很感兴趣，有什么建议吗？

ChatGPT的回答如下。

非常理解您的兴趣。对于房地产投资，我可以为您提供以下建议：1. 考虑购买房产：选择适合自己的地点和类型的房产，可以作为长期投资或出租收入；2. 投资房地产基金：通过购买房地产投资信托基金（REITs），间接参与房地产市场的投资；3. 考虑房地产众筹：通过参与房地产众筹平台，与其他投资者共同投资房地产项目。在做出决策之前，请考虑您的投资目标、风险承受能力和市场状况。

12.1.3 案例3：ChatGPT应用于金融领域中的自动化投资助理

在金融领域，ChatGPT被应用于自动化投资助理，为投资者提供个性化的投资建议和决策支持。

以下是一个具体案例。

案例背景

某投资公司引入ChatGPT，将其作为自动化投资助理，用于为投资者提供个性化的投资建议和决策支持。投资者可以通过投资公司的平台或应用程序与ChatGPT进行实时对话，获取相关的投资信息和建议。

案例过程

投资者A向ChatGPT发送如下请求消息。
我想了解最近的股票市场趋势和潜在投资机会。

ChatGPT的回答如下。
非常高兴为您提供帮助！请告诉我您的投资偏好和风险承受能力，以便我能够为您提供更加个性化的投资建议。

投资者A向ChatGPT发送如下请求消息。
我偏好稳健的投资策略，对高风险投资持谨慎态度。

ChatGPT的回答如下。
根据市场分析，目前××行业的股票表现良好，并且符合您稳健投资的要求。我建议您关注公司A和公司B，它们在该行业中具备较好的增长潜力和盈利能力。

投资者A向ChatGPT发送如下请求消息。
我对这些公司还不太了解，能否提供更多相关信息？

ChatGPT的回答如下。
公司A是一家全球领先的××公司，专注于××产品和服务。公司B是一家新兴的科技公司，致力于开发创新的××技术。您可以进一步研究这些公司的财务报表、市场竞争和未来发展前景，以做出更明智的投资决策。

12.2 ChatGPT在金融领域中的情感分析和舆情监测方面的应用

随着社交媒体和互联网的普及，舆情对金融市场的影响越来越重要。ChatGPT作为一种强大的自然语言处理工具，被广泛应用于金融领域中的情感分析和舆情监测，以帮助金融机构更好地理解市场情绪和舆论动态。

12.2.1 案例4：ChatGPT在金融市场情感分析中的应用

金融市场的情绪变化对投资者决策和市场波动具有重要影响。通过ChatGPT进行情感分析，可以从大量的文本数据中提取情感倾向和情感强度，帮助金融机构洞察市场情绪和情感趋势。这有助于投资者和交易员更好地把握市场情绪，制定相应的投资策略。

案例背景

ChatGPT可以分析社交媒体上的评论、帖子和新闻报道，识别其中的情感倾向，例如积极、消极或中性，从而帮助金融机构了解公众对特定事件、公司或产品的态度和情绪。

案例过程

> **投资者A向ChatGPT发送如下请求消息。**
>
> 请对如下一段文字进行情感分析：
>
> 随着全面注册制的推进及产业结构升级，今年以来，A股市场并购重组表现相对低迷。一方面，产业化并购的逻辑不断加深，尤其是医药、半导体等热门赛道并购活动频繁，导致行业竞争加剧和市场泡沫风险上升；另一方面，创新型并购案例屈指可数，大规模的国内并购案例减少，境外并购活动停滞不前。从并购交易数据来看，数据显示，今年以来，截至7月5日，按首次公告日并剔除失败案例计，A股市场并购事件仅有不到3000起。从进度来看，仍有1999起并购交易尚未完成，只有916起已经顺利完成。而根据交易数据分析，已公布的并购标的总价值仅达到9250亿元，显示市场对并购交易的兴趣和投资热情相对冷淡。

> **ChatGPT的回答如下。**
>
> 以上文本的情感分析结果如下：
>
> 整体情感倾向：消极
>
> 情感分析解释：这段文字主要描述了今年以来A股市场并购重组的低迷表现。文字中提到了产业化并购逻辑加深，但医药、半导体等热门赛道的频繁并购活动导致行业竞争加剧和市场泡沫风险上升。另外，创新型并购案例减少，境外并购活动停滞不前。数据显示，今年以来的并购事件数量有限，尚有大量交易未完成，已公布的并购标的总价值也相对较低。

根据这些描述，整体上文字呈现出对A股市场并购重组表现的消极情绪。提到了低迷、竞争加剧、泡沫风险、减少和停滞等负面的关键词，反映了对市场的担忧和冷淡的投资热情。

再看一个积极例子。

> **投资者B向ChatGPT发送如下请求消息。**
>
> 请对如下一段文字进行情感分析：
>
> 最近，新能源行业在A股市场迎来了蓬勃发展的机遇。随着政府对环境保护和可持续能源的重视，新能源领域的企业备受关注。在今年以来的表现中，新能源行业的并购重组活动相对活跃。不仅有大量的并购案例完成，还有许多新能源企业取得了令人瞩目的成绩。
>
> 从数据上看，今年以来，截至7月5日，A股市场新能源行业共完成了超过500起并购事件，其中有350起已经顺利完成。这些并购交易的总价值超过3000亿元，显示了市场对新能源行业的强烈兴趣和投资热情。尤其是在可再生能源领域，许多企业通过并购扩大了规模，提高了生产效率，并在市场上取得了巨大的成功。

> **ChatGPT的回答如下。**
>
> 根据以上文本，情感分析结果如下：
>
> 整体情感倾向：积极
>
> 情感分析解释：这段文字描述了新能源行业在A股市场的蓬勃发展和活跃的并购重组活动。文字中提到了政府对环境保护和可持续能源的重视，以及新能源企业在今年取得的令人瞩目的成绩。数据显示，新能源行业的并购事件数量较多，已完成的交易额也相对较高，总价值超过3000亿元。这反映出市场对新能源行业的强烈兴趣和投资热情，尤其是在可再生能源领域，企业通过并购扩大了规模，提高了生产效率，并取得了巨大的成功。
>
> 综合来看，整体上这段文字表现出对新能源行业在A股市场的积极态度。提到了蓬勃发展、活跃、令人瞩目、强烈兴趣、巨大成功等积极的关键词，反映了对新能源行业前景的乐观和投资热情。

12.2.2 案例5：ChatGPT在舆情监测中的应用

舆情对金融机构的声誉和业务影响巨大。ChatGPT的应用可以帮助金融机构监测舆情动态，及时发现和应对负面舆情，维护品牌声誉和公众形象。

案例过程

> **金融机构向ChatGPT发送如下请求消息。**
>
> 帮我分析社交媒体和新闻报道，并获取舆情动态结果，内容如下：近期关于ABC银行的舆

情动态整体上呈现积极的态势。以下是一些具体的舆情动态内容：

1. 社交媒体评论

"@ABC银行 最近用他们的金融服务，感觉非常棒！工作人员很专业，处理事务高效。"

"听说ABC银行推出了新的客户体验项目，真期待能够体验一下！"

"ABC银行一直致力于社会责任，他们的社会公益活动真的很赞！"

2. 新闻报道

"ABC银行发布了年度财务报告，显示该银行取得了令人瞩目的业绩增长，受到市场的认可。"

"ABC银行创新推出了一款数字化银行产品，为客户提供更便捷的金融服务体验。"

"ABC银行获得了金融业的领先奖项，表彰其在客户服务和创新方面的卓越表现。"

ChatGPT的回答如下。

根据提供的信息，关于ABC银行的舆情动态整体上呈现积极态势。以下是对社交媒体评论和新闻报道的分析结果：

1. 社交媒体评论

根据社交媒体评论的内容可以看出，用户对ABC银行的服务体验持积极评价。他们称赞银行工作人员的专业性和高效处理事务的能力。此外，用户也表达了对ABC银行推出的新客户体验项目的期待，并称赞银行在社会责任方面的努力和社会公益活动。

2. 新闻报道

新闻报道中提到，ABC银行发布了年度财务报告，显示取得了令人瞩目的业绩增长，并受到市场的认可。这一消息传递了银行在财务方面的积极表现，可能意味着银行的经营状况良好，受到市场的肯定。

此外，新闻报道还提到ABC银行创新推出了一款数字化银行产品，为客户提供更便捷的金融服务体验。这表明银行正在积极应对数字化转型，并关注客户体验的提升。

最后，新闻报道指出ABC银行获得了金融业的领先奖项，表彰其在客户服务和创新方面的卓越表现。这进一步证实了银行在这些方面的良好表现，并受到业界的认可。

综合分析社交媒体评论和新闻报道的内容，可以得出ABC银行的舆情动态整体上呈现积极态势。用户对银行的服务和社会责任持有正面评价，新闻报道也传递了银行良好的财务状况、创新产品和获奖表彰等积极消息。这些因素都有助于提升公众对ABC银行的信任和好感度。

12.3 ChatGPT在金融领域中的文档处理方面的应用

ChatGPT在金融领域中的文档处理方面的应用，可以帮助金融机构有效管理和处理大量的金融文档，提高文档处理的效率和准确性。以下是一些具体的应用场景。

（1）生成文件摘要和提取信息：ChatGPT可以分析金融文档，提取关键信息和摘要。它能够识别文档中的实体、事件、日期、金额等重要元素，并生成对应的摘要或提取相关信息，如合同条款、财务报表数据等。

（2）文档分类和归档：ChatGPT可以根据文档内容和关键词，对金融文档进行分类和归档。它可以自动将文档归类到特定的类别或文件夹中，例如合同、报告、申请等，提高文档管理的效率和可查找性。

（3）文档校对和纠错：ChatGPT可以协助金融机构进行文档校对和纠错。它可以识别文档中的语法、拼写和逻辑错误，并提供修正建议，从而提高文档的质量和准确性。

（4）文档自动生成和模板填充：ChatGPT可以根据特定的模板和要求，自动生成金融文档或填充模板。它可以根据用户提供的信息和要求，生成合同、报告、信函等文档，减少烦琐的手动工作和时间成本。

（5）文档搜索和信息检索：ChatGPT可以实现金融文档的全文搜索和信息检索。它能够根据用户提供的关键词或问题，快速定位相关文档并提供相关信息，帮助用户快速获取所需信息。

通过以上场景的应用，ChatGPT在金融领域中的文档处理方面，提高了金融机构处理金融文档的效率和准确性。它能够自动化完成文档处理任务，提取关键信息，改善文档质量，并帮助用户快速搜索和检索所需信息。这为金融机构节省了时间和人力资源，并提高了工作效率和客户满意度。

12.4 与ChatGPT对话的文本语言——Markdown

ChatGPT只能够返回文本，不能够直接生成Word、Excel、PDF等文档。我们可以让ChatGPT返回Markdown代码，并利用Markdown编辑器或转换器将其转换成所需格式的文档。

12.4.1 Markdown基本语法

Markdown是一种轻量级标记语言，用于以简单、易读的格式编写文本并将其转换为HTML或其他格式。借助一些工具，可以将Markdown文档转换成为Word或PDF等格式文件。

以下是Markdown的基本语法。

1. 标题

Markdown使用#表示标题的级别，Markdown语法中提供了六级标题（# 一级标题到###### 六级标题），通过多个#的嵌套进行区别。注意#后面要有个空格，然后才是标题内容。

示例代码如下。

```
# 一级标题
## 二级标题
### 三级标题
```

```
#### 四级标题
##### 五级标题
###### 六级标题
```

上述Markdown代码,使用预览工具查看,会看到如图12-1所示的效果。

2. 列表

无序列表可以使用-或*表示,有序列表则使用数字加.表示。注意-或*后面也要有个空格。示例代码如下。

```
- 无序列表项1
- 无序列表项2
- 无序列表项3

1. 有序列表项1
2. 有序列表项2
3. 有序列表项3
```

上述Markdown代码,使用预览工具查看,会看到如图12-2所示的效果。

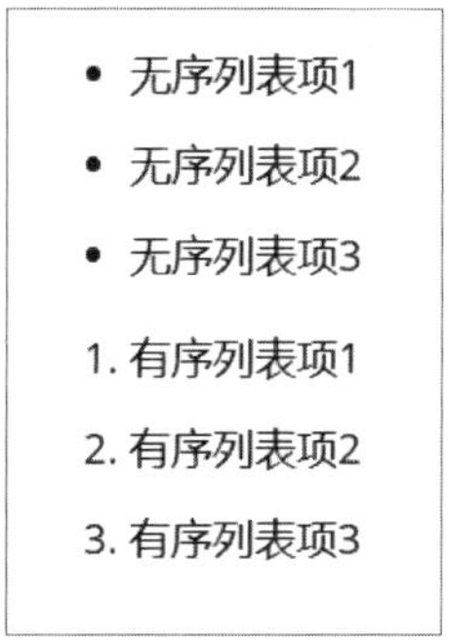

图12-1 Markdown预览效果(一)

图12-2 Markdown预览效果(二)

3. 引用

使用>符号表示引用,注意>后面也要有一个空格。示例代码如下。

```
> 这是一段引用文本。
> 这是一段引用文本。
> 这是一段引用文本。
> 这是一段引用文本。
```

上述Markdown代码,使用预览工具查看,会看到如图12-3所示的效果。

```
这是一段引用文本。
这是一段引用文本。
这是一段引用文本。
这是一段引用文本。
```

图12-3 Markdown预览效果(三)

4. 粗体和斜体

使用**包围文本表示粗体,使用*包围文本表示斜体。注意**或*后面也要有个空格。示例代码如下。

```
这是 ** 粗体 ** 文本,这是 * 斜体 * 文本。
```

上述Markdown代码，使用预览工具查看，会看到如图12-4所示的效果。

这是**粗体**文本，这是*斜体*文本。

图12-4　Markdown预览效果（四）

5. 图片

Markdown图片语法如下。

```
![图片alt](图片链接 "图片title")
```

示例代码如下。

```
![AI生成图片](./images/deepmind-mbq0qL3ynMs-unsplash.jpg "这是AI生成的图片。")
```

上述Markdown代码，使用预览工具查看，会看到如图12-5所示的效果。

图12-5　Markdown预览效果（五）

6. Markdown表格

Markdown代码还可以创建表格，Markdown格式表格也是纯文本格式，可以方便地在不同的编辑器和平台之间共享和编辑。以下是制作Markdown表格的示例代码。

```
| 产品分类          | 产品数量 | 价格范围    |
|------------------|--------|-----------|
| 家用电器          | 250    | $100-$1000 |
| 厨房电器          | 90     | $50-$800   |
| 个人护理电器      | 80     | $10-$200   |
| 家具和装饰品      | 180    | $50-$2000  |
| 沙发和椅子        | 70     | $200 $1000 |
| 床和床上用品      | 60     | $100-$1500 |
```

预览效果如图 12-6 所示。

产品分类	产品数量	价格范围
家用电器	250	$100-$1000
厨房电器	90	$50-$800
个人护理电器	80	$10-$200
家具和装饰品	180	$50-$2000
沙发和椅子	70	$200-$1000
床和床上用品	60	$100-$1500

图 12-6　Markdown 预览效果（六）

在上述代码中，通过使用管道符（|）和减号（-），我们可以创建一个简单的 3 列 6 行的表格。第一行为表头，第二行为分隔符，下面的每一行则为表格的数据行。

需要注意的是，在 Markdown 表格中，单元格内的文本对齐方式通常会根据分隔符的位置自动调整。如果想要实现更精细地控制单元格的对齐方式，则需要使用冒号（:）进行设置。例如，:--表示左对齐，:-:表示居中对齐，--:表示右对齐。

以下是使用对齐符号的 Markdown 表格的示例代码。

```
| 产品分类              | 产品数量 | 价格范围      |
| :------------------- | -------: | :----------: |
| 家用电器              | 250      | $100-$1000   |
| 厨房电器              | 90       | $50-$800     |
| 个人护理电器          | 80       | $10-$200     |
| 家具和装饰品          | 180      | $50-$2000    |
| 沙发和椅子            | 70       | $200-$1000   |
| 床和床上用品          | 60       | $100-$1500   |
```

预览效果如图 12-7 所示。

产品分类	产品数量	价格范围
家用电器	250	$100-$1000
厨房电器	90	$50-$800
个人护理电器	80	$10-$200
家具和装饰品	180	$50-$2000
沙发和椅子	70	$200-$1000
床和床上用品	60	$100-$1500

图 12-7　Markdown 预览效果（七）

12.4.2　使用 Markdown 工具

工欲善其事，必先利其器。编写 Markdown 代码时，需要好的 Markdown 工具。

Markdown 工具是指专门用来编辑和预览 Markdown 文件的软件，如 VS Code、Typora、Mark Text 等。常见的 Markdown 工具有以下几种。

（1）Visual Studio Code：简称 VS Code，它是一款免费开源的代码编辑器，对 Markdown 语法有

很好的支持。我们可以安装Markdown相关扩展（插件），实现文件预览、emoji自动替换、PDF导出等功能。VS Code是当前非常流行的Markdown编辑工具。

（2）Typora：它是一款简洁大方的Markdown编辑器，其界面的简洁美观与平滑流畅让人称赞。我们可以实时预览，插入图片、表情符号、TOC等，用起来非常顺手，是许多人首选的Markdown写作工具。

（3）Mark Text：它是一款开源的Markdown编辑器，界面简洁，功能强大，支持实时预览、编辑模式切换、插件扩展等。屏蔽了各种复杂设置，专注于文字与思维，是Markdown写作的不错选择。

（4）Ulysses：它是一款专业的写作软件，可以方便编辑Markdown和其他格式的文稿，提供丰富的导出选项，功能强大。界面简洁大方，具有较高的专业性，适合严肃写作。不过收费较高，可能不适合所有用户。

（5）iA Writer：它是一款专注于文字写作的软件，简洁的界面和强大的Markdown支持令它深受用户喜爱。可以高度定制主题和字体，专注于文字本身，可以提高写作体验和效率。但整体功能相对简单，可能满足不了某些用户的全部需求。

以上是主流的几款Markdown编辑工具。我们可以根据个人需求和喜好，选择一款简洁而功能强大的工具，高效编辑Markdown文档。使用ChatGPT，可以进一步减少我们的工作量，提升知识创作的效率与质量。

考虑到免费及版权问题，笔者推荐使用VS Code编辑Markdown文档。

下载VS Code的网站如图12-8所示。

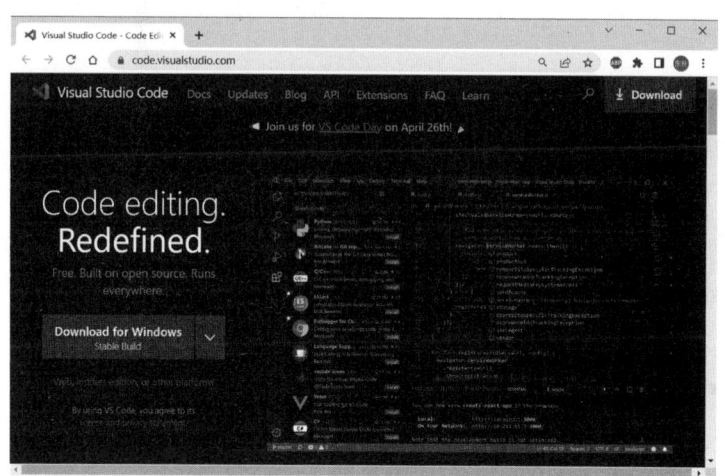

图12-8　下载VS Code的网站

读者可以选择单击"Download for Windows"按钮，下载基于Windows版本的VS Code安装软件，也可以选择其他操作系统并进行下载。下载完成之后双击安装文件就可以安装了，安装过程不再赘述。

为了在VS Code中更好地编写和预览Markdown文档，则需要在VS Code中安装一些扩展。这些需要安装的扩展如下。

- Markdown All in One：提供诸多Markdown语法的快捷键和功能，如格式化、预览、表格生成等，使Markdown的编写更加高效。
- Markdown Preview Enhanced：提供更丰富的Markdown预览功能，支持数学公式、Mermaid图表、代码块高亮等，可以将Markdown文件转换为HTML、PDF、PNG等格式的文档。
- Markdownlint：提供Markdown语法检查功能，可以在编写过程中发现并修复常见的Markdown语法错误。

以上是一些常用的Markdown扩展，读者可以根据自己的需求进行选择和安装。

在VS Code中安装扩展的步骤如图12-9所示。

图12-9 安装VS Code扩展

上述示例只介绍了Markdown All in One扩展的安装，其他的扩展读者可以自行安装，这里不再赘述。

在VS Code中创建文本文件，然后把文件保存为".md"文件就可以了，其他的过程不再赘述。

在VS Code中编写和预览Markdown，如图12-10所示。

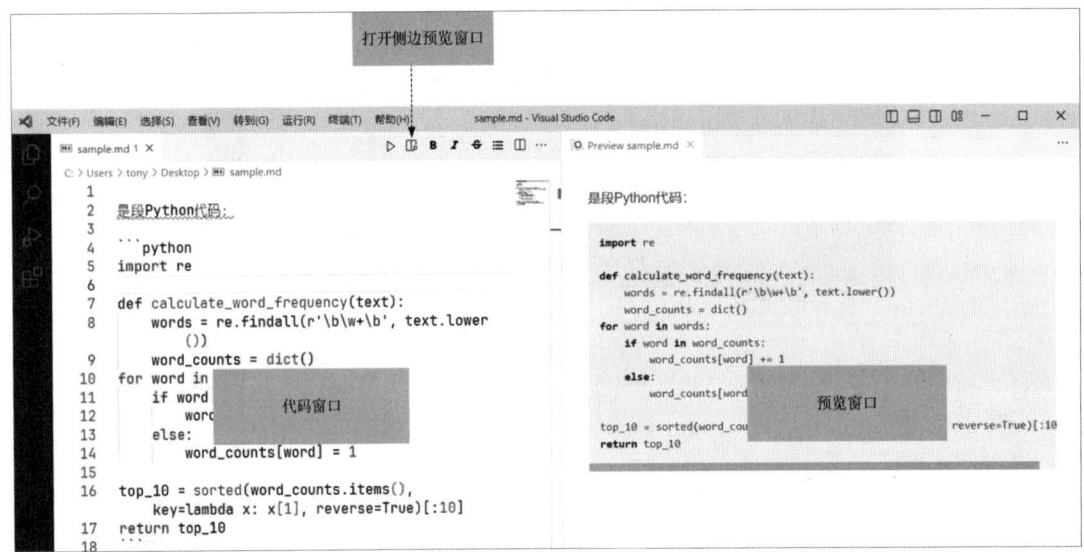

图12-10 在VS Code中编写和预览Markdown

12.4.3 案例6：利用ChatGPT撰写ABC银行年度财务报告

下面我们通过一个案例介绍一下如何使用ChatGPT撰写文档。

案例背景

ABC银行是一家全球性的银行机构，在金融服务领域具有广泛的影响力。该银行提供各种金融产品和服务，包括个人银行业务、企业银行业务、投资银行业务等。ABC银行致力于为客户提供创新的金融解决方案，并在业内树立了良好的声誉。

在过去的财政年度里，ABC银行面临着挑战和机遇。全球金融市场不断变化、金融科技的快速发展和数字化转型对银行业务产生了深远影响。竞争加剧、客户需求的变化及监管要求的加强，都对ABC银行的运营和业绩提出了新的要求。

在这样的背景下，ABC银行积极应对挑战，通过创新、战略调整和优化运营，力争在竞争激烈的金融市场中保持领先地位。同时，ABC银行高度重视风险管理和合规要求，确保业务运营的稳健性和可持续性。

现在，ABC银行准备发布年度财务报告，向股东和利益相关方展示过去一年的财务状况和业绩表现。该报告旨在提供透明、准确的信息，展示ABC银行在经济环境变化中的表现，以及未来的发展战略和展望。这份年度财务报告将有助于股东和利益相关方对ABC银行的全面了解，帮助其评估ABC银行的财务稳健性和长期价值潜力。

案例过程

> **ABC银行向ChatGPT发送如下请求消息。**
>
> 以下是ABC银行年度财务报告的文字要点，请帮我生成年度财务报告，注意返回Markdown代码文档：
>
> 经济环境和行业趋势：全球经济面临不确定性和挑战，金融市场竞争激烈，金融科技发展迅速，监管要求加强。
>
> 财务指标概览：
>
> 总收入：2022年总收入达到1200百万元，增长20%。
>
> 净利润：2022年净利润达到500百万元，增长25%。
>
> 总资产：截至2022年底，总资产达到10000百万元，增长25%。
>
> 资本状况：资本充足率维持在15%。
>
> 业务亮点和市场表现：
>
> 客户增长：吸引更多个人和企业客户，客户存款和贷款余额稳健增长。
>
> 产品创新：推出一系列数字化银行产品和服务，提高客户体验和便利性。

市场份额：成功增加市场份额，提升品牌认知度和声誉。

风险管理和合规情况：重视风险管理和合规要求，改进内部控制和风险管理框架，确保稳健经营。

未来展望和发展战略：

数字化转型：加强数字化转型，投资和创新技术，提升客户体验。

市场拓展：增加客户数量，扩大市场份额。

风险管理：应对不断变化的风险，确保银行稳健和可持续性。

⏣ ChatGPT 的回答如下。

下面是根据提供的文字要点生成的年度财务报告的 Markdown 代码文档：

ABC银行年度财务报告

经济环境和行业趋势
全球经济面临不确定性和挑战。金融市场竞争激烈，金融科技发展迅速，监管要求加强。

财务指标概览
- 总收入：2022年总收入达到1200百万元，增长20%。
- 净利润：2022年净利润达到500百万元，增长25%。
- 总资产：截至2022年底，总资产达到10000百万元，增长25%。
- 资本状况：资本充足率维持在15%。

业务亮点和市场表现
- 客户增长：吸引更多个人和企业客户，客户存款和贷款余额稳健增长。
- 产品创新：推出一系列数字化银行产品和服务，提高客户体验和便利性。
- 市场份额：成功增加市场份额，提升品牌认知度和声誉。

风险管理和合规情况
ABC银行重视风险管理和合规要求。我们改进了内部控制和风险管理框架，确保稳健经营。

未来展望和发展战略
- 数字化转型：加强数字化转型，投资和创新技术，提升客户体验。
- 市场拓展：增加客户数量，扩大市场份额。
- 风险管理：应对不断变化的风险，确保银行稳健和可持续性。

将以上Markdown代码保存为ABC银行年度财务报告.md文件，然后使用相应的工具浏览Markdown文件，可看到如图12-11所示的效果。

第 12 章　ChatGPT 在金融大数据分析中的应用与优势

图 12-11　Markdown 预览效果

12.4.4　将Markdown格式文档转换为Word文档

有时候我们需要将 Markdown 格式文档转换为 Word 文档，我们可以使用一些工具或服务。其中一个可选项是使用 Pandoc 软件。下载 Pandoc 软件的网站页面如图 12-12 所示。

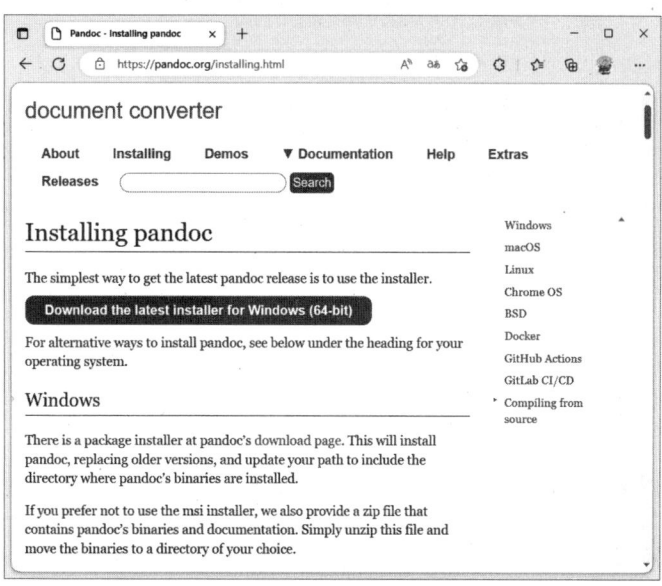

图 12-12　Pandoc 软件网站

在该网站读者可以下载相关操作系统对应的Pandoc软件，下载完成就可以安装了。安装时需要确保已经将其添加到系统路径中。

安装完成后，通过终端或命令行界面输入以下命令，即可将Markdown文件转换为Word文档。

```
pandoc input.md -o output.docx
```

其中，input.md是要转换的Markdown文件名，output.docx是生成的Word文档的名称。

除了Pandoc之外，还有其他一些工具和服务可以实现此功能，例如在线Markdown转换器、VS Code扩展程序等。读者可以根据自己的需求选择适合自己的工具或服务。

将ABC银行年度财务报告.md文件转换为ABC银行年度财务报告.docx的指令，如图12-13所示。

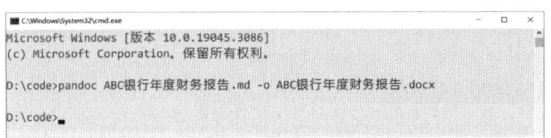

图12-13　转换ABC银行年度财务报告

转换成功后，会看到在当前目录下生成ABC银行年度财务报告.docx文件。打开该文件，如图12-14所示。

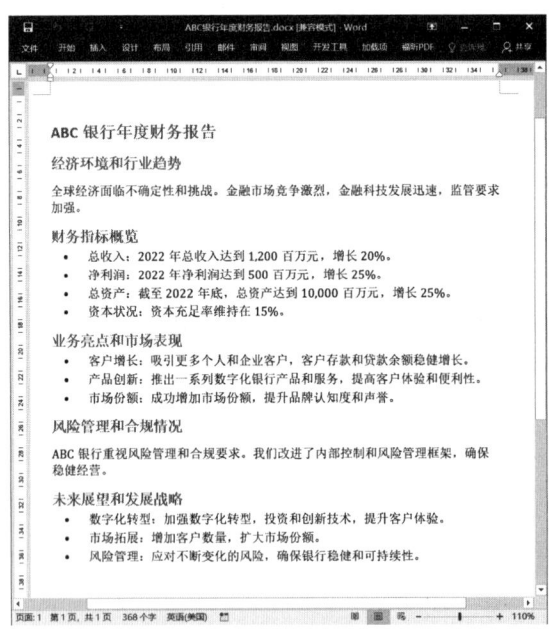

图12-14　转换成功的ABC银行年度财务报告.docx

12.4.5　将Markdown格式文档转换为PDF文档

要将Markdown格式的文档转换为PDF文档，我们可以使用Pandoc或Typora等工具。在笔者看来，这些工具使用起来都有些麻烦，大家也可以使用Word将其转成PDF。

读者可以使用 12.4.4 小节生成的 Word 文件，将其输出为 PDF 文件。具体步骤：打开 Word 文件后，通过菜单"文件"→"导出"弹出如图 12-15 所示的对话框，然后单击"创建 PDF/XPS"按钮，就可以导出 PDF 文件了。

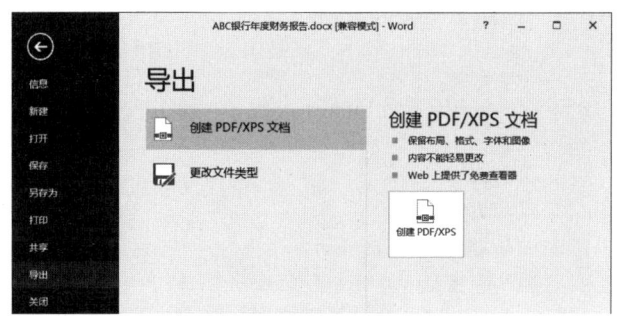

图 12-15　导出 PDF 对话框

12.4.6　案例7：利用ChatGPT生成ABC银行资产负债表

金融服务领域的文档还包含大量的表格，如资产负债表等。我们可以让 ChatGPT 生成如下两种用文本表示的电子表格：

（1）用 Markdown 代码表示的电子表格；
（2）用 CSV 表示的电子表格。

下面我们介绍如何利用 ChatGPT 制作 ABC 银行资产负债表。

案例过程

> **金融机构向 ChatGPT 发送如下请求消息。**
>
> ABC 银行资产负债表的文字描述如下，帮我制作 Markdown 代码表示的电子表格。
>
> ABC 银行资产负债表（截至 2022 年 12 月 31 日）
>
> 资产：
> 流动资产：
> - 现金及现金等价物：500 百万元
> - 库存：300 百万元
> - 应收账款：800 百万元
> - 其他流动资产：200 百万元
> 总流动资产：1,800 百万元
>
> 长期投资：
> - 投资组合：2,500 百万元
> - 子公司股权：600 百万元
> 总长期投资：3,100 百万元
>
> 固定资产：1,200 百万元

其他资产：500 百万元

总资产：6,600 百万元

负债和股东权益：
流动负债：
- 短期借款：800 百万元
- 应付账款：1,000 百万元
- 其他流动负债：400 百万元
总流动负债：2,200 百万元

长期负债：1,500 百万元

股东权益：
- 股本：1,000 百万元
- 其他权益：1,900 百万元
总股东权益：2,900 百万元

总负债和股东权益：6,600 百万元

ChatGPT 的回答如下。

下面是使用 Markdown 代码表示的 ABC 银行资产负债表：

ABC 银行资产负债表（截至 2022 年 12 月 31 日）

资产

	金额（单位：百万元）
流动资产	
- 现金及现金等价物	500
- 库存	300
- 应收账款	800
- 其他流动资产	200
总流动资产	1,800
长期投资	
- 投资组合	2,500
- 子公司股权	600
总长期投资	3,100
固定资产	1,200
其他资产	500
总资产	6,600

```
## 负债和股东权益
|                  | 金额(单位:百万元) |
| ---------------- | ------------------ |
| 流动负债         |                    |
| - 短期借款       | 800                |
| - 应付账款       | 1,000              |
| - 其他流动负债   | 400                |
| 总流动负债       | 2,200              |
| 长期负债         | 1,500              |
| 股东权益         |                    |
| - 股本           | 1,000              |
| - 其他权益       | 1,900              |
| 总股东权益       | 2,900              |
| 总负债和股东权益 | 6,600              |
```

将以上Markdown代码保存为ABC银行资产负债表.md文件，然后使用相应的工具浏览Markdown文件，可看到如图12-16所示的效果。

图12-16　Markdown预览效果

如果希望生成CSV表格，则步骤如下。

> 👤 **金融机构向ChatGPT发送如下请求消息。**
>
> ABC银行资产负债表的文字描述如下，帮我制作CSV表示的电子表格。
>
> ABC银行资产负债表（截至2022年12月31日）
> 资产：
> 流动资产：
> - 现金及现金等价物：500百万元
> - 库存：300百万元
>   应收账款：800百万元
> - 其他流动资产：200百万元
> 总流动资产：1,800百万元
> 长期投资：
> - 投资组合：2,500百万元
> - 子公司股权：600百万元
> 总长期投资：3,100百万元
> 固定资产：1,200百万元
> 其他资产：500百万元
> 总资产：6,600百万元
>
> 负债和股东权益：
> 流动负债：
> - 短期借款：800百万元
> - 应付账款：1,000百万元
> - 其他流动负债：400百万元
> 总流动负债：2,200百万元
> 长期负债：1,500百万元
> 股东权益：
> - 股本：1,000百万元
> - 其他权益：1,900百万元
> 总股东权益：2,900百万元
> 总负债和股东权益：6,600百万元

> 💬 **ChatGPT的回答如下。**
>
> 以下是使用CSV表示的ABC银行资产负债表：
>
> 资产,,金额（单位：百万元）
> 流动资产,,
> 　现金及现金等价物,,500

```
库存,,300
应收账款,,800
其他流动资产,,200
总流动资产,,1800
长期投资,,
投资组合,,2500
子公司股权,,600
总长期投资,,3100
固定资产,,1200
其他资产,,500
总资产,,6600

负债和股东权益,,金额(单位:百万元)
流动负债,,
短期借款,,800
应付账款,,1000
其他流动负债,,400
总流动负债,,2200
长期负债,,1500
股东权益,,
股本,,1000
其他权益,,1900
总股东权益,,2900
总负债和股东权益,,6600
```

请将以上Markdown代码保存为ABC银行资产负债表.csv文件。使用Office或WPS等工具打开该文件，可看到如图 12-17 所示的效果。

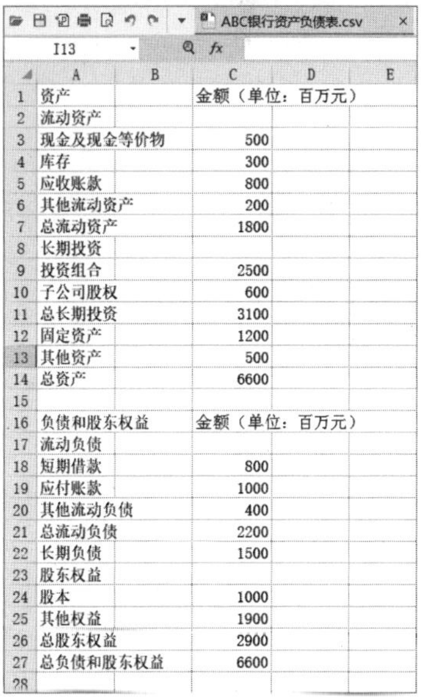

	A	B	C	D	E
1	资产		金额（单位：百万元）		
2	流动资产				
3	现金及现金等价物		500		
4	库存		300		
5	应收账款		800		
6	其他流动资产		200		
7	总流动资产		1800		
8	长期投资				
9	投资组合		2500		
10	子公司股权		600		
11	总长期投资		3100		
12	固定资产		1200		
13	其他资产		500		
14	总资产		6600		
15					
16	负债和股东权益		金额（单位：百万元）		
17	流动负债				
18	短期借款		800		
19	应付账款		1000		
20	其他流动负债		400		
21	总流动负债		2200		
22	长期负债		1500		
23	股东权益				
24	股本		1000		
25	其他权益		1900		
26	总股东权益		2900		
27	总负债和股东权益		6600		
28					

图 12-17　使用WPS打开文件

12.5 本章总结

本节介绍了ChatGPT在金融领域的多个应用。首先，作为智能助理，它可以回答金融问题并提供解决方案，提升客户服务效率。其次，它能根据用户需求提供个性化投资建议和产品推荐，提高用户体验。此外，它还可分析金融市场情绪和舆论，辅助企业开展情感分析和舆情监测，有助于做出决策。最后，演示了如何用ChatGPT编写财务报告、生成资产负债表，并将Markdown格式转换为Word或PDF文档。

本章开始介绍金融案例与实践，主要介绍了三个实际案例，涵盖汇率预测、黄金期货价格预测和比特币价格预测等不同金融领域的应用。

13.1 实践案例1：使用ARIMA模型预测USD/CNY汇率

在这一节中，我们介绍如何使用ARIMA模型预测USD/CNY汇率的走势。ARIMA模型是一种常用的时间序列分析方法，它可以捕捉数据中的趋势和季节性，并据此进行未来值的预测。

13.1.1 案例背景

USD/CNY汇率是指美元与人民币的兑换比率，是国际外汇市场上的重要交易货币对之一。汇率的波动对于国际贸易、投资和经济发展都有重要的影响。因此，准确预测USD/CNY汇率的走势对于企业、投资者和政府机构来说具有重要意义。

本案例旨在利用ARIMA模型对USD/CNY汇率进行预测，以帮助决策者做出合理的决策。通过分析历史汇率数据，我们将建立ARIMA模型，并利用该模型对未来一段时间的USD/CNY汇率进行预测。预测结果将提供给相关利益方作为参考，帮助他们制定有效的外汇交易策略、风险管理方案及决策。

通过本案例的实践，读者将能够了解和应用ARIMA模型掌握汇率预测的基本方法和步骤，以及时间序列分析的基本概念和技巧，为自己的决策提供科学的依据。

13.1.2 有关汇率的基本概念

在本案例中，我们将涉及一些汇率相关的概念，以下是一些值得了解的关键概念。

（1）汇率，是一种货币与另一种货币之间的兑换比率。在USD/CNY汇率中，USD表示美元，CNY表示人民币。汇率的变动会受到多种因素的影响，包括经济因素、利率差异、政府政策等。

（2）人民币汇率，是指人民币与其他货币之间的兑换比率。在中国，人民币兑换其他货币的汇率由中国外汇市场决定，由中国人民银行公布的中间价作为参考汇率。中间价是中国人民银行每个工作日公布的人民币兑换一篮子外币的汇率，用于指导市场交易。

（3）人民币参考汇率，是中国人民银行公布的一种参考汇率，用于指导银行和企事业单位在外汇市场的交易。人民币参考汇率通常由中国人民银行根据市场供求情况和其他因素确定。

（4）人民币汇率中间价，是中国人民银行每个工作日公布的人民币兑换一篮子外币的汇率。它是由中国外汇市场交易情况、国际汇率市场走势及中国宏观经济情况等因素综合考虑而确定的。人民币汇率中间价通常以人民币兑换美元为基准，同时考虑其他主要货币的影响。

（5）远期汇率，是指在未来某个约定的日期，以事先确定的价格进行货币兑换的汇率。远期汇率可以用于对冲汇率风险，帮助企业和个人规避未来汇率波动带来的风险。

13.1.3 收集数据

在进行USD/CNY汇率预测的案例中,收集相关数据是非常重要的。以下是一些可能的数据来源和收集方法。

(1)央行公布的数据:可以从中国人民银行(央行)的官方网站或其他金融机构的数据平台上获取人民币汇率中间价的历史数据。央行每个工作日都会公布人民币兑换美元的中间价,这些数据可作为预测模型的基础数据。

(2)外汇市场数据平台:许多金融数据提供商和外汇交易平台都提供实时的外汇行情数据,包括汇率报价和历史数据。可以通过这些平台获取USD/CNY汇率的历史数据,这些数据通常以日频率提供。

(3)经济数据:除了汇率数据,还可以考虑收集与USD/CNY汇率相关的经济数据,如美国和中国的经济指标、贸易数据、利率决策等。这些数据可以用来辅助分析和预测汇率走势。

(4)数据获取工具:使用编程语言(如Python)和相关的数据获取库(如Pandas、Quandl等)可以帮助用户自动化地从各种数据源获取和整理数据。用户可以编写脚本或使用数据分析平台提取和处理所需的数据。

在收集数据时,确保数据的质量和完整性是很重要的。验证数据的准确性,并注意处理可能存在的缺失值或异常值问题。此外,用户可以根据预测需求,选择合适的数据频率和时间范围进行收集。

笔者推荐通过中国外汇交易中心官网收集数据,如图13-1所示,可以找到人民币汇率中间价的历史数据。

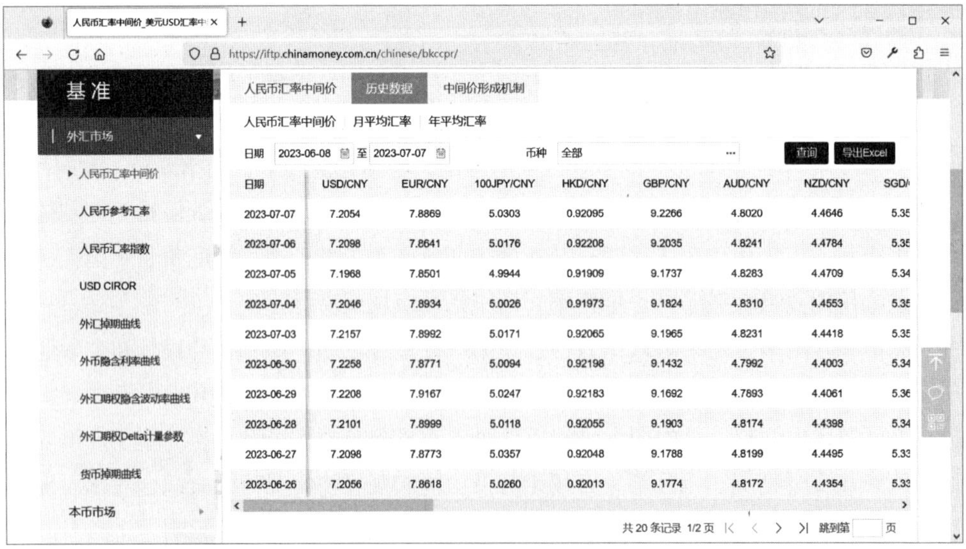

图13-1 中国外汇交易中心人民币汇率中间价的历史数据

在图13-1所示的页面中选择下载数据的时间、币种等内容后,单击"导出Excel"按钮就可以下载数据了。

下载成功后获得人民币汇率中间价历史数据.xlsx 文件，内容如图 13-2 所示。

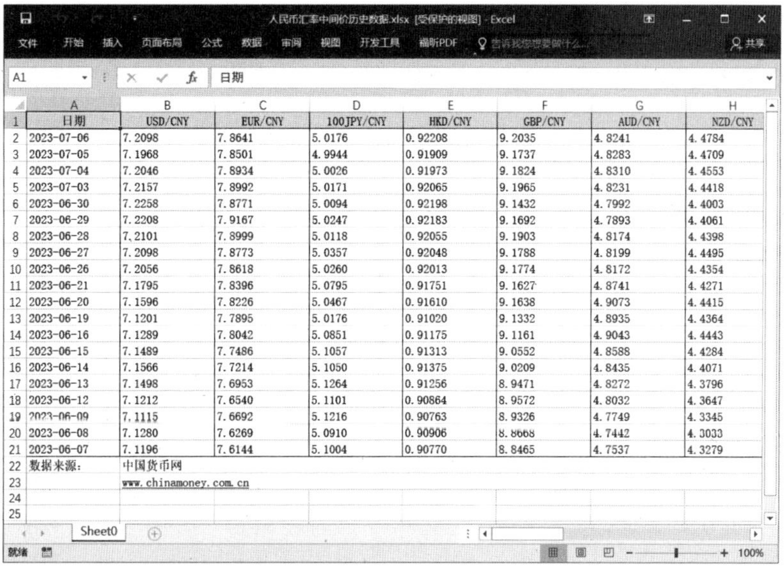

	A	B	C	D	E	F	G	H
1	日期	USD/CNY	EUR/CNY	100JPY/CNY	HKD/CNY	GBP/CNY	AUD/CNY	NZD/CNY
2	2023-07-06	7.2098	7.8641	5.0176	0.92208	9.2035	4.8241	4.4784
3	2023-07-05	7.1968	7.8501	4.9944	0.91909	9.1737	4.8283	4.4709
4	2023-07-04	7.2046	7.8934	5.0026	0.91973	9.1824	4.8310	4.4553
5	2023-07-03	7.2157	7.8992	5.0171	0.92065	9.1965	4.8231	4.4418
6	2023-06-30	7.2258	7.8771	5.0094	0.92198	9.1432	4.7992	4.4003
7	2023-06-29	7.2208	7.9167	5.0247	0.92183	9.1692	4.7893	4.4061
8	2023-06-28	7.2101	7.8999	5.0118	0.92055	9.1903	4.8174	4.4398
9	2023-06-27	7.2098	7.8773	5.0357	0.92048	9.1788	4.8199	4.4495
10	2023-06-26	7.2056	7.8618	5.0260	0.92013	9.1774	4.8172	4.4354
11	2023-06-21	7.1795	7.8396	5.0795	0.91751	9.1627	4.8741	4.4271
12	2023-06-20	7.1596	7.8226	5.0467	0.91610	9.1638	4.9073	4.4415
13	2023-06-19	7.1201	7.7895	5.0176	0.91020	9.1332	4.8935	4.4364
14	2023-06-16	7.1289	7.8042	5.0851	0.91175	9.1161	4.9043	4.4443
15	2023-06-15	7.1489	7.7486	5.1057	0.91313	9.0552	4.8588	4.4284
16	2023-06-14	7.1566	7.7214	5.1050	0.91375	9.0209	4.8435	4.4071
17	2023-06-13	7.1498	7.6953	5.1264	0.91256	8.9471	4.8272	4.3796
18	2023-06-12	7.1212	7.6540	5.1101	0.90864	8.9572	4.8032	4.3647
19	2023-06-09	7.1115	7.6692	5.1216	0.90763	8.9326	4.7749	4.3345
20	2023-06-08	7.1280	7.6269	5.0910	0.90906	8.8668	4.7442	4.3033
21	2023-06-07	7.1196	7.6144	5.1004	0.90770	8.8465	4.7537	4.3279
22	数据来源:	中国货币网						
23		www.chinamoney.com.cn						
24								
25								

图 13-2 人民币汇率中间价历史数据.xlsx 文件内容

13.1.4 案例实现过程

下面我们介绍案例的具体实现过程。

1. 加载数据

加载数据的具体代码如下。

```
import pandas as pd
import matplotlib.pyplot as plt
from statsmodels.tsa.arima.model import ARIMA

# 读取数据
data = pd.read_excel('data/人民币汇率中间价历史数据.xlsx', sheet_
name='Sheet0', skipfooter=2)

# 选择日期和 USD/CNY 列
data = data[['日期', 'USD/CNY']]

# 设置日期列为索引，并按日期排序
data.set_index('日期', inplace=True)
data.sort_index(inplace=True)
# 打印数据集
data
```

使用Jupyter Notebook工具运行上述代码，打印data结果，如图13-3所示。

上述代码使用Pandas库中的read_excel函数读取Excel文件中的数据。参数解释如下。

- sheet_name='Sheet0'：指定要读取的工作表的名称。在这个案例中，我们选择名为Sheet0的工作表。可以根据实际情况修改工作表的名称。
- skipfooter=2：指定要跳过的尾部行数。在这个案例中，我们跳过了最后两行，从图13-2可见，最后两行不是有效的数据。

2. 训练和拟合模型

训练和拟合模型的具体代码如下。

```
# 划分训练集和测试集
train_data = data.iloc[:-10]    # 使用倒数第10个之前的数
据作为训练集                                                    ①
test_data = data.iloc[-10:]     # 使用倒数第10个之后的数
据作为测试集                                                    ②

# 拟合ARIMA模型
model = ARIMA(train_data, order=(1, 1, 1))                    ③
model_fit = model.fit()                                        ④
print('模型拟合完成')
```

日期	USD/CNY
2023-06-07	7.1196
2023-06-08	7.1280
2023-06-09	7.1115
2023-06-12	7.1212
2023-06-13	7.1498
2023-06-14	7.1566
2023-06-15	7.1489
2023-06-16	7.1289
2023-06-19	7.1201
2023-06-20	7.1596
2023-06-21	7.1795
2023-06-26	7.2056
2023-06-27	7.2098
2023-06-28	7.2101
2023-06-29	7.2208
2023-06-30	7.2258
2023-07-03	7.2157
2023-07-04	7.2046
2023-07-05	7.1968
2023-07-06	7.2098

图 13-3 打印 data 数据

解释代码如下。

- 代码第①行使用data.iloc[:-10]划分训练集。data.iloc[:-10]表示选择除了最后10个之外的所有数据作为训练集。[:-10]的意思是从第一个数据到倒数第11个数据（不包括倒数第10个）。
- 代码第②行使用data.iloc[-10:]划分测试集。data.iloc[-10:]表示选择最后10个数据作为测试集。[-10:]的意思是从倒数第10个数据到最后一个数据（包括倒数第10个）。
- 代码第③行使用ARIMA模型拟合训练集数据。在这里，ARIMA(train_data, order=(1, 1, 1))表示使用(1, 1, 1)的阶数创建ARIMA模型，并将训练集数据train_data传递给模型。
- 代码第④行使用拟合后的ARIMA模型对训练集数据进行拟合，得到模型拟合结果。model.fit()会根据所选择的ARIMA模型和训练集数据，对模型进行参数估计和拟合，返回拟合后的模型对象。

3. 预测未来汇率

预测未来汇率的具体代码如下。

```
from statsmodels.tsa.arima.model import ARIMA
# 进行未来汇率预测
forecast_steps = len(test_data)                                    ①
forecast = model_fit.forecast(steps=forecast_steps)                ②

# 打印预测结果
forecast_data = pd.DataFrame({'日期': test_data.index, '预测汇率':
forecast})    ③
print(forecast_data)
```

运行上述代码，输出结果如下。

```
                 日期        预测汇率
2023-06-21  2023-06-21    7.148470
2023-06-22  2023-06-26    7.143763
2023-06-23  2023-06-27    7.141773
2023-06-26  2023-06-28    7.140931
2023-06-27  2023-06-29    7.140575
2023-06-28  2023-06-30    7.140425
2023-06-29  2023-07-03    7.140361
2023-06-30  2023-07-04    7.140334
2023-07-03  2023-07-05    7.140323
2023-07-04  2023-07-06    7.140318
```

解释代码如下。

- 代码第①行 forecast_steps = len(test_data) 用于确定未来预测的步数。在这里，我们将测试集数据的长度作为预测的步数。通过 len(test_data) 获取测试集数据的长度，即测试集中的时间步数。
- 代码第②行 model_fit.forecast(steps=forecast_steps) 用于进行未来汇率的预测。forecast_steps 指定了预测的步数，即要预测的未来时间步数。调用 model_fit.forecast(steps=forecast_steps) 会利用拟合好的 ARIMA 模型对未来汇率进行预测。
- 代码第③行创建一个包含预测结果的 DataFrame 对象 forecast_data。在这里，我们将测试集的日期作为索引，将预测的汇率结果存储在预测汇率列中。使用 pd.DataFrame() 构造函数创建 DataFrame 对象，并传递一个字典，将其作为数据，其中键是列名，值是相应的数据。

4. 可视化历史数据和预测结果

可视化历史数据和预测结果的代码如下。

```
import matplotlib.pyplot as plt

plt.rcParams['font.family'] = ['SimHei']    # 设置中文字体
```

```
plt.rcParams['axes.unicode_minus'] = False    # 设置负号显示
# 设置图形大小
plt.figure(figsize=(12, 6))                                    ①

# 可视化历史数据和预测结果
plt.plot(train_data, label='训练集')                            ②
plt.plot(test_data, label='测试集')                             ③
plt.plot(test_data.index, forecast, label='预测')               ④

# 设置x轴日期标签倾斜角度
plt.xticks(rotation=45)                                        ⑤
# 添加网格线
plt.grid(True, linestyle='--')                                 ⑥

plt.xlabel('日期')
plt.ylabel('USD/CNY 汇率')
plt.title('USD/CNY 汇率预测')
plt.legend()
plt.show()
```

使用Jupyter Notebook工具运行上述代码，输出结果，如图13-4所示。

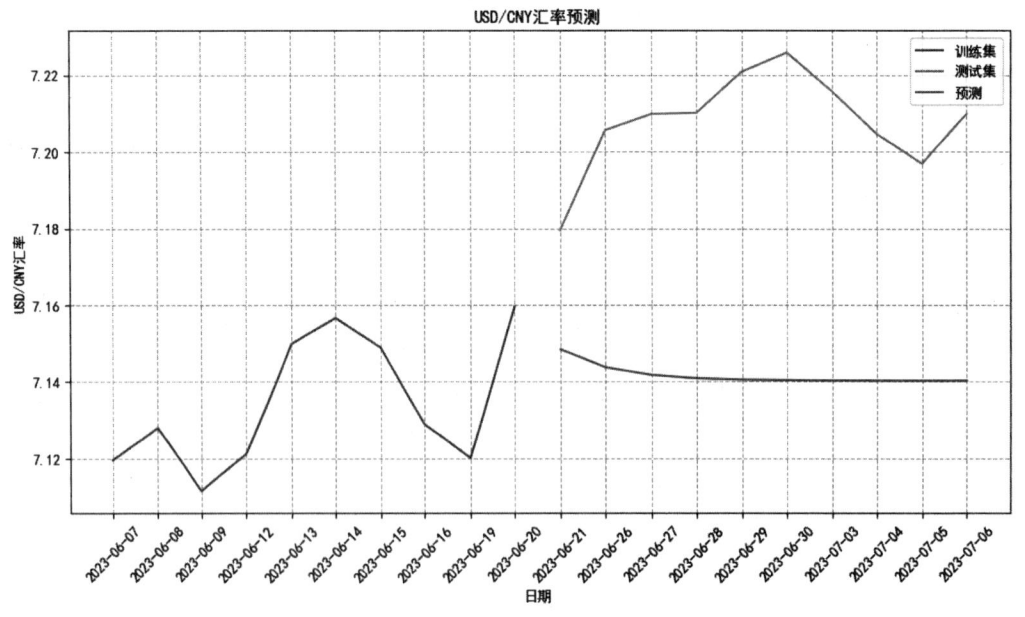

图13-4 可视化预测结果

解释代码如下。

- 代码第①行使用plt.figure(figsize=(12, 6))设置图形的大小，将图形的宽度设置为12，高度设置为6。这可以根据需要进行调整，以确保图形具有适当的尺寸。
- 代码第②行使用plt.plot(train_data, label='训练集')绘制训练集数据的曲线图。train_data是训练集数据，label='训练集'用于给曲线添加标签，便于图例中的标识。
- 代码第③行使用plt.plot(test_data, label='测试集')绘制测试集数据的曲线图。test_data是测试集数据，label='测试集'用于给曲线添加标签，便于图例中的标识。
- 代码第④行使用plt.plot(test_data.index, forecast, label='预测')绘制预测结果的曲线图。test_data.index是测试集数据的索引，forecast是预测结果，label='预测'用于给曲线添加标签，便于图例中的标识。
- 代码第⑤行使用plt.xticks(rotation=45)设置x轴上的日期标签倾斜角度为45度，以避免标签重叠。这样可以确保日期标签更清晰可读。
- 代码第⑥行使用plt.grid(True, linestyle='--')添加网格线到图形中。linestyle='--'指定网格线的样式为虚线。这可以帮助用户更好地观察数据和预测结果的变化趋势。
- 最后，使用plt.xlabel()设置x轴的标签为日期；使用plt.ylabel()设置y轴的标签为USD/CNY汇率；使用plt.title()设置图形的标题为USD/CNY汇率预测；使用plt.legend()添加图例，展示训练集、测试集和预测结果的标签。

5. 利用ChatGPT分析结果

对于程序的预测结果，我们可以利用ChatGPT进行分析。我们还可以咨询ChatGPT，进行参数调整等操作。

> 🗨 分析师向ChatGPT发送如下请求消息。
>
> 预测结果数据与观察数据差别比较大，如何调整参数？

> ⑤ ChatGPT的回答如下。
>
> 如果预测结果与观察数据之间存在较大差异，你可以尝试调整ARIMA模型的参数来改善预测性能。以下是一些可能的调整方法。
>
> 1. 调整阶数：尝试增加或减少AR、I和MA的阶数，以找到更适合数据的模型。增加阶数可以提高模型的复杂性，但也可能导致过拟合。减少阶数可能导致模型过于简单而无法捕捉到数据中的复杂模式。你可以通过使用AIC、BIC或交叉验证等指标来评估不同参数组合的模型性能，选择最佳的阶数。
>
> 2. 考虑季节性：如果你的数据具有明显的季节性模式，可以尝试使用季节性ARIMA模型（SARIMA）。SARIMA模型包括季节性阶数，可以更好地捕捉季节性的变化。
>
> 3. 数据预处理：尝试对数据进行预处理，以减少趋势、季节性或噪声的影响。常用的方法包括平滑技术（如移动平均）、差分运算（如一阶差分）或其他数据转换操作。
>
> 4. 异常值处理：检查数据中是否存在异常值或噪声，如果有必要，进行异常值处理或噪声

滤除。

5. 使用外部变量：如果你有其他可能与汇率相关的外部变量（如经济指标），可以考虑将其纳入模型中，构建ARIMAX模型。

6. 增加训练数据量：通过增加训练数据量，模型可以更好地学习数据的模式和趋势。如果可能的话，尝试收集更多的历史数据来提高模型的性能。

7. 模型评估和调优：使用评价指标（如均方根误差RMSE）评估模型的性能，并进行参数调优来优化模型。可以使用交叉验证等技术评估模型在不同时间窗口上的预测性能。

这是ChatGPT给出的一些意见，我们根据它的建议，调整数据集或参数。如果有不明白的问题，可以再次咨询ChatGPT，这里不再赘述。

13.2 实践案例2：基于深度学习的黄金期货价格预测

本节我们介绍如何使用深度学习技术来预测黄金期货价格。

案例背景

黄金作为一种重要的避险资产和投资品种，在金融市场中具有广泛的影响力。其价格受到全球经济、地缘政治、市场情绪等多种因素的影响，因此准确预测黄金期货价格对投资者和交易员具有重要意义。

13.2.1 有关期货的基本概念

在期货交易中，有一些基本概念是需要了解的。

（1）期货合约（Futures Contract）：期货合约是标准化的协议，约定在未来特定日期（交割日）以特定价格（交割价格）交割一定数量的标的资产（如商品、股指、债券等）。

（2）标的资产（Underlying Asset）：期货合约中约定的实际交割的资产，可以是商品（如黄金、原油）、股票指数（如标普500指数）、债券等。

（3）合约规格（Contract Specifications）：期货合约的具体规定，包括交割日期、交割品种、交割单位、报价单位、最小变动价位、保证金要求等。

（4）交割日期（Delivery Date）：期货合约约定的实际交割日期，通常是在合约到期月份的最后一个工作日或合约规定的日期。

（5）交割价格（Delivery Price）：期货合约约定的实际交割价格，是买方和卖方在交易时约定的价格。

（6）保证金（Margin）：在期货交易中，买方和卖方需要支付一定的保证金作为交易的担保，以确保履约能力和交易安全。

（7）多头（Long Position）：指持有买入合约的交易者，预期价格上涨获利。

（8）空头（Short Position）：指持有卖出合约的交易者，预期价格下跌获利。

（9）平仓（Offset）：指通过买入或卖出相同数量和类型的合约来平掉已有的持仓。

（10）结算（Settlement）：期货合约到期时，买方和卖方可以选择交割实际资产或进行现金结算。

以上是一些期货交易中常见的基本概念，了解这些概念可以帮助我们更好地理解和参与期货市场的交易。

13.2.2 期货交易中的多头和空头策略及其风险管理

期货交易可以通过低买高卖获利，就像股票交易一样。期货市场允许投资者以较低的成本买入合约，然后在价格上涨时卖出，从中获得利润。

当投资者认为某个期货品种的价格会上涨时，可以选择买入该品种的合约，然后在价格上涨时卖出。这种策略被称为多头策略，即投资者预期价格上涨并从中获利。

类似地，如果投资者认为某个期货品种的价格会下跌，可以选择卖空该品种的合约，然后在价格下跌时再次买入平仓。这种策略被称为空头策略，即投资者预期价格下跌并从中获利。

然而，需要注意的是，期货市场具有高度杠杆的特点，风险较大。价格的波动性也较大，因此获利和损失都可能更为迅速和显著。因此，在期货交易中获利需要对市场进行充分研究、制定合理的交易策略，并进行有效的风险管理。同时，不同的交易品种和市场条件可能会有所不同，因此建议在进行期货交易之前，深入学习和了解相关知识，并充分评估自己的风险承受能力。

13.2.3 收集数据

在国内，我们可以通过以下途径收集黄金期货的数据。

（1）期货交易所官方网站：中国的期货交易所，如上海期货交易所（SHFE）、大连商品交易所（DCE）和郑州商品交易所（CZCE），其官方网站通常提供历史价格数据的下载服务。可以访问相应交易所的官方网站，查找并下载黄金期货的历史数据。

（2）金融数据供应商：国内的金融数据供应商，如Wind、东方财富、同花顺等，提供包括期货市场在内的各类金融市场数据。可以使用这些数据供应商的平台或API接口获取黄金期货的历史价格数据。

（3）交易软件和平台：国内的期货交易软件和平台，如华泰证券、广发期货、中信期货等，通常会提供历史数据的查询和下载功能。如果在这些平台上有账户，可以通过相应的功能获取黄金期货的历史价格数据。

（4）数据服务提供商：还有一些专门提供金融数据服务的公司，如东方财富数据、同花顺数据、聚宽等，它们提供丰富的金融数据和API接口，包括期货市场的数据。可以选择订阅这些数据服务，获取黄金期货的历史价格数据。

下面我们介绍如何从上海期货交易所官网收集黄金期货数据。下载期货交易数据时，可以打开官网，并将页面拉到底部，如图 13-5 所示，在页面的左下角“数据下载”部分选择下载的年份，然后单击“本年度数据”按钮下载数据。

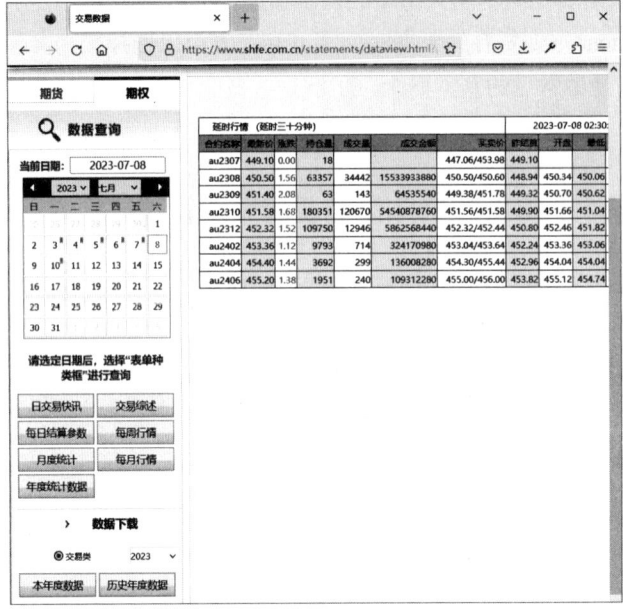

图 13-5　下载期货交易数据

笔者选择的年份是 2023 年，下载成功的数据为 MarketData_Year_2023.zip。解压文件后，可见到多个按照年月命名的 Excel 文件，如所内合约行情报表 2023.5.xls 等。打开所内合约行情报表 2023.5.xls，内容如图 13-6 所示。

所内合约行情报表

Daily Data

合约 Contract	日期 Date	前收盘 pre close	前结算 Pre settle	开盘价 Open	最高价 High	最低价 Low	收盘价 Close	结算价 Settle	涨跌1 ch1	涨跌2 ch2	成交量 Volume	成交金额 Amount	持仓量 OI
ag2305	20230504	5618	5593	5752	5796	5740	5755	5768	162	175	461	3,988.61	6940
	20230505	5755	5768	5755	5852	5755	5839	5795	71	27	480	4,173.11	6718
	20230508	5839	5795	5771	5773	5702	5767	5750	-28	-45	360	3,105.35	6650
	20230509	5767	5750	5765	5765	5727	5735	5747	-15	-3	282	2,431.03	6424
	20230510	5735	5747	5735	5770	5700	5770	5744	23	-3	610	5,256.48	6362
	20230511	5770	5744	5770	5780	5707	5737	5768	-7	24	334	2,890.23	6692
	20230512	5737	5768	5634	5640	5442	5442	5475	-326	-293	150	1,231.99	6648
	20230515	5442	5475	5450	5485	5425	5446	5441	-29	-34	106	865.27	6684
ag2306	20230504	5619	5587	5760	5807	5740	5759	5777	172	190	377031	3,267,170.84	409662
	20230505	5759	5777	5760	5868	5754	5846	5816	69	39	735571	6,417,248.01	427900
	20230508	5846	5816	5770	5782	5706	5772	5751	-44	-65	805274	6,947,678.00	387263
	20230509	5772	5751	5779	5783	5730	5739	5754	-12	3	455654	3,933,017.98	361583
	20230510	5739	5754	5721	5776	5704	5771	5746	17	-8	498614	4,298,108.86	358075
	20230511	5771	5746	5798	5811	5653	5665	5740	-81	-6	728044	6,269,358.95	340489
	20230512	5665	5740	5640	5646	5416	5431	5512	-309	-228	1017940	8,417,575.91	313017
	20230515	5431	5512	5442	5491	5413	5445	5445	-67	-67	622221	5,082,868.80	288896
	20230516	5445	5445	5448	5476	5369	5388	5430	-57	-15	534840	4,356,710.25	276526
	20230517	5388	5430	5430	5444	5377	5400	5406	-30	-24	509416	4,130,986.70	254906
	20230518	5400	5406	5403	5435	5370	5401	5405	-5	-1	440466	3,571,312.85	241162
	20230519	5401	5405	5385	5451	5363	5435	5398	30	-7	523851	4,242,391.80	208017
	20230522	5435	5398	5419	5494	5394	5445	5445	47	47	541907	4,426,803.86	189753

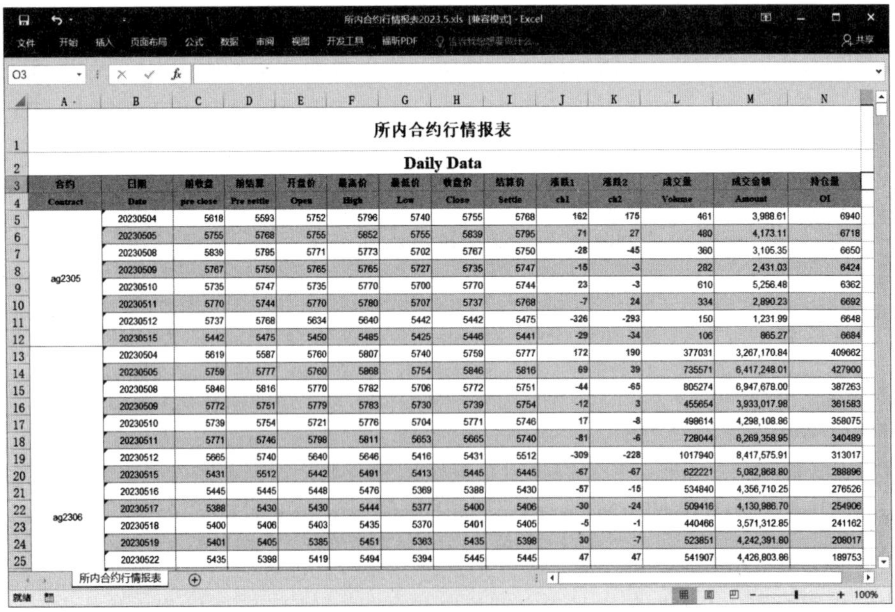

图 13-6　所内合约行情报表 2023.5.xls 文件内容

黄金期货合约的代码通常以"au"开头,表示黄金(Gold)。以下是黄金期货合约代码的示例。
- au2108:2021年8月份的黄金期货合约。
- au2201:2022年1月份的黄金期货合约。
- au2312:2023年12月份的黄金期货合约。

> **提示**
>
> 在商品期货合约中,有一些常见的约定,具体如下。
> ag:代表白银(Silver)。
> au:代表黄金(Gold)。
> cu:代表铜(Copper)。
> al:代表铝(Aluminum)。
> zn:代表锌(Zinc)。
> pb:代表铅(Lead)。
> ni:代表镍(Nickel)。
> sn:代表锡(Tin)。
> rb:代表螺纹钢(Rebar)。
> 然而,具体的合约命名可能因地区、交易所或其他因素而有所不同。因此,为了确定特定合约名称的含义,最好参考所涉及的交易所或金融机构的规范和约定。

13.2.4 案例实现过程

下面我们介绍案例的具体实现过程。

1. 加载数据

从图13-6所示的数据文件可见,数据源还是比较复杂的。首先我们加载所内合约行情报表2023.5.xls文件数据,用来训练模型。具体代码如下。

```
import pandas as pd

# 读取数据
df = pd.read_excel('data/所内合约行情报表2023.5.xls', skiprows=3,
skipfooter=4)
# 打印数据集
df
```

使用Jupyter Notebook工具运行上述代码,打印df,结果如图13-7所示。

	Contract	Date	pre close	Pre settle	Open	High	Low	Close	Settle	ch1	ch2	Volume	Amount	OI	Unnamed: 14
0	ag2305	20230504.0	5618.0	5593.0	5752.0	5796.0	5740.0	5755.0	5768.0	162.0	175.0	461.0	3988.605	6940.0	NaN
1	NaN	20230505.0	5755.0	5768.0	5755.0	5852.0	5755.0	5839.0	5795.0	71.0	27.0	480.0	4173.105	6718.0	NaN
2	NaN	20230508.0	5839.0	5795.0	5771.0	5773.0	5702.0	5767.0	5750.0	-28.0	-45.0	360.0	3105.354	6650.0	NaN
3	NaN	20230509.0	5767.0	5750.0	5765.0	5765.0	5727.0	5735.0	5747.0	-15.0	-3.0	282.0	2431.026	6424.0	NaN
4	NaN	20230510.0	5735.0	5747.0	5735.0	5770.0	5700.0	5770.0	5744.0	23.0	-3.0	610.0	5256.480	6362.0	NaN
...	...	...	...	...	...	...	...	...	...	...	...	...	...	...	...
50362	NaN	20230526.0	3214.0	3214.0	NaN	NaN	NaN	3317.0	3317.0	103.0	103.0	0.0	0.000	0.0	NaN
50363	NaN	20230529.0	3317.0	3317.0	NaN	NaN	NaN	2981.0	2981.0	-336.0	-336.0	0.0	0.000	0.0	NaN
50364	NaN	20230530.0	2981.0	2981.0	NaN	NaN	NaN	3029.0	3029.0	48.0	48.0	0.0	0.000	0.0	NaN
50365	NaN	20230531.0	3029.0	3029.0	NaN	NaN	NaN	3226.0	3226.0	197.0	197.0	0.0	0.000	0.0	NaN
50366	NaN	NaN	NaN	NaN	NaN	NaN	NaN	NaN	NaN	NaN	NaN	NaN	NaN	NaN	NaN

50367 rows × 15 columns

图 13-7 打印 df 数据

代码解释如下。

- skiprows=3 表示跳过 Excel 文件中的前 3 行。
- skipfooter=4 表示跳过 Excel 文件中的末尾 4 行。

2. 清洗数据

从输出结果可见，Contract 列中存在很多 Nan，这表示这里有缺失值，因此需要清洗。具体代码如下。

```
# 向前填充缺失值
df['Contract'] = df['Contract'].fillna(method='ffill')
df
```

使用 Jupyter Notebook 工具运行上述代码，打印 df，结果如图 13-8 所示。

	Contract	Date	pre close	Pre settle	Open	High	Low	Close	Settle	ch1	ch2	Volume	Amount	OI	Unnamed: 14
0	ag2305	20230504.0	5618.0	5593.0	5752.0	5796.0	5740.0	5755.0	5768.0	162.0	175.0	461.0	3988.605	6940.0	NaN
1	ag2305	20230505.0	5755.0	5768.0	5755.0	5852.0	5755.0	5839.0	5795.0	71.0	27.0	480.0	4173.105	6718.0	NaN
2	ag2305	20230508.0	5839.0	5795.0	5771.0	5773.0	5702.0	5767.0	5750.0	-28.0	-45.0	360.0	3105.354	6650.0	NaN
3	ag2305	20230509.0	5767.0	5750.0	5765.0	5765.0	5727.0	5735.0	5747.0	-15.0	-3.0	282.0	2431.026	6424.0	NaN
4	ag2305	20230510.0	5735.0	5747.0	5735.0	5770.0	5700.0	5770.0	5744.0	23.0	-3.0	610.0	5256.480	6362.0	NaN
...	...	...	...	...	...	...	...	...	...	...	...	...	...	...	...
50362	zn2309P22000	20230526.0	3214.0	3214.0	NaN	NaN	NaN	3317.0	3317.0	103.0	103.0	0.0	0.000	0.0	NaN
50363	zn2309P22000	20230529.0	3317.0	3317.0	NaN	NaN	NaN	2981.0	2981.0	-336.0	-336.0	0.0	0.000	0.0	NaN
50364	zn2309P22000	20230530.0	2981.0	2981.0	NaN	NaN	NaN	3029.0	3029.0	48.0	48.0	0.0	0.000	0.0	NaN
50365	zn2309P22000	20230531.0	3029.0	3029.0	NaN	NaN	NaN	3226.0	3226.0	197.0	197.0	0.0	0.000	0.0	NaN
50366	zn2309P22000	NaN	NaN	NaN	NaN	NaN	NaN	NaN	NaN	NaN	NaN	NaN	NaN	NaN	NaN

50367 rows × 15 columns

图 13-8 打印 df 数据

上述代码的作用是将 DataFrame 中的 Contract 列的缺失值使用前向填充的方法进行填充。这样做的目的是保持合约列的连续性，使每个期货合约都有一个合约代码。

代码解释如下。

- df['Contract'] 表示选择 DataFrame 中的 Contract 列。
- .fillna(method='ffill') 表示使用前向填充的方法，即将缺失值用前一个非缺失值进行填充。

3. 获取所有黄金期货数据

图 13-8 所示的文件中包含很多期货数据，我们需要筛选出黄金期货数据。具体代码如下。

```
# 获取所有黄金期货数据
gold_df = df[df['Contract'].str.startswith('au')]
gold_df
```

使用 Jupyter Notebook 工具运行上述代码，打印 gold_df，结果如图 13-9 所示。

	Contract	Date	pre close	Pre settle	Open	High	Low	Close	Settle	ch1	ch2	Volume	Amount	OI	Unnamed: 14
18016	au2305	20230504.0	450.70	444.84	457.04	457.04	457.04	457.04	457.04	12.20	12.20	13.0	594.152	30.0	NaN
18017	au2305	20230505.0	457.04	457.04	458.94	458.94	458.94	458.94	458.94	1.90	1.90	3.0	137.682	27.0	NaN
18018	au2305	20230508.0	458.94	458.94	458.84	458.84	452.48	452.48	455.66	-6.46	-3.28	6.0	273.396	24.0	NaN
18019	au2305	20230509.0	452.48	455.66	447.34	450.10	447.34	450.10	448.72	-5.56	-6.94	6.0	269.232	24.0	NaN
18020	au2305	20230510.0	450.10	448.72	454.34	465.26	444.34	456.50	455.00	7.78	6.28	21.0	955.536	21.0	NaN
...	...	...	...	...	...	...	...	...	...	...	...	...	...	...	...
22567	au2312P512	20230525.0	63.30	63.30	NaN	NaN	NaN	64.52	64.52	1.22	1.22	0.0	0.000	13.0	NaN
22568	au2312P512	20230526.0	64.52	64.52	66.32	66.32	66.32	66.32	66.86	1.80	2.34	2.0	13.264	15.0	NaN
22569	au2312P512	20230529.0	66.32	66.86	NaN	NaN	NaN	67.08	67.08	0.22	0.22	0.0	0.000	15.0	NaN
22570	au2312P512	20230530.0	67.08	67.08	NaN	NaN	NaN	67.00	67.00	-0.08	-0.08	0.0	0.000	15.0	NaN
22571	au2312P512	20230531.0	67.00	67.00	NaN	NaN	NaN	62.86	62.86	-4.14	-4.14	0.0	0.000	15.0	NaN

4556 rows × 15 columns

图 13-9　打印 gold_df 数据

代码解释如下。

- df['Contract'].str.startswith('au') 表示对 DataFrame 中的 Contract 列进行字符串操作，使用 .startswith('au') 方法筛选出以 au 开头的合约代码。

4. 模型训练

准备好数据后，我们就可以训练模型了。具体代码如下。

```
import numpy as np
from sklearn.preprocessing import MinMaxScaler
from keras.models import Sequential
from keras.layers import Dense, LSTM


# 提取收盘价数据
closing_prices = gold_df['Close'].values.reshape(-1, 1)
```

```python
# 数据预处理
scaler = MinMaxScaler(feature_range=(0, 1))
scaled_prices = scaler.fit_transform(closing_prices)

# 划分训练集和测试集
train_size = int(len(scaled_prices) * 0.8)
train_data = scaled_prices[:train_size]
test_data = scaled_prices[train_size:]

# 构建训练集和测试集
def create_dataset(data, time_steps=1):
    X, Y = [], []
    for i in range(len(data) - time_steps):
        X.append(data[i:(i + time_steps), 0])
        Y.append(data[i + time_steps, 0])
    return np.array(X), np.array(Y)


time_steps = 10  # 时间步长
X_train, y_train = create_dataset(train_data, time_steps)
X_test, y_test = create_dataset(test_data, time_steps)

# 调整输入数据形状
X_train = np.reshape(X_train, (X_train.shape[0], X_train.shape[1], 1))
X_test = np.reshape(X_test, (X_test.shape[0], X_test.shape[1], 1))

# 构建LSTM模型
model = Sequential()
model.add(LSTM(units=50, return_sequences=True, input_shape=(X_train.shape[1], 1)))
model.add(LSTM(units=50))
model.add(Dense(units=1))
model.compile(optimizer='adam', loss='mean_squared_error')

# 训练模型
model.fit(X_train, y_train, epochs=10, batch_size=32)

# 保存模型
model.save("gold_futures_prediction_model.keras")
print("模型已保存为 gold_futures_prediction_model.keras")

# 2. 模型评估
```

```
# 使用模型对测试集进行预测
predicted_prices = model.predict(X_test)

# 计算测试集上的损失函数值
test_loss = model.evaluate(X_test, y_test)

print("测试集上的损失函数值: ", test_loss)
```

运行上述代码,输出结果如下。

```
Epoch 1/10
114/114 [==============================] - 3s 4ms/step - loss: 0.0029
Epoch 2/10
114/114 [==============================] - 0s 4ms/step - loss: 8.0922e-04
Epoch 3/10
114/114 [==============================] - 0s 4ms/step - loss: 8.0617e-04
Epoch 4/10
114/114 [==============================] - 0s 4ms/step - loss: 6.7550e-04
Epoch 5/10
114/114 [==============================] - 0s 4ms/step - loss: 6.4142e-04
Epoch 6/10
114/114 [==============================] - 0s 4ms/step - loss: 5.6987e-04
Epoch 7/10
114/114 [==============================] - 0s 4ms/step - loss: 5.9553e-04
Epoch 8/10
114/114 [==============================] - 0s 4ms/step - loss: 4.8356e-04
Epoch 9/10
114/114 [==============================] - 0s 4ms/step - loss: 3.7565e-04
Epoch 10/10
114/114 [==============================] - 0s 4ms/step - loss: 3.9355e-04
模型已保存为 gold_futures_prediction_model.keras
```

5. 模型评估

当评估模型性能时,我们可以将测试集上的损失函数值作为一个指标。
损失函数值是在机器学习中用来衡量模型预测结果与实际结果之间差异的指标。
评估模型的示例代码如下。

```
# 模型评估
# 使用模型对测试集进行预测
predicted_prices = model.predict(X_test)

# 计算测试集上的损失函数值
```

```
test_loss = model.evaluate(X_test, y_test)

print("测试集上的损失函数值: ", test_loss)
```

上述代码运行结果如下。

```
29/29 [==============================] - 0s 2ms/step
29/29 [==============================] - 0s 2ms/step - loss: 9.2342e-05
测试集上的损失函数值:  9.234229946741834e-05
```

从运行结果可见,测试集上的损失函数值为 9.234229946741834e-05,是不错的结果。我们可以借助 ChatGPT 进行分析。

> 🗨 **我们向ChatGPT发送如下请求消息。**
>
> 我们训练结果如下,帮我们分析一下:
> 测试集上的损失函数值: 9.234229946741834e-05

> 💬 **ChatGPT的回答如下。**
>
> 测试集上的损失函数值为 9.234229946741834e-05。这个值表示在模型对测试集进行预测时,预测值与实际值之间的平均差异或误差的程度。较小的损失函数值意味着模型的预测与实际值之间的差异较小,预测效果较好。在这个案例中,测试集上的损失函数值很小,说明模型在预测黄金期货价格时表现良好。

6. 预测黄金期货 au2306 合约价格走势

在训练模型时我们使用的是 2023 年 5 月份的期货数据。下面我们用训练好的模型预测 au2306 合约价格走势,具体实现代码如下。

```
import numpy as np
import pandas as pd
from sklearn.preprocessing import MinMaxScaler
from tensorflow.keras.models import load_model

# 读取测试数据
df = pd.read_excel('data/所内合约行情报表2023.6.xls', skipfooter=4,skiprows=3,header=0)
# 向下填充缺失值
df['Contract'] = df['Contract'].fillna(method='ffill')

# 根据筛选 au2306 合约数据
```

```python
test_data = df[df['Contract'] == 'au2306']

# 提取需要预测的特征数据
# 假设需要预测的特征是 'Close'
closing_prices = test_data['Close'].values.reshape(-1, 1)

# 数据预处理
scaler = MinMaxScaler(feature_range=(0, 1))
scaled_prices = scaler.fit_transform(closing_prices)

# 构建测试集
def create_dataset(data, time_steps=1):
    X = []
    for i in range(len(data) - time_steps + 1):
        X.append(data[i:(i + time_steps), 0])
    return np.array(X)
time_steps = 10    # 时间步长
X_test = create_dataset(scaled_prices, time_steps)
X_test = np.reshape(X_test, (X_test.shape[0], X_test.shape[1], 1))

# 加载模型
model = load_model('gold_futures_prediction_model.keras')

# 使用模型进行预测 au2306 合约
predicted_prices = model.predict(X_test)
predicted_prices = scaler.inverse_transform(predicted_prices)
# 打印预测结果
print(predicted_prices)
```

运行上述代码，输出结果如下。

```
1/1 [==============================] - 0s 446ms/step
[[451.389   ]
 [451.39392]]
```

13.3 实践案例3：基于深度学习的比特币价格预测

本节我们介绍如何使用深度学习技术预测比特币价格。

案例背景

比特币是一种去中心化的数字货币，自诞生以来引起了广泛的关注。由于比特币市场的高度波动性和潜在的利润机会，许多投资者对于比特币价格的预测和交易策略感兴趣。深度学习作为一种强大的数据分析和模式识别技术，被广泛应用于金融领域，包括比特币价格预测。通过构建和训练深度学习模型，可以利用比特币历史价格数据预测未来的价格走势，从而辅助投资者进行决策和交易。

13.3.1 数字货币相关的基本概念

数字货币是一种基于加密技术和区块链技术的电子货币，也被称为加密货币或虚拟货币。与传统的法定货币不同，数字货币是由算法和密码学技术保障安全性和匿名性的一种新型货币形式。

以下是一些常见的数字货币相关的概念。

（1）比特币（Bitcoin）：比特币是第一个、也是最知名的数字货币，于2009年由中本聪（Satoshi Nakamoto）提出并实现。比特币使用去中心化的区块链技术记录交易，没有中央银行或机构控制。

（2）区块链（Blockchain）：区块链是一种分布式账本技术，用于记录和验证数字货币交易。它由一系列数据块组成，每个块包含一定数量的交易记录，并通过密码学链接在一起。区块链的分布式特性使交易记录不易被篡改，增加了交易的透明性和安全性。

（3）加密算法（Cryptography）：加密算法是数字货币安全性的基础，用于加密和解密交易和账户信息。通过加密算法，数字货币的交易和持有者身份得以保护，确保交易的机密性和完整性。

（4）挖矿（Mining）：挖矿是指通过解决数学难题来验证和记录区块链上的交易，并获得一定数量的数字货币作为奖励的过程。挖矿需要具备大量的计算资源和能源，并通过竞争的方式确定谁能先解决问题并添加新的区块到区块链上。

（5）钱包（Wallet）：钱包是用于存储、发送和接收数字货币的应用程序或设备。每个用户可以拥有一个或多个钱包，其中包含他们的数字货币地址和私钥。钱包可以是在线的、离线的或硬件设备，用于管理数字货币的安全性和便捷性。

数字货币作为一种新兴的金融工具，正在改变传统金融体系和交易方式。了解数字货币的基本概念和原理，对于投资者和交易者来说是非常重要的，可以帮助他们更好地理解和参与数字货币市场交易。

13.3.2 收集数据

在进行数字货币价格预测的实践中，收集和获取数据是非常重要的一步。以下是一些常见的数字货币数据收集方法和数据源。

（1）交易所API：大多数数字货币交易所提供开放的API接口，允许开发者获取交易市场的数据。通过调用交易所的API，用户可以获取历史交易数据、实时行情数据、交易深度等信息。常用的数字货币交易所包括Binance、Coinbase、Huobi等。

（2）第三方数据提供商：有许多第三方数据提供商专门收集和提供数字货币相关的数据。这些数据提供商通常提供历史价格数据、市场指标、交易量等数据，并提供API或数据下载接口供用户访问。一些常见的数字货币数据提供商包括CoinMarketCap、CryptoCompare、CoinGecko等。

（3）区块链浏览器：对于某些公开的区块链网络，用户可以通过区块链浏览器查询和获取相关的交易数据。区块链浏览器允许用户查看特定的区块、交易记录、地址余额等信息。常见的区块链浏览器包括Etherscan（以太坊）、Blockchain.com（比特币）等。

（4）数据下载和历史数据源：一些网站和平台提供数字货币历史数据的下载或订阅服务。用户可以通过这些渠道获取特定时间段的历史价格数据、交易量等信息。一些常见的数据下载和历史数据源包括Investing.com、Yahoo Finance等。

无论使用哪种方法收集数字货币数据，都需要注意数据的质量和准确性。确保选择可靠的数据源，并对数据进行适当的清洗和处理，以确保得到可靠的数据用于模型训练和分析。

下面我们从Investing.com网站收集数据，下载比特币历史交易数据的页面如图13-10所示。在此页面选择下载时间段，就可以下载数据了。

笔者选择下载数据的文件为"Bitcoin - 比特币历史数据_历史行情,价格,走势图表_英为财情.csv"，内容如图13-11所示。

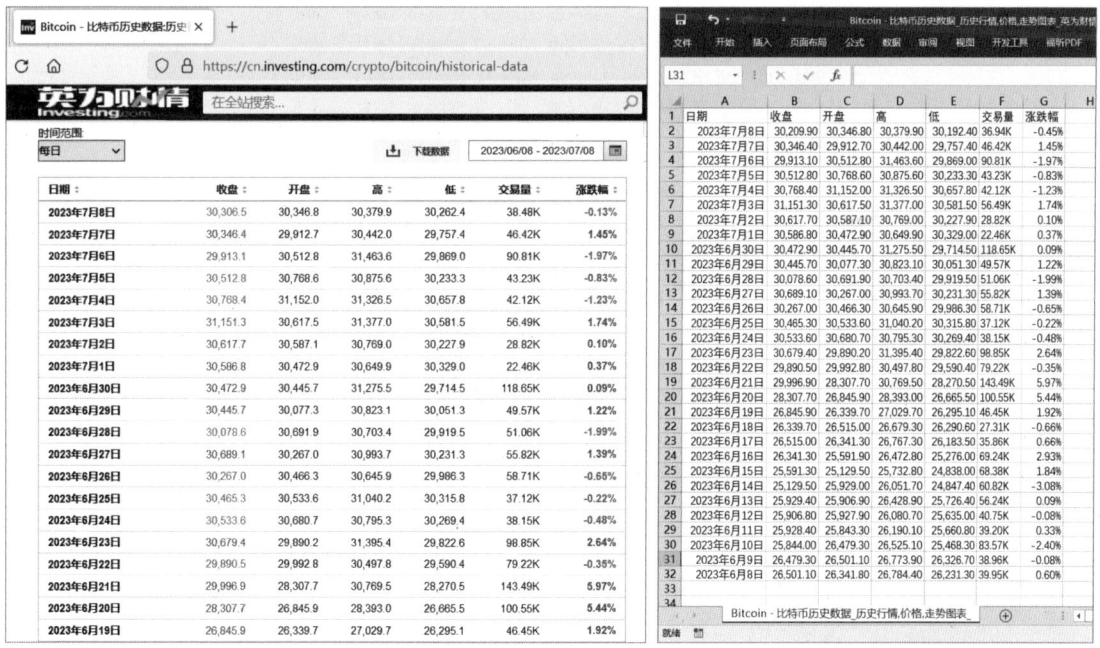

图13-10　下载比特币历史交易数据　　　　　图13-11　文件内容

13.3.3 案例实现过程

下面我们介绍案例的具体实现过程。

1. 加载数据

笔者下载了半年的历史交易数据,用来训练模型。首先需要加载数据,具体代码如下。

```python
import pandas as pd
# 读取数据
df = pd.read_csv('data/Bitcoin - 比特币历史数据_历史行情,价格,走势图表_英为财情(半年).csv',encoding='gbk')
# 打印数据集
df
```

使用Jupyter Notebook工具运行上述代码,打印df,结果如图13-12所示。

	日期	收盘	开盘	高	低	交易量	涨跌幅
0	2023年6月30日	30,472.90	30,445.70	31,275.50	29,714.50	118.65K	0.09%
1	2023年6月29日	30,445.70	30,077.30	30,823.10	30,051.30	49.57K	1.22%
2	2023年6月28日	30,078.60	30,691.90	30,703.40	29,919.50	51.06K	-1.99%
3	2023年6月27日	30,689.10	30,267.00	30,993.70	30,231.30	55.82K	1.39%
4	2023年6月26日	30,267.00	30,466.30	30,645.90	29,986.30	58.71K	-0.65%
...	...	...	...	...	...	...	...
176	2023年1月5日	16,829.80	16,852.20	16,877.90	16,772.30	178.96K	-0.13%
177	2023年1月4日	16,852.10	16,674.20	16,976.50	16,656.50	247.39K	1.07%
178	2023年1月3日	16,674.20	16,673.10	16,773.20	16,607.20	178.73K	0.00%
179	2023年1月2日	16,674.30	16,618.40	16,766.90	16,551.00	136.03K	0.34%
180	2023年1月1日	16,618.40	16,537.50	16,621.90	16,499.70	107.84K	0.49%

181 rows × 7 columns

图13-12 打印df数据

上述代码通过调用read_csv函数从CSV文件读取并将数据加载到DataFrame中。注意encoding='gbk'参数指定字符集gbk,这是因为我们的下载的文件字符集是gbk。

2. 列名重新命名

出于编程的需要,笔者推荐将中文列名改为英文,具体代码如下。

```python
# 列名重新命名
df = df.rename(columns={
    '日期': 'Date',
    '收盘': 'Close',
    '开盘': 'Open',
    '高': 'High',
    '低': 'Low',
    '交易量': 'Vol.',
    '涨跌幅': 'Change %'
})

df
```

使用Jupyter Notebook工具运行上述代码，打印df，结果如图13-13所示。

图 13-13　打印df数据（改名后）

3. 清洗数据

将日期列解析为日期对象，而且需要将Close列转换为浮点，具体代码如下。

```
# 将字符串转换浮点类型
df['Close'] = df['Close'].str.replace(',', '').astype(float)
pd.to_datetime(df['Date'], format='%Y年%m月%d日')
df
```

使用Jupyter Notebook工具运行上述代码，打印df，结果如图13-14所示。

图 13-14　打印df数据

4. 模型训练

准备好数据后，我们就可以训练模型了，具体代码如下。

```
import numpy as np
from sklearn.preprocessing import MinMaxScaler
from keras.models import Sequential
```

```python
from keras.layers import Dense, LSTM

# 提取收盘价数据
closing_prices = df['Close'].values.reshape(-1, 1)

# 数据预处理
scaler = MinMaxScaler(feature_range=(0, 1))
scaled_prices = scaler.fit_transform(closing_prices)

# 划分训练集和测试集
train_size = int(len(scaled_prices) * 0.8)
train_data = scaled_prices[:train_size]
test_data = scaled_prices[train_size:]

# 构建训练集和测试集
def create_dataset(data, time_steps=1):
    X, Y = [], []
    for i in range(len(data) - time_steps):
        X.append(data[i:(i + time_steps), 0])
        Y.append(data[i + time_steps, 0])
    return np.array(X), np.array(Y)

time_steps = 10  # 时间步长
X_train, y_train = create_dataset(train_data, time_steps)
X_test, y_test = create_dataset(test_data, time_steps)

# 调整输入数据形状
X_train = np.reshape(X_train, (X_train.shape[0], X_train.shape[1], 1))
X_test = np.reshape(X_test, (X_test.shape[0], X_test.shape[1], 1))

# 构建LSTM模型
model = Sequential()
model.add(LSTM(units=50, return_sequences=True, input_shape=(X_train.shape[1], 1)))
model.add(LSTM(units=50))
model.add(Dense(units=1))
model.compile(optimizer='adam', loss='mean_squared_error')

# 训练模型
model.fit(X_train, y_train, epochs=10, batch_size=32)
```

```
# 保存模型
model.save("bitcoin_prediction_model.keras")
print("模型已保存为 bitcoin_prediction_model.keras")
```

运行上述代码,输出结果如下。

```
Epoch 1/10
5/5 [==============================] - 2s 5ms/step - loss: 0.4331
Epoch 2/10
5/5 [==============================] - 0s 5ms/step - loss: 0.1696
Epoch 3/10
5/5 [==============================] - 0s 5ms/step - loss: 0.0219
Epoch 4/10
5/5 [==============================] - 0s 5ms/step - loss: 0.0544
Epoch 5/10
5/5 [==============================] - 0s 5ms/step - loss: 0.0144
Epoch 6/10
5/5 [==============================] - 0s 5ms/step - loss: 0.0229
Epoch 7/10
5/5 [==============================] - 0s 5ms/step - loss: 0.0183
Epoch 8/10
5/5 [==============================] - 0s 5ms/step - loss: 0.0123
Epoch 9/10
5/5 [==============================] - 0s 5ms/step - loss: 0.0148
Epoch 10/10
5/5 [==============================] - 0s 5ms/step - loss: 0.0129
模型已保存为 bitcoin_prediction_model.keras
```

5. 模型评估

当评估模型性能时,我们可以将测试集上的损失函数值作为一个指标。

损失函数值是在机器学习中用来衡量模型预测结果与实际结果之间差异的指标。

评估模型的示例代码如下。

```
# 模型评估
# 使用模型对测试集进行预测
predicted_prices = model.predict(X_test)

# 计算测试集上的损失函数值
test_loss = model.evaluate(X_test, y_test)
print("测试集上的损失函数值: ", test_loss)
```

上述代码运行结果如下。

```
1/1 [==============================] - 0s 463ms/step
1/1 [==============================] - 0s 485ms/step - loss: 0.0432
测试集上的损失函数值: 0.04320278391242027
```

从运行结果可见,测试集上的损失函数值为 0.04320278391242027,是不错的结果。我们可以借助 ChatGPT 进行分析。

> **我们向 ChatGPT 发送如下请求消息。**
>
> 我们训练结果如下,帮我们分析一下:
> 测试集上的损失函数值:04320278391242027

> **ChatGPT 的回答如下。**
>
> 根据你提供的信息,这是一个基于深度学习的模型在测试集上的损失函数值,并给出了具体的损失函数的值 0.04320278391242027。
>
> 从这个损失函数值可以做以下几点分析:
>
> 1. 这是一个回归问题,因为给定的是连续的预测值而不是分类问题。分类问题一般使用交叉熵等损失函数。
> 2. 这里使用的损失函数似乎是 MSE(均方误差),因为它的值为正数。
> 3. 损失函数值较小,说明模型在测试集上的表现较好,预测值与真实值偏差不大。
> 4. 但是仅从测试集损失函数的值难以判断模型是否过拟合,还需要比较训练过程中的验证集损失函数的值。
> 5. 如果测试集样本量较小,其损失函数值也可能受到较大的样本误差影响。
> 6. 除了损失函数,可以考察其他评价指标,如 R 平方、平均绝对误差等来全面评估模型效果。
> 7. 需要与基准模型进行对比,仅有一个绝对损失函数值难以判断模型效果的好坏。
>
> 总体来说,这个损失函数值较小,表明模型在测试集上的表现较好。但若要进一步判断模型的泛化能力,还需要更多信息与评价指标的组合来分析,仅从损失函数值难以对模型效果做出定论。

6. 比特币价格预测

在训练模型时我们使用的是 2023 年上半年的交易数据。下面我们用训练好的模型,来预测最近 30 天的价格走势,具体实现代码如下。

```python
import numpy as np
import pandas as pd

# 读取数据
```

```python
test_data = pd.read_csv('data/Bitcoin - 比特币历史数据_历史行情，价格，走势图表_英为财情.csv',encoding='gbk')

# 列名重新命名
test_data = test_data.rename(columns={
    '日期': 'Date',
    '收盘': 'Close',
    '开盘': 'Open',
    '高': 'High',
    '低': 'Low',
    '交易量': 'Vol.',
    '涨跌幅': 'Change %'
})

# test_data['Date'] = pd.to_datetime(test_data['Date'])
pd.to_datetime(test_data['Date'], format='%Y年%m月%d日')
test_data['Close'] = test_data['Close'].str.replace(',', '').astype(float)

# 提取需要预测的特征数据
# 假设需要预测的特征是'Close'

closing_prices = test_data['Close'].values.reshape(-1, 1)

# 数据预处理
scaler = MinMaxScaler(feature_range=(0, 1))
scaled_prices = scaler.fit_transform(closing_prices)

# 构建测试集
def create_dataset(data, time_steps=1):
    X = []
    for i in range(len(data) - time_steps + 1):
        X.append(data[i:(i + time_steps), 0])
    return np.array(X)


time_steps = 10  # 时间步长
X_test = create_dataset(scaled_prices, time_steps)
X_test = np.reshape(X_test, (X_test.shape[0], X_test.shape[1], 1))

# 加载模型
model = load_model('bitcoin_prediction_model.keras')
```

```python
# 使用模型进行预测数据
predicted_prices = model.predict(X_test)
predicted_prices = scaler.inverse_transform(predicted_prices)
# 打印预测结果
print(predicted_prices)
```

运行上述代码,输出结果如下。

```
1/1 [==============================] - 0s 466ms/step
[[29926.395]
 [29926.74 ]
 [29930.447]
 [29943.459]
 [29928.031]
 [29905.91 ]
 [29877.363]
 [29853.291]
 [29820.844]
 [29721.52 ]
 [29522.094]
 [29258.33 ]
 [28923.914]
 [28588.53 ]
 [28210.264]
 [27803.887]
 [27421.121]
 [27114.516]
 [26837.967]
 [26679.588]
 [26639.07 ]
 [26649.557]]
```

7. 可视化预测结果

将实际观测值和预测值进行可视化,具体实现代码如下。

```python
import matplotlib.pyplot as plt

# 设置中文字体
plt.rcParams['font.family'] = ['SimHei']
# 读取数据

test_data['Date'] = pd.to_datetime(test_data['Date'], format='%Y年%m月%d日')
```

```
# 可视化预测结果
original_prices = test_data['Close'].values[-len(predicted_prices):]   # 只
选择与预测结果对应的价格数据
predicted_dates = test_data['Date'].values[-len(predicted_prices):]   # 只选
择与预测结果对应的日期数据

plt.figure(figsize=(10, 6))

plt.plot(predicted_dates, original_prices, label='原始价格')
plt.plot(predicted_dates, predicted_prices, label='预测价格')

plt.xlabel('日期')
plt.ylabel('比特币价格')
plt.title('比特币价格预测')
plt.legend()
plt.xticks(rotation=45)
plt.show()
```

使用 Jupyter Notebook 工具运行上述代码, 绘制结果如图 13-15 所示。

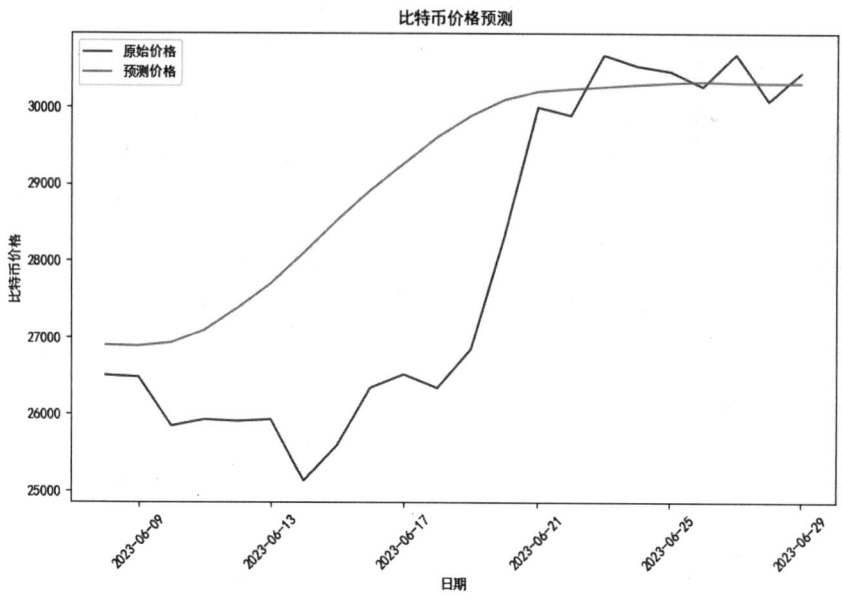

图 13-15　比特币实际观测值和预测值的折线图

从图 13-15 中可以观察到,实际观测值和预测值在趋势上是类似的,说明模型对于预测价格具有一定的准确性。

我们可以借助 ChatGPT 进行分析。

> **我们向 ChatGPT 发送如下请求消息。**
>
> 从可视化结果可见，实际观测值和预测值在趋势上是类似的，帮我分析一下。

> **ChatGPT 的回答如下。**
>
> 观察到实际观测值和预测值的趋势是类似的，这表明模型对于预测价格的趋势有一定的准确性。虽然预测值可能不会完全匹配实际观测值，但如果它们的趋势相似，那么模型的预测可以被视为在一定程度上正确地捕捉到了价格变化的趋势。
>
> 这种趋势一致性可以作为评估模型预测性能的一个指标。当实际观测值和预测值在趋势上一致时，可以认为模型具有一定的预测能力，并且能够捕捉到价格变化的一些重要特征。

从 ChatGPT 的回答可以看出，这个模型的预测还是比较准确的，对于投资者有一定要的指导意义。

然而，需要注意的是，趋势的相似性并不能完全表示模型的准确性。对于其他因素，如预测误差、模型的稳定性和鲁棒性等，也需要进行综合评估。此外，对于金融市场等复杂系统的预测，还需要考虑更多的因素和模型的改进。因此，在进行决策时，还应该结合其他信息和方法进行综合判断和分析。

13.4 本章总结

本章介绍了三个金融实践案例，展示了如何用数据分析和机器学习预测价格和分析市场。首先，使用 ARIMA 模型预测 USD/CNY 汇率；其次，用深度学习预测黄金期货价格；最后，用深度学习预测比特币价格。这些案例可以帮助金融专业人士优化决策、提高效益和加强风险管理。